BIBLIOTHÈQUE DU VOYAGEUR

LE GRAND GUIDE DE MALTE

Traduit de l'anglais et adapté
par Pierre Reyss

GALLIMARD

Aucun guide de voyage n'est parfait. Des erreurs, des coquilles se sont certainement glissées dans celui-ci, malgré toutes nos vérifications. Les informations pratiques, adresses, numéros de téléphone, heures d'ouverture, peuvent avoir été modifiés ; certains établissements cités peuvent avoir disparu. Nous serions très reconnaissants à nos lecteurs de nous faire part de leurs commentaires, de nous suggérer des corrections ou des compléments qui pourront être intégrés dans la prochaine édition.

1er dépôt légal : février 1992
Dépôt légal : octobre 1994
N° d'édition : 67972
ISBN 2-07-056668-4
Imprimé à Singapour

CEUX QUI ONT FAIT CE GUIDE

Celui qui a conçu ce livre est un journaliste maltais qui vit à Londres, **Geoffrey Aquilina Ross**. Éditeur, grand reporter, auteur de plusieurs livres, il conserve des liens étroits avec les îles grâce à son pied-à-terre dans un village du cru. Fils du plus célèbre compositeur de Malte, le major Anthony Aquilina, à qui l'on doit notamment des marches militaires, il est lui-même fin connaisseur de la musique locale.

Comme tous les *Grands Guides* de la Bibliothèque du Voyageur, celui-ci doit beaucoup à son iconographie. Les illustrations sont principalement l'œuvre de la photographe **Lyle Lawson**, voyageuse infatigable. Américaine vivant en Angleterre, elle a collaboré notamment au *Grand Guide du Yémen*. Pour avoir le meilleur angle de vue possible des îles, elle les a survolées en hélicoptère, elle a grimpé au sommet des grues qui surplombent les quais des ports et elle a consacré des heures à constituer sa photothèque. Les Maltais, dit-elle, lui ont apporté une aide inestimable.

Rowlinson Carter, autre collaborateur de la Bibliothèque du Voyageur, journaliste, a longtemps poursuivi des études de philosophie et d'histoire. Pour ce livre, il a rassemblé la documentation historique, analysant en particulier la succession des puissances qui, à un moment ou à un autre, ont été maître de la Méditerranée.

Comme elle habite Gozo, **Ann Monserrat** s'est chargée de la partie consacrée à cette île. Venue au journalisme en Angleterre (elle a fait ses classes dans un quotidien du Kent), elle s'est perfectionnée en collaborant au *Daily Mail* de Londres. Elle a épousé, en 1961, l'écrivain Nicholas Monserrat (auteur du succès *la Mer cruelle*), et elle a vécu avec lui au Canada, à la Barbade et à Guernesey, avant de débarquer, un beau jour de 1965, à Gozo où elle pensait au départ ne rester que le temps nécessaire à son mari pour terminer son roman *The Kapillan of Malta*. En fait, elle n'a pas quitté l'île depuis et se dit indéfectiblement attachée au charme de ce pays et de ses habitants. Elle a écrit deux livres, une histoire des coutumes matrimoniales et une biographie du romancier de l'époque victorienne William Makepeace Thackeray. Elle prépare un troisième ouvrage.

Maud Ruston est également venue à Malte en touriste et elle s'est installée avec son mari tout près du clocher de l'église paroissiale d'Attard. Découvrant que le *malti* était une langue qui ne ressemble à aucun des idiomes qu'elle parlait déjà, et désireuse à tout prix de pouvoir s'entretenir avec les Maltais dans leur langue maternelle plutôt qu'en anglais, elle décida d'en entreprendre l'étude. *«Après avoir beaucoup travaillé»*, elle a entrepris de traduire en anglais des œuvres rédigées en *malti*, notamment deux livres et un recueil de nouvelles de l'écrivain local Guzi Chetcuti.

Deborah Wald, qui s'est occupée des informations pratiques, est journaliste à Londres. Bien qu'elle ait parcouru l'Europe, le Proche-Orient et l'Amérique, elle n'a découvert Malte qu'à l'occasion de la rédaction de ce guide et elle prétend aujourd'hui, après avoir triomphé des excentricités des automobilistes sur les routes de l'île, connaître les lieux mieux que quiconque!

Anthony Montanaro s'est particulièrement intéressé à la Seconde Guerre mondiale, à la période de l'occupation britannique

Aquilina Ross

Lawson

Carter

Monserrat

Ruston

et à l'avenir de l'archipel. Après avoir délaissé l'enseignement du droit, il a collaboré au quotidien en langue maltaise *Il-Berqa*, dont il est devenu rédacteur en chef et, depuis 1966, il publie l'hebdomadaire maltais en langue anglaise *Sunday Times*.

Michael Ellul nous a fait partager ses connaissances profondes des trésors architecturaux que sont le palais du Grand Maître, ainsi que les cathédrales de La Valette et de Mdina, auxquelles il voue une passion. Architecte et historien d'art, il est conseiller technique du premier ministre pour tout ce qui relève de la préservation des Archives nationales, dont les bureaux sont situés dans la magnifique auberge de Castille. Parmi ses œuvres, on notera une remarquable *Histoire de Saint-Elme*.

Leonard Mahoney, auteur d'une récente *Histoire de l'Architecture maltaise*, a également apporté ses connaissances en la matière. Architecte et ingénieur civil des Travaux publics, il fait autorité dans le règlement des problèmes architecturaux locaux et il est membre de la commission consultative, récemment constituée par le gouvernement, pour la réhabilitation de La Valette.

L'auteur du chapitre relatif à l'île de Comino est **Eric Gerada-Azzopardi**, directeur londonien d'une agence de voyages filiale d'Air Malta. Après un temps de service dans les rangs du régiment d'artillerie royale de Malte, il est entré dans la carrière diplomatique; après quoi il a été engagé par Air Malta puis il est devenu écrivain. On lui doit deux livres: *Malte, république insulaire* et *Retour à Malte*.

Nicholas de Piro, quoique né à Malte, a été élevé en Angleterre dans un collège de bénédictins. Sa passion pour l'art l'entraîna, tout jeune, à Florence, mais il a gardé ses racines maltaises. Parmi les œuvres qu'il a publiées, on relèvera un *Dictionnaire international des Peintres de Malte*. Il prépare la rénovation d'une demeure historique, qui sera ensuite ouverte au public, à La Valette.

Les questions religieuses à Malte, où le catholicisme joue un rôle important dans la vie quotidienne, sont traitées par **Peter Serracino Inglott**, vice-recteur de l'université. Personnage haut en couleur, il collabore à de nombreux organismes internationaux ainsi qu'à des journaux.

Les détails de la vie quotidienne sont décrits par **Daphne Caruana Galizia**, qui mène de front l'éducation de ses trois fils, la rédaction d'un article hebdomadaire dans les colonnes du *Sunday Times* et son travail dans une agence de publicité.

Une partie de l'iconographie de cet ouvrage est due à **Bob Krist**, photographe américain dont les œuvres illustrent souvent la revue *National Geographic*.

D'autres prises de vues sont dues à deux photographes maltais, **Eddie Aquilina**, dont la société est l'une des premières agences de publicité et d'édition de livres et de journaux, et **Daniel Cilia**, jeune photographe natif de Gozo, mais résident à Florence.

Les éditeurs entendent exprimer leur gratitude à l'**Office national du Tourisme** de Malte pour son aide, en particulier, à **Leslie Agius** à Londres et **Connie Grech** à Malte.

Pierre Reyss a traduit en français plusieurs ouvrages de la collection la Bibliothèque du Voyageur, dont *le Grand Guide du Sénégal*.

C'est **Pierre de Laubier** qui a pris en charge l'édition française du présent guide.

Wald

Montanaro

Ellul

Mahoney

Gerada-Azzopardi

F429.
F.769

TABLE

TABLE

TABLE

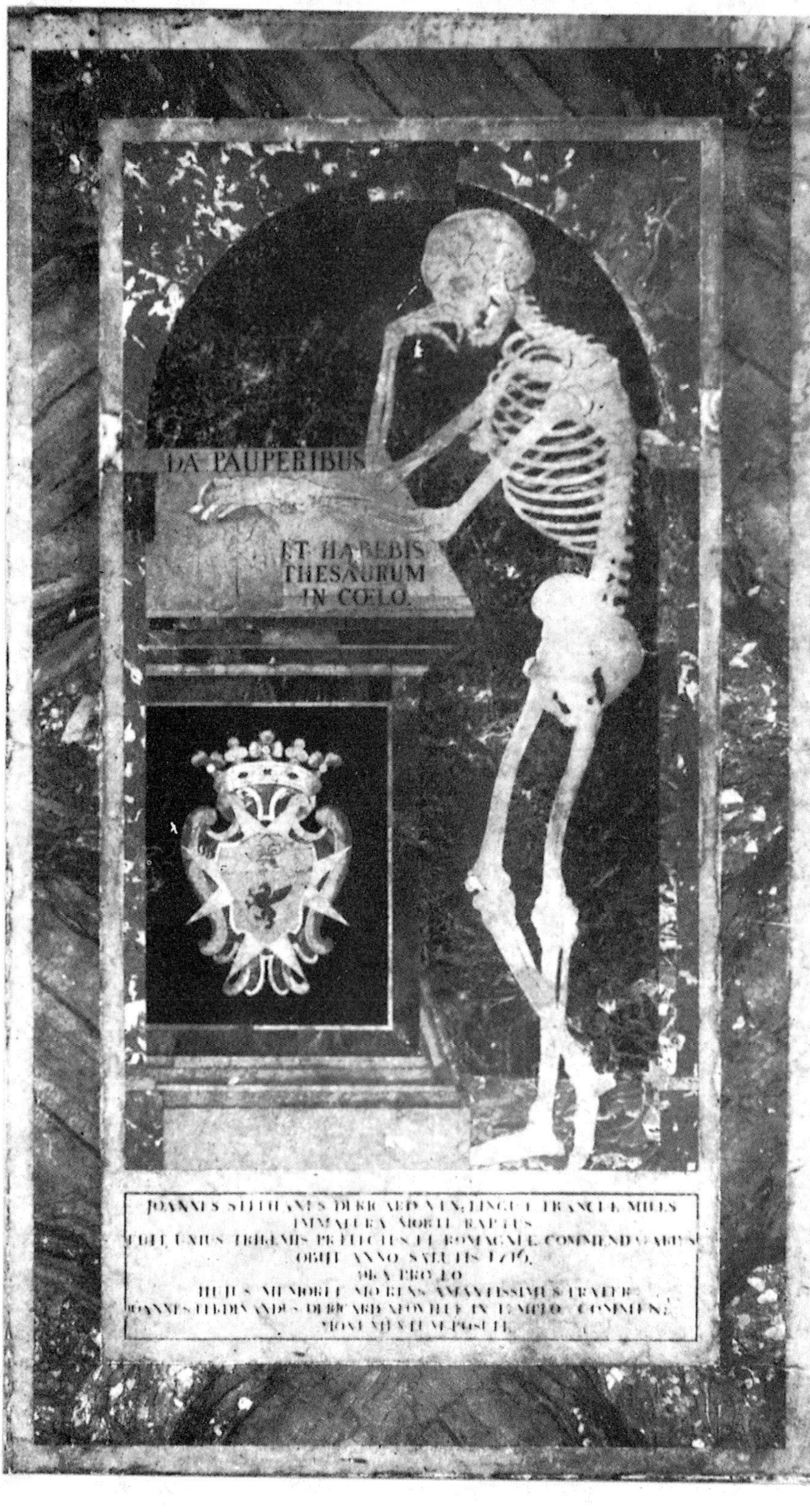
DA PAUPERIBUS
ET HABEBIS
THESAURUM
IN COELO.
OBIIT ANNO SALUTIS 1716.

NIKE
HAMRUN
CHAMPIONS
CHEZ
TAT-

SAINT GAETAN

LE PEUPLE MALTAIS

Loin d'avoir passivement subi les conquêtes, les dominations et les oppressions que, au long des siècles, les grandes puissances de l'époque ont exercées sur eux, les Maltais se sont cramponnés à leur individualisme insulaire. De leurs racines profondément enfoncées dans le sol de cet archipel d'îles minuscules (la superficie totale n'en dépasse pas 315 km^2) émerge le sentiment puissant d'une identité commune, née d'un besoin de cohésion et d'obstination, autant de qualités dont les Maltais sont abondamment dotés. Ce même sentiment se manifeste chez les enfants des îles émigrés au-delà des mers.

On évalue à 150 000 le nombre d'habitants de Malte et de Gozo et à un chiffre identique celui des Maltais qui vivent aujourd'hui en Australie, au Canada, en Grande-Bretagne et aux États-Unis, émigrants ou descendants de ceux qui s'expatrièrent vers une terre promise, au lendemain de la Seconde Guerre mondiale, quand les portes des pays étrangers s'ouvrirent grand au profit des communautés les plus durement frappées par le conflit.

Nombreux sont ceux qui, nostalgiques, ayant fait plus ou moins fortune, s'en sont revenus au pays et y ont bâti la maison de leur retraite, au nom évocateur des lieux où ils ont forcé la chance: villa Wallaby, Melbourne Court, Brentford House, Casa Orlando ou, plus simplement, Bondi.

Le vert pays

Le terme maltais englobe les originaires de l'île de Malte et de celle de Gozo, encore que les Gozitains soient toujours prompts à relever qu'ils sont fils d'une terre incomparablement plus verte et accueillante. Comino, seule autre île habitée de l'archipel, ne se signale que par l'existence d'un complexe hôtelier sportif et d'un hôpital psychiatrique.

De façon assez surprenante, les étrangers qui ont épousé une Maltaise (ou les étrangères un Maltais...) ont constaté qu'ils finissaient par adopter le mode de vie de l'île, où qu'ils habitent, et rarement l'inverse. Qu'ils soient homme ou femme, ils s'assimilent à la communauté maltaise et s'adaptent à ses mœurs. Même en vivant à l'étranger, ils s'intègrent tôt ou tard à leur nouvelle famille et, si l'occasion leur en est donnée, ils y fonderont leur foyer d'adoption. Sans doute cet instinct, qui resurgit à travers cette impulsion, constitue-t-il l'une des facettes du caractère maltais, le besoin de se regrouper pour faire face.

Cette propension est attisée par le fait que les Maltais sont à la fois grégaires, chaleureusement amicaux et accueillants pour les étrangers, s'ils le sont moins entre eux. Demandez à n'importe quel touriste ce qui l'a frappé, au premier abord, quand il a mis le pied sur ces îles, la réponse sera invariablement: les gens.

Pages précédentes: le fort Saint-Ange et le Grand Port vus de La Valette; les hauteurs de Ghajn Tuffieha au printemps; style britannique des écoliers à Mdina; style méridional de la «festa» de Hamrun. À gauche, une «mamma»; à droite, une famille aristocratique devant sa résidence.

Les Maltais chez eux

Les Maltais aiment à se montrer généreux, surtout à l'occasion des manifestations paroissiales, lorsqu'on célèbre la fête du saint patron du village. Même dans la plus modeste communauté rurale, ils aiment faire montre de leur hospitalité, partager ce qu'ils ont: un whisky, un rafraîchissement, une tasse de thé ou, tout simplement, leur amitié et leur conversation.

Le Maltais est fier de sa maison. L'intérieur en est toujours impeccable, avec ses sols carrelés de marbre, chaque chose soigneusement rangée à sa place. Chaque famille, quel que soit son rang social, dispose d'un salon qui ne sert que lorsqu'on reçoit des invités. C'est le gage de la réussite, sociale ou financière. Même dans les villages les plus frustes, les meubles sont fabriqués sur commande, canapés, fauteuils, étagères sur lesquelles on aligne des statuettes baroques de porcelaine et, aux murs, tableaux soigneusement encadrés. Il s'y trouvera toujours une table sur laquelle sont disposées les boissons offertes aux invités, en général du whisky, du Martini ou de l'Aperol, le plus doux des apéritifs. Il est admis qu'un invité ne prenne qu'une boisson sans alcool, encore que l'hôte sera plus heureux d'offrir un whisky. L'important est que l'invité apprécie l'hospitalité qui lui est offerte et se sente bien.

Si les maisons sont propres, il n'en va souvent pas de même des rues. Bien qu'il existe un service quotidien d'enlèvement des ordures ménagères et un autre qui s'emploie à débarrasser les maisons de leurs vieilleries, matelas défoncés ou réfrigérateurs rouillés, les vieilles habitudes sont tenaces. Déposer ses détritus sur les trottoirs est encore chose fréquente. Pourtant le gouvernement a entrepris une vaste campagne, notamment à la télévision, afin de promouvoir le respect de l'environnement et, grâce à un meilleur système de ramassage, les rues, après des années de négligence, comptent maintenant parmi les mieux entretenues d'Europe. Des sommes importantes ont été consacrées à l'amélioration des infrastructures et les trésors architecturaux de La Valette retrouvent ainsi leur lustre d'autrefois.

Malheureusement, d'autres considérations esthétiques, d'importance au moins égale, sont tenues pour négligeables en face de préoccupations plus terre à terre.

Paysages et constructions

Certains lieux privilégiés par leur beauté, certains panoramas enchanteurs sont menacés. Sans doute les Maltais voient-ils dans le foisonnement des édifices modernes ou la reconstruction de bâtiments anciens un sujet de fierté. Les élégantes villas de la fin du siècle dernier, qui s'élevaient sur le front de mer, sont livrées à la pioche des terrassiers pour faire place à des immeubles de béton sans grâce; des villas et des villages de vacances surgissent partout. Aucun site n'est à l'abri.

Le paysage des îles se caractérise par une succession de collines basses et de champs en terrasses; c'est un agréable panorama, parfois surprenant, que de contempler, même à Malte pourtant beaucoup plus urbanisée que Gozo, autant d'espaces verts en dehors des agglomérations. Au printemps, les fleurs sauvages abondent, composant une palette luxuriante de jaune, de rouge, d'écarlate, sur un arrière-plan de splendeurs architecturales ou de la ligne de la côte aux innombrables baies, criques et calanques.

Les arbres des bords des routes sont impitoyablement élagués, le béton recouvre les pavés et de nouvelles routes sont ouvertes à travers la campagne, si bien que la progression des immeubles riverains se poursuit.

Les Maltais sont politiquement engagés et, comme les opinions de chacun sont connues, les gens proches du parti au pouvoir s'attendent à recueillir les fruits de leur fidélité. Lorsque l'opposition prend les rênes, les gens en place, dans l'administration ou les organismes publics, sont victimes de la chasse aux sorcières; c'est la règle du jeu! A un niveau plus terre à terre, il n'est pas rare qu'un magasin soit boycotté parce que son propriétaire appartient à l'opposition (il n'existe que deux partis: le parti nationaliste et le parti travailliste). Les Maltais naissent dans un parti et aucune rhétorique, si convaincante soit-elle, ne les fera changer d'allégeance.

Constructions et politique

Lorsque le gouvernement nationaliste décida d'édifier une nouvelle centrale électrique, on choisit de l'implanter juste au bord de la mer, à Marsaxlokk Bay, à proximité immédiate de plages charmantes. Dès qu'elle fut mise en service, les plages voisines furent saupoudrées de poussière de charbon! Le fait que l'endroit soit situé sous les fenêtres de la résidence d'été du précédent premier ministre (du parti d'opposition) n'est sans doute pas étranger à ce choix incongru!

A gauche, l'âge du repos; ci-dessus, de jeunes mariés.

Les hommes politiques prêchent pour leur cénacle et un changement de gouvernement ne se conçoit que par le vote massif de ceux qui s'expriment pour la première fois, ou par une épidémie de décès dans les rangs de la vieille garde, ou encore par un redécoupage des circonscriptions (manœuvre de prédilection du parti au pouvoir à la veille d'élections). Le système électoral est la représentation proportionnelle.

L'Église

Pendant de longues années, l'Église a joué un rôle primordial dans la vie sociale et politique, faisant entendre sa voix dans toutes les manifestations d'importance ou par le biais de ses établissements scolaires, les meilleurs du pays. En période électorale, les prêtres, du haut de leur chaire, exhortaient, dans leurs homélies dominicales, leurs ouailles à apporter leur voix au parti nationaliste.

Encore que la fête paroissiale (la *festa*), devenue une manifestation mondaine, soit l'événement local le plus important de l'année et bien que S. S. le pape Jean-Paul II ait rendu à l'île une mémorable visite en 1980, bon nombre de fidèles ont déserté l'autel.

Le Maltais, même s'il déploie une activité intense, n'aime rien tant que de jouir pleinement de la vie. Les gens adorent les réceptions, les mariages, et saisissent toutes les occasions de bavarder, de raconter des blagues, de rire. Ils pratiquent une forme d'humour, assez licencieux, en jouant sur le double sens des mots et, à cet égard, le dialecte maltais, s'il n'est guère sophistiqué, se prête à merveille à ces jeux de l'esprit. D'un autre côté, peut-être moins agréable, les Maltais peuvent être, dans la plus pure tradition latine, enclins à se jalouser et prompts à la querelle. Le Maltais a la rancune tenace.

Bien qu'économes par nature, les habitants des îles sont fanatiques des jeux de hasard. La loterie nationale hebdomadaire connaît un immense succès car elle est ouverte aux enjeux modestes. Même les petites villes et les villages organisent des loteries entre gens d'un même quartier et, au tirage hebdomadaire, on peut gagner, contre un billet payé quelques sous, un couple de lapins ou une paire de poulets !

Les signes extérieurs de richesse, souvent ostentatoires, sont surtout les vêtements et les bijoux. La fortune domestique, elle, demeure plus discrète, cachée derrière les murs des maisons. Dans de nombreuses demeures patriciennes, il existe des collections de tableaux ou d'argenterie qui atteindraient des sommets si elles étaient livrées aux enchères d'une grande salle de ventes. Cette richesse suscite parfois des difficultés insolubles de succession et provoque des drames familiaux. Plus d'un palais tombe en ruine parce que les héritiers n'ont pu s'entendre sur sa destination et maintes jeunes filles se plaignent de ne pouvoir, pour cette raison, déposer la moindre dot dans leur corbeille de mariage.

Sur les routes

Quant aux automobiles, elles sont l'objet d'une véritable passion, quel que soit leur âge. On regarde passer avec des yeux d'envie des voitures de sport, bien trop rapides pour le réseau routier, mais on croise aussi, souvent, des guimbardes vomissant des torrents de fumée noire. Des berlines familiales, datant des années cinquante ou soixante, rafistolées et réparées tant bien que mal, trouvent toujours acquéreur, pourvu qu'elles roulent. Mais toutes ont un point commun, la manière dont elles sont pilotées : sans aucune conscience du danger !

La conduite se fait à gauche, comme en Grande-Bretagne, mais parfois un véhicule circule en plein milieu de la chaussée, ou du côté de l'ombre... ou encore à l'endroit où il y a le moins de nids-de-poule !

Quant à l'avenir, les affaires sont en pleine expansion et le nombre annuel des touristes dépasse celui de la population autochtone. La compagnie aérienne nationale, Air Malta, acquiert de plus en plus d'avions et dessert de plus en plus d'escales et de destinations. Aux yeux des Maltais, l'avenir a rarement paru aussi radieux.

A gauche, un prêtre dispense ses conseils, à Mosta ; à droite, le pain vient de sortir du four.

L'HISTOIRE CHEVALERESQUE

Les chevaliers de l'ordre hiérosolymitain (de Jérusalem) de Saint-Jean furent, en leur temps, les plus fabuleux personnages de la chrétienté, des héros qui, s'ils haïssaient la violence du fond du cœur, étaient néanmoins parfaitement capables, dernier rempart opposé au Malin, d'endosser leurs armures et de faire, à la pointe de l'épée, la preuve de leur vaillance.

Jérusalem

L'ordre fut fondé en 1099 par les hospitaliers de Jérusalem, petite communauté de religieux dont le but était de porter aide et assistance aux chrétiens au cours de leur pèlerinage en Terre sainte. Cette vocation subsiste aujourd'hui. Au XIe siècle, les pèlerins avaient besoin d'une protection armée plutôt que de secours médicaux, et il fut alors fait appel à de jeunes chevaliers pour assurer cette défense contre les infidèles.

Ces chevaliers étaient fils des familles aristocratiques de France, d'Italie, d'Espagne, du Portugal et d'Angleterre. Posséder d'authentiques titres de noblesse était une condition *sine qua non* pour être armé chevalier et même les valets d'armes et les serviteurs devaient prouver que leur famille était d'origine «honorable». Le métier des armes, y compris pour les auxiliaires, n'était pas tenu pour fonction ordinaire ni, *a fortiori*, mercenaire. *«Se porter volontaire pour participer à la croisade contre les infidèles, depuis que les musulmans s'étaient emparés des Lieux saints, outre l'immense service rendu à la chrétienté et l'assurance d'y gagner son paradis dans l'autre monde, fut le sport par excellence du Moyen Age»*, écrit E. W. Schermerhorn dans sa magistrale histoire de l'ordre, *Malte des chevaliers*.

Les parents faisaient inscrire dès sa naissance leur fils dans les registres de l'ordre et payaient, alors qu'il était encore enfant, l'onéreux «droit de passage». A l'origine, ce droit représentait la contribution du chevalier aux frais de transport des pèlerins sur les galères de l'ordre. Les vœux de célibat, de pauvreté et d'obéissance posaient également des questions délicates, surtout, semble-t-il, le premier. Certains nobles demandèrent à en être relevés... afin d'assurer la perpétuation de leur nom s'il était menacé d'extinction. D'autres passèrent outre — de façon discrète au début, plus tard sans vergogne — qu'il y eût ou non absence d'héritiers mâles parmi leurs collatéraux. Ce laxisme incita Edward Gibbon à écrire: *«Si les chevaliers sont prêts à mourir pour le service du Christ, ils ne sont guère disposés à vivre selon Ses commandements...»*

Pages précédentes et ci-contre: les armures du palais du Grand Maître, à La Valette; à droite, portrait du grand maître Manoel de Vilhena.

Rhodes

La marée montante de l'islam chassa les chevaliers de Terre sainte. Ils se regroupèrent dans l'île de Rhodes, la fortifièrent et, de cette base, lancèrent des expéditions punitives, à bord de leurs resplendissantes galères, pour courir sus aux infidèles. La prépondérance, au sein du monde musulman, était passée aux mains des Turcs ottomans et Rhodes, située au large des côtes turques, représentait pour eux une intolérable provocation. *«Repaire de fils de Satan»* était l'un des nombreux qualificatifs injurieux dont usaient les Turcs pour désigner cette île. Les Ottomans s'emparèrent de Constantinople en 1453 et de Belgrade en 1520. Toute l'Europe retint son souffle, sachant que la prochaine étape de la conquête serait Rhodes, mais *«aucun roi chrétien ne leva le petit doigt, bien trop occupé qu'il était à guerroyer contre son voisin»*.

Les deux chefs qui s'opposèrent lors du siège de Rhodes, qui fit rage pendant plus de six mois, étaient Soliman le Magnifique, le plus grand des sultans, et, du côté des chevaliers, Philippe de Villiers de L'Isle-Adam, homme *«de haute taille, agile, vif, gracieux, avec un visage empreint de délicatesse, les pommettes hautes, un aristocratique nez aquilin, doux, portant longs barbe et cheveux*

blancs... L'archétype du gentilhomme d'épée...» Rhodes tomba. Le grand maître, alors âgé de cinquante-huit ans, en devint fou de douleur. *«Ce n'est pas sans une peine profonde que j'ai contraint ce chrétien, arrivé à ce grand âge, à abandonner son fief»*, soupirait Soliman victorieux.

Les chevaliers vaincus furent autorisés, avec les honneurs de la guerre, à quitter l'île en emportant leurs biens. Les habitants d'origine grecque qui n'avaient pas convenance à demeurer à Rhodes au pouvoir des Turcs, soit une centaine de familles, prirent place dans les galères chrétiennes. Ainsi que Soliman le soupçonnait, les chevaliers n'avaient aucune idée de leur destination.

La pensée que ces valeureux vétérans d'une guerre impitoyable étaient laissés à leur triste sort au milieu des flots de la Méditerranée était plus que n'en pouvait supporter le roi d'Espagne qui, sous le nom de Charles Quint, était également souverain du Saint Empire romain et, à ce titre, symbole d'espoir de tous les chevaliers. Charles Quint ne pouvait se résoudre à abandonner à des conditions aussi ignominieuses la plus prestigieuse armée de la chrétienté. Il possédait en apanage des domaines qui pourraient convenir. L'un d'eux était Tripoli, aujourd'hui capitale de la Libye; l'autre était l'archipel de Malte.

Malte

Les chevaliers connaissaient Tripoli comme poste avancé de la chrétienté, assiégé par une population notoirement hostile et par les plus redoutables pirates de la côte barbaresque. Cherchant à être mieux renseignés sur Malte, qui leur était à peu près inconnue, ils y envoyèrent des émissaires afin de juger de l'intérêt de l'offre de l'empereur.

Malte, écrivirent-ils assez dédaigneusement, *«n'est guère plus qu'un rocher de pierre tendre... à peine recouvert de trois ou quatre pieds de terre, sans source ni puits... Le bois y est si rare qu'il se vend à la livre... Environ douze mille habitants des deux sexes, dont la grande majorité est pauvre et souffre de misère... En bref: une installation à Malte serait fort déplaisante, à la limite insupportable, surtout en été...»*

Tripoli, cependant, était encore pire. Malte ferait donc l'affaire. Mais sept longues années devaient s'écouler avant qu'on pût disposer d'une installation digne de ce nom et, pendant tout ce temps, les malheureux chevaliers, leurs serviteurs et leurs compagnons grecs d'infortune durent se battre *«contre la pestilence, la misère et le découragement»*.

Les 12000 indigènes étaient considérés, pour autant qu'on eût jamais pensé à eux, comme les résidus d'un métissage entre Phéniciens, Arabes, Normands et autres vagabonds des mers. L'une des conséquences de ce brassage, selon les émissaires de l'ordre, était que ces habitants avaient conservé un dialecte *«s'apparentant au mauresque»*. La véritable nature de cette langue devait, par la suite, donner lieu à des spéculations académiques. Jusque-là, l'un des aspects de ce langage était que ceux qui le parlaient paraissaient *«bien plus grossiers qu'ils ne l'étaient en réalité et qu'ils étaient*

A gauche, la collection d'armures du palais; ci-dessus, fresque relatant la vie du grand maître, au palais Verdala.

pareils à des Turcs!» Aux yeux du chevalier italien qui exprima cette opinion, Arabes et Turcs constituaient une seule et même engeance. Comme nombre d'autres chevaliers, il ne fit aucun effort pour apprendre la langue, *«idiome perfide»* insupportable à son oreille.

Charles Quint n'était pas disposé à perdre son temps à discuter de souveraineté avec les Maltais. Un document pieusement conservé à la bibliothèque nationale de La Valette témoigne de son don de l'île à l'ordre: *«Afin qu'ils puissent accomplir en paix les devoirs de leur religion au profit de la communauté chrétienne et employer leurs forces et leurs armes contre les perfides ennemis de la Sainte Foi, Nous leur avons fait donation d'un établissement en gage de l'affection particulière que Nous portons à l'ordre, afin qu'ils ne soient plus jamais contraints d'errer par le monde.»* A l'intention de ses sujets indigènes, il est dit que *«tous ceux qui habitent présentement ces îles et y viendront s'établir par la suite, accueilleront et tiendront le grand maître pour leur vrai seigneur, rempliront leurs devoirs et obéiront à ses règles comme il sied à tout bon et loyal vassal à l'égard de son maître»*.

Les pêcheurs et les paysans de Malte firent bon accueil à ces chevaliers, voyant en eux des pourvoyeurs d'emplois, des clients et des protecteurs contre les pirates barbaresques qui écumaient les îles, mais les nobliaux locaux virent d'un mauvais œil la perspective de se retrouver sous la coupe d'une puissance qui entretenait des rapports privilégiés avec le pape et le Saint Empire. De plus, ils avaient obtenu d'un ancêtre de Charles Quint l'assurance que Malte ne tomberait pas de royaume en duché, comme une terre banale, et cet engagement leur parut foulé aux pieds.

Malte se transforma. Jusque-là, il n'existait guère autre chose qu'un petit village de pêcheurs, Borgo, une antique forteresse, le fort Saint-Ange, et une *«ville morte et déser-*

tée» dans l'intérieur, ce qui n'était pas particulièrement flatteur pour les notables qui y demeuraient. Il avait fallu trouver, mais surtout construire, de quoi loger, dans les plus brefs délais, plusieurs milliers d'arrivants sans négliger l'édification d'urgence de fortifications capables de contenir une nouvelle offensive des hordes ottomanes, dont l'ombre se profilait sur l'horizon.

L'assaut des Turcs, lorsqu'il se déchaîna, fut pour Malte, bastion avancé de la religion en armes *«dont le chevaleresque devoir était de sauver l'humanité»*, l'occasion de se couvrir d'une nouvelle gloire, au point que Voltaire put écrire: *«Rien n'est plus célèbre que le siège de Malte.»*

Un site stratégique

Si sa renommée a pu s'atténuer au cours des deux siècles qui suivirent ce siège, Malte connut par contre une importance militaire grandissante. Les stratèges britanniques, se rendant compte de la menace que constituait Napoléon Ier qui s'en était emparé, en conclurent que Malte avait, pour le salut de l'empire britannique, un intérêt primordial *«sans proportion avec sa superficie, le nombre de ses habitants ou ses ressources naturelles»*.

Napoléon Ier, auteur de l'aphorisme *«la politique des États est dans leur géographie»*, ne s'y était pas trompé. Au cours de la trêve qui, après le traité d'Amiens, suspendit les hostilités entre la France et l'Angleterre, celle-ci offrit d'échanger Malte, que la France occupait, contre la Hollande et la Suisse! L'empereur des Français répliqua que ces deux pays n'étaient que *«roupie de sansonnet»* en comparaison de Malte. *«Je préférerais vous abandonner le faubourg Saint-Antoine plutôt que Malte!»* C'est d'ailleurs officiellement à cause de cette île minuscule que la guerre se ralluma pour ne s'éteindre qu'au soir de Waterloo.

Ci-dessus, inscription latine (musée de Gozo); à droite, la croix de Malte.

DATES IMPORTANTES

5000 av. J.-C. Les premiers êtres humains débarquent sur Malte, venus probablement d'Europe. On pense que les îles formaient un isthme qui reliait l'Europe à la côte africaine.
Vers 3400 av. J.-C. Age du cuivre.
Vers 3200 av. J.-C. Érection des temples mégalithiques de Hagar Qim, Ggantija et Mnajdra.
Vers 2000 av. J.-C. Age du bronze.
Vers 900 av. J.-C. Age du fer.
Vers 700 av. J.-C. Domination grecque.
Entre 800 et 480 av. J.-C. Colonisation phénicienne.
Entre 480 et 218 av. J.-C. Domination carthaginoise.
218 av. J.-C. Malte est intégrée à la république de Rome.
60 apr. J.-C. Saint Paul fait naufrage sur les côtes de Malte. Premières conversions au christianisme, dont celle de Publius, gouverneur de l'île.
117-138. Malte est déclarée municipalité sous le règne d' Hadrien.
395-870. Domination de Byzance.
870. Invasion des Arabes aghlobites, dont le dialecte deviendra le maltais.
1090. Invasion des Normands. La religion chrétienne est rétablie.
1194-1266. Domination souabe.
1266-1282. Domination angevine.
1282-1530. Domination aragonaise.
1350. Le roi de Sicile institue une noblesse.
1530. L'ordre de Saint-Jean prend possession de Malte, par suite de la donation qui lui en a été faite par Charles Quint. Birgu, emplacement actuel de Vittoriosa, est choisi comme principal établissement.
1561. L'Inquisition s'implante à Malte.
1565. Grand Siège par les Turcs.
1566. Fondation de La Valette, cité fortifiée.
1798. Bonaparte, en route pour l'Égypte, s'empare de Malte. L'ordre de Saint-Jean est chassé. L'Inquisition est abolie.
1799. La population se soulève contre les Français. L'Angleterre offre sa protection aux îles au nom du roi des Deux-Siciles.
1800. Les Français capitulent. Malte passe sous la protection de la couronne d'Angleterre.
1802. Aux termes du traité d'Amiens, Malte doit retourner à l'ordre de Saint-Jean, mais ce transfert ne s'effectue pas. Une déclaration des droits est promulguée.
1814. Par le traité de Paris, Malte devient une colonie britannique.
1914-1918. Malte est organisée en hôpital militaire.
1919. Émeutes du *Sette Giugno* (7 juin). Avec la fin du conflit, l'économie décline, entraînant misère et chômage. Une foule en colère, à La Valette, contraint les autorités à faire appel à la troupe.
1921. Les Britanniques concèdent l'autonomie et une constitution à Malte, et un parlement est élu. Les affaires intérieures des îles sont entre leurs mains.

1930. La constitution est suspendue en raison de la prise de position de l'Église qui appelle à voter pour le parti nationaliste, partisan de l'indépendance.
1932. La constitution est rétablie.
1936. Malte redevient une colonie de la couronne, comme avant 1814.
1940. Premiers raids aériens de la Luftwaffe.
1941. Les Allemands assiègent Malte.
1947. L'autonomie interne est restaurée, un gouverneur général assure l'administration.
1962. Malte devient un État indépendant, membre du Commonwealth.
1971. Les travaillistes arrivent au pouvoir; le premier ministre M. Mintoff renvoie le gouverneur représentant la Grande-Bretagne et exige le départ de troupes de l'O.T.A.N.
1972. Un nouveau traité entre Malte, l'Angleterre et l'O.T.A.N. autorise l'établissement d'une base aérienne.
1974. Malte devient une république, avec un président, sir Anthony Mamo, dont les pouvoirs sont essentiellement de représentation, mais demeure au sein du Commonwealth.
1979. Les accords de défense étant arrivés à expiration, les forces militaires britanniques quittent l'île.
1990. Malte demande son entrée dans la Communauté européenne.

LES PREMIERS TEMPS

Il est aujourd'hui admis que l'archipel maltais formait un isthme reliant l'Europe à l'Afrique mais, jusqu'en 1801, nul ne pouvait dire à quel continent il se rattachait. Une loi promulguée par le parlement britannique avait tranché : *« Ladite île de Malte et ses dépendances seront réputées, considérées et tenues pour parties de l'Europe, à toutes fins et à quelque propos ou sujet que ce soit, et ceci nonobstant toute loi, coutume, usage ou acte qui édicterait le contraire. »*

Pont jeté entre deux mondes, cet isthme fut la route de l'évasion des animaux fuyant les glaces qui envahirent l'Europe septentrionale. Innombrables furent ceux qui périrent en chemin ou qui furent engloutis dans la montée des eaux qui transformèrent ce passage en chapelet d'îles semblables aux pierres jalonnant un gué. En tout cas la grotte de Ghar Dalam, dite grotte de l'Obscurité, près de Birzebugga, est l'une de celles dans lesquelles furent retrouvés les ossements d'au moins 36 espèces d'animaux préhistoriques, parmi lesquels des éléphants nains et des hippopotames. Les éléphants dont Hannibal dota son armée pour franchir les Alpes étaient plus petits que les vrais éléphants d'Afrique et il n'est donc pas inconcevable qu'ils aient été les descendants des pachydermes dont la migration s'arrêta à Ghar Dalam.

Dents humaines

Des peuples qui échouèrent sur ces rivages ou qui choisirent de s'y établir, on sait peu de chose. Parmi les ossements exhumés à Ghar Dalam, on découvrit deux dents ayant appartenu à un être humain contemporain de l'homme de Néanderthal, 40 000 ans avant notre ère, et il semble qu'une appréciable population ait vécu dans les grottes des falaises de la côte ou, profitant de la présence de roches tendres, se soit creusé des abris troglodytes. Il arrivait à ces premiers groupes humains, sans doute en fonction des saisons, d'émerger de leurs antres pour construire des villages de cases. On les a baptisés skorbas, du nom du site où des vestiges de peuplement ont été découverts dans l'ouest de Malte.

Pages précédentes : entrée du temple néolithique de Hagar Qim. Ci-contre, la première statue de divinité connue.

Au IVe millénaire av. J.-C., alors que les Égyptiens élevaient des pyramides, et mille ans avant que ne s'épanouisse à Cnossos la civilisation minoéenne, les Maltais entreprirent la construction de temples mégalithiques. Mgarr, le premier, fut bientôt surclassé par les temples de Ggantija à Gozo, de Mnajdra et de Hagar Qim à Malte. Ces temples consistaient en un assemblage de massives dalles creusées de niches servant d'autels, avec des statues. Le temple de Hagar Qim comprend une mégalithe longue de six mètres. A Tarxien, six temples étaient décorés de gravures d'une facture exceptionnellement élaborée pour leur époque.

Un beau jour de 1914, un fermier vint se plaindre de ce que sa charrue heurtait constamment des blocs de pierre gisant à une certaine profondeur dans le sol. L'éminent archéologue maltais sir Themistocles Zammit, adoré de ses compatriotes, se rendit sur les lieux et creusa à l'endroit indiqué. Il mit à jour des temples datant de l'âge de la pierre qui, au cours de l'âge du cuivre qui suivit, avaient été à l'évidence convertis en nécropoles.

La femme mafflue

L'une des salles de Tarxien a livré l'un des plus beaux exemples de l'art de l'âge de la pierre : une statue de femme dont les bras et les pieds sont normalement proportionnés mais dont toutes les autres parties du corps sont quasi éléphantesques. On connaît d'autres exemples de ce style que les préhistoriens ont qualifié du terme sans équivoque de « pachydermique ».

Les vestiges néolithiques les plus remarquables ont été exhumés quelques années à peine avant la découverte de Tarxien, par le plus pur hasard, alors qu'un entrepreneur creusait profondément le sol afin de poser les fondations d'un immeuble.

L'hypogée de Hal Saflieni (dont le nom est simplement celui du quartier de Paola où cet entrepreneur se proposait de construire une maison) est une immense salle souterraine, sur trois niveaux, creusée par l'homme dans la roche. On suppose que ces lieux abritaient un oracle et servaient aux cérémonies d'initiation des prêtres. Plus tard, ils devaient, comme à Tarxien, servir de chambres mortuaires. L'hypogée est si vaste que l'on estime que 7 000 dépouilles y étaient déposées. Mais, sauf qu'ils vivaient il y a trois mille ans, on ignore pratiquement tout des bâtisseurs de ces temples-nécropoles.

Les «chemins charretiers» qui quadrillent l'île demeurent également une énigme. Il s'agit, comme leur nom l'indique, d'une double voie de sillons parallèles séparés de 1,35 m, ce qui correspond à l'écartement des roues des charrettes en usage sur place aujourd'hui encore. On se demande quelle pouvait être la finalité de ces sentiers, alors surtout que certains conduisent, sans raison apparente, au sommet des collines et que d'autres s'arrêtent abruptement au bord extrême des falaises. Ces sillons, formant un V et larges de 15 à 50 cm, ont-ils été creusés avec des outils ou sont-ils simplement les traces de passages répétés?

Sir Themistocles Zammit émet l'opinion que *«la matière extraite doit avoir été abondante, bon marché, et pourtant du plus haut intérêt pour ceux qui la transportaient»*. Ce fut peut-être de l'humus. *«Lorsque l'accroissement de la population a exigé la mise en valeur de nouvelles terres pour y semer des céréales, les îliens n'ont pu le faire qu'en charriant l'humus du fond des vallées et en le hissant sur les pentes des collines, où il était ensuite retenu par les murettes des terrasses.»*

Le choc des empires

Malte apparaît, dans l'histoire dont la relation est venue jusqu'à nous, aux confins de la lutte triangulaire sans merci que se livrèrent, pour la conquête du monde connu, Phéniciens, Grecs et Perses.

Les Phéniciens ont ouvert la voie de cette conquête en faisant voile, de Tyr et de Sidon, vers les côtes de l'actuel Liban, à travers la Méditerranée jusqu'aux mines de cuivre et d'étain exploitées, presque clandestinement, en Espagne. Les Phéniciens préféraient naviguer en vue des côtes et couper leurs voyages d'escales. Il leur fallait donc disposer de ports de reste le long des routes maritimes qu'ils développaient surtout en suivant les rivages de l'Afrique du Nord. Les Grecs, pour leur part, poursuivaient leur expansion sur les rives européennes de la Méditerranée.

L'histoire de Didon, née Élissa, fille du roi Mutto de Tyr et sœur du roi Pygmalion, qui devait succéder à son père, illustre la propension des Phéniciens à se lancer à la conquête de l'Ouest. Craignant d'être assassinée par son frère, Didon et un groupe de ses partisans s'enfuirent en Tunisie et y fondèrent Carthage. Cette colonie devint presque aussi prospère que la mère patrie.

Mais les relations entre les deux royaumes phéniciens se rompirent à la suite d'une tentative avortée, menée de concert par les Phéniciens et les Perses, d'écraser les Grecs. Ceux-ci battirent cette coalition en remportant, contre toute attente, deux batailles décisives dont on dit qu'elles eurent lieu le même jour de l'an 470 av. J.-C. Les Perses perdirent leur flotte de combat commandée par Xerxès dans la baie de Salamine, et les Phéniciens furent défaits à Himéra, en Sicile. La Méditerranée se trouva coupée en deux zones d'influence : les Grecs dominant l'est et les Phéniciens (les Carthaginois) l'ouest. La ligne de démarcation passait par Malte.

La puissance grandissante de Carthage chassa bientôt les Grecs des îles qu'ils avaient baptisées Melitta, c'est-à-dire «miel», en raison de l'abondance de ce nectar. Les Carthaginois utilisèrent Malte comme base d'entraînement des équipages de leurs galères et ils y plantèrent oliviers et caroubiers. L'argile locale fut exploitée pour la confection d'articles de poterie. Ces nouveautés enrichirent les îles, mais les habitants payèrent un lourd tribut car nombre de leurs fils furent emmenés en esclavage à Carthage.

Les vestiges de l'occupation carthaginoise, principalement des tombeaux, sont rares, à l'exception toutefois d'une inestimable paire de cippes (stèles funéraires ou votives) découverts en 1967. Les inscriptions gravées sur ces colonnes ne sont pas d'un intérêt capital (il s'agit d'une prière de deux frères implorant le dieu Melgarth) mais, à la suite des lignes écrites en caractères phéniciens, le plus ancien alphabet européen, figure une traduction du même texte en grec. Ces cippes (dont l'un est exposé au musée archéologique de Malte, l'autre au Louvre) ont permis de déchiffrer le phénicien, comme la pierre de Rosette les hiéroglyphes égyptiens.

Le *malti* est le legs (après deux mille ans d'évolution et d'apports) du phénicien. Ce langage était fort étrange aux yeux d'un Européen, si l'on en juge par la traduction du poème de Longfellow *le Psaume de la vie*, réalisée par Augustus Bartolo et citée dans le livre plaisant et instructif de sir Harry Luke : *Malte*. Le premier vers de Longfellow s'énonce : *« Ne me dis pas, en des nombres lugubres... »* et la traduction s'écrit :

Tghidulix li id-dinja hi holma,
Mhiex hlief frugha, u niket, u hemm;
Dak li jidher fil-wicc hu qarrieqi,
Ujekk torqod ir-ruh taghma tintemm.

Ainsi que sir Harry Luke en fit perfidement la remarque, au temps où Mussolini menait campagne pour persuader le monde

A gauche, entrée de pièces des temples de Mnajdra; ci-dessus, les toilettes des thermes romains.

que les Maltais parlaient une langue dérivée de l'italien (et devaient, par suite, se ranger sous sa bannière) : *« Il ne semble vraiment pas que ceci ressemble à un dialecte italien, n'est-ce pas ? »* Sir Harry relevait aussi le nom répandu de Nibblu, diminutif d'Hannibal.

Les guerres puniques

La traversée des Alpes par Hannibal, suivi de 59 000 hommes et de 37 éléphants (dont un seul survécut) est le haut fait le plus connu de l'histoire des guerres puniques (264-146 av. J.-C.). Ce fut une tentative aussi glorieuse que vaine pour conquérir Rome

par le nord. Pendant seize années, Hannibal occupa l'Italie du Nord, jusqu'au jour où un jeune et brillant chef de guerre, Scipion, lui porta un coup en plein cœur en débarquant à Carthage même. Hannibal franchit de nouveau la Méditerranée en toute hâte pour sauver sa capitale, mais il arriva trop tard. Caton avait coutume de conclure ses discours aux sénateurs de Rome par : *« Cartago delenda est » (« Il faut détruire Carthage »)*. A la fin de de la troisième guerre punique la ville, et avec elle l'empire carthaginois, fut rayée de la carte et du sel semé sur ses ruines.

Malte était malmenée, dans cette lutte à mort, encore qu'il en ait été fort peu fait mention dans les chroniques de Rome. Le Grand Port, comme on en vint à l'appeler, constitua une base navale carthaginoise et, à ce titre, il fut attaqué à plusieurs reprises, surtout lorsque Rome se rendit compte que la menace de l'ennemi pesait autant sur mer que sur terre. Malte fut cédée à Rome comme tribut à la fin de la première guerre.

Selon Tite-Live, Hamilcar, père d'Hannibal, tenait garnison à Malte lorsqu'il dut se rendre avec ses 2 000 soldats. Il faut croire que les Carthaginois reprirent l'île, puisqu'elle fut de nouveau transférée à Rome après la deuxième guerre punique. En tout cas, l'île demeura dans l'orbite romaine plus de mille ans après les guerres puniques. Bien qu'elle ait acquis, au fil des ans, une certaine autonomie, son administration resta couplée avec celle de la Sicile. Verres, proconsul romain en Sicile, ne s'y rendit jamais mais il y dépêcha ses séides afin de s'emparer de ce qui valait la peine d'y être volé. Deux immenses défenses d'éléphant, qui ornaient le sanctuaire de Junon, furent les premiers trésors à être pillés.

Le proconsul corrompu

Verres fit preuve, en Sicile, d'une semblable rapacité et on le tient pour le pire administrateur de l'histoire de la république de Rome… Il fut destitué en 70 av. J.-C., et dès le début de la longue instruction de son procès qui devait s'ouvrir à Rome, le tribun Cicéron en fit la cible de ses sarcasmes : *« Il ne m'est nul besoin de me dire où tu t'es procuré quatre cents jarres de miel de Malte et une énorme quantité de tissus de ce pays, ni dans quel but tu as accaparé cinquante matelas et cinquante candélabres; mais je serais tout de même curieux de savoir ce que tu entends en faire, à moins, bien sûr, que tu ne te proposes, tout simplement, d'en faire cadeau aux femmes de tous tes amis. »* Verres prit le parti prudent de s'exiler pour toujours.

Débarrassée de Verres, Malte prospéra sous la houlette bienveillante de Rome. Diodore de Sicile, l'un des rares historiens latins qui cite Malte dans ses écrits, dénommait ses habitants des Phéniciens. Les monnaies maltaises de l'époque étaient frappées de symboles phéniciens, accompagnés d'inscriptions grecques ou latines, et la tradition de la crémation des morts et de l'ensevelissement de leurs cendres dans des tombes se perpétua. Il semble, de façon générale, que la présence romaine se soit limitée à une garnison, sans exercer d'influence notable sur la culture locale ni sur la langue.

En 60 apr. J.-C., un navire en route pour Rome avec 275 passagers, dont un prisonnier, fut pris dans une tempête au large de Malte. *« Ils ne savaient pas quelle était cette terre, mais ils découvrirent une baie frangée d'une plage sur laquelle ils pensèrent, les éléments le permettant, faire échouer leur nef. Et, quand ils furent sains et saufs, ils apprirent que cette île se nommait Mel-i-ta. Et les peuples barbares firent montre à notre égard d'une réelle générosité, car ils allumèrent un grand feu et accueillirent chacun de nous pour nous abriter de la pluie et du froid. »*

L'auteur de cette citation (Actes des apôtres, XXVIII) est saint Luc et le prisonnier dont il est question, saint Paul. Les naufragés demeurèrent trois mois dans l'île. Saint Paul vécut dans une grotte, près de Rabat, mais il passa aussi trois jours dans la maison de Publius, procurateur de l'île, dont il guérit le père *« d'une fièvre et d'un flux de sang »*. Non seulement saint Paul convertit Publius, mais il l'aurait également nommé évêque et fait de sa maison la première église de Malte. L'actuelle cathédrale est réputée avoir été bâtie sur son emplacement.

Si, comme on le croit, les Maltais parlaient encore une forme primitive du phénicien d'origine cananéenne, les sermons de saint Paul devaient être accessibles aux îliens puisque, natif de Tarse, il parlait un dialecte cananéen. En tout cas, Malte fut l'une des premières colonies dont la population se convertit et la preuve en a été retrouvée dans les catacombes du début du IIe siècle. L'une de leurs caractéristiques est l'existence de tables, taillées dans les parois rocheuses du vestibule, sur lesquelles les familles en deuil s'appuyaient lors des cérémonies funéraires.

A gauche, inscription arabe datant de la période arabe (musée de Gozo); ci-dessus, la chambre mortuaire des catacombes de saint Paul.

Les Arabes

Malte paraît avoir échappé aux convoitises des envahisseurs vandales et goths qui dévastèrent les provinces d'Afrique du Nord, puis Rome elle-même. L'histoire signale seulement que Bélisaire, général byzantin qui conquit les marches septentrionales, fit escale à Malte entre deux campagnes à l'issue desquelles, en 533, il s'empara de Carthage au nom de l'empereur de Constantinople.

De même, il semble que l'archipel ait été préservé de la marée de l'islam qui balaya d'est en ouest l'Afrique du Nord au VIIe siècle. Malte ne fut occupée par les Arabes qu'en 870 et, même à ce moment, cette invasion ne fut qu'un tremplin de l'assaut lancé contre la Sicile puis contre le continent européen. Les Arabes relevèrent les anciennes fortifications romaines, y compris le futur fort Saint-Ange, et ils édifièrent une nouvelle enceinte autour de Mdina. De nombreuses tombes arabes ont été mises au jour, mais le plus important vestige de leur domination bicentenaire se trouve dans les mots et les expressions arabes qu'ils ont introduits dans le vocabulaire autochtone pour former, au moins au début, une langue compréhensible entre oppresseurs et opprimés.

La mainmise arabe fut ébranlée, en 1090, par Roger Ier, de la dynastie normande de Sicile, qui trompa la garnison en lançant une attaque de diversion dans la baie Saint-Paul, alors que le gros de ses troupes escaladait les périlleuses falaises de la côte ouest. Roger de Sicile était moins intéressé par la conquête de l'île en elle-même que par le souci d'empêcher les Arabes de porter la guerre sur le sol de la Sicile. C'est pourquoi l'histoire de Malte ne garde qu'un vague souvenir des princes normands (dont Guillaume le Mauvais et son descendant Guillaume le Bon), angevins, aragonais et castillans qui s'assirent sur le trône de Palerme au cours des siècles qui suivirent.

Au hasard des mariages, des guerres, des successions, les îles passèrent de main en main sans que les Maltais eussent leur mot à dire, même si à la suite d'une révolte, en 1428, ils arrachèrent à Alphonse V le Magnifique des franchises qu'une charte royale consacra. Finalement, l'archipel tomba dans la corbeille de mariage de Ferdinand d'Aragon et d'Isabelle de Castille.

La farouche détermination des Souverains Catholiques, Ferdinand et Isabelle d'Espagne, de libérer leur royaume du joug des Maures (terme qui englobait les Arabes et les Berbères d'Afrique du Nord) répandus à travers le bassin méditerranéen sous l'étendard vert de l'islam, eut des conséquences imprévues.

Malte se retrouva engagée dans cette guerre de libération lorsque le petit-fils de ces souverains, Charles Quint, fit don de l'archipel aux chevaliers de l'ordre de Saint-Jean de Jérusalem, privés de patrie depuis qu'ils avaient été chassés de Terre sainte, puis de Rhodes.

L'hypogée de Hal Saflieni, à Paola, temple destiné au culte et nécropole.

CHA
BA

LE GRAND SIÈGE

Les pirates barbaresques (nom sous lequel on désignait les pirates venus des rivages nord-africains) n'attendirent pas l'arrivée des chevaliers pour manifester leur appétit sur Malte. Ils mirent l'île à sac trois fois en moins de dix ans. En 1525, par exemple, le fait que la population fût victime d'une épidémie de peste n'arrêta pas les envahisseurs qui, ayant débarqué dans la baie Saint-Paul, pillé et incendié le village de Mosta, repartirent avec 400 prisonniers. Une expédition sur la côte italienne ne rapporta pas moins de 11 000 captifs! Ceux-ci étaient ensuite réduits en esclavage ou échangés contre une rançon convenue en fonction du rang ou de la nationalité du prisonnier.

Les hordes de Barberousse

Les profits retirés de la piraterie permettaient aux deys et aux beys ottomans, maîtres des ports barbaresques, de s'attacher les services de chefs de guerre valeureux et d'équipages expérimentés. Les plus célèbres, au début du XVIe siècle, furent les frères Barberousse, originaires de l'île de Lesbos, et leur protégé, Dragut, fils d'un paysan particulièrement vindicatif à l'égard des chevaliers.

Né sur la côte de Caramanie, en face de Rhodes, Dragut s'était engagé tout jeune dans la marine turque et il y fut bientôt reconnu comme *«pilote avisé et très remarquable tireur»*. Il s'enrôla dans la flotte des Barberousse, basée à Alger, atteignit le grade de lieutenant et reçut le commandement de douze galères. *«A partir de ce jour, ce redoutable pirate ne passa plus une saison sans aller ravager les côtes napolitaines ou siciliennes, si bien qu'aucun navire chrétien n'osait plus traverser la mer Méditerranée entre l'Espagne et l'Italie. Toute tentative se soldait par une capture et, si jamais Dragut laissait échapper une proie sur mer, il se vengeait en opérant des débarquements sur le littoral, ravageant villes et villages, emmenant en captivité des multitudes d'habitants.»*

Pages précédentes: l'arrivée des envahisseurs turcs (détail d'une fresque du palais du Grand Maître). A gauche, la garnison chrétienne assiégée; à droite, le grand maître Jean Parisot de la Valette.

En 1540, Dragut fut à son tour capturé et enchaîné au banc de nage d'une galère armée par Andrea Doria. *«Officiellement amiral (dans la marine de Gênes), il était en même temps corsaire et armait ses propres navires pour faire la course et consolider sa fortune.»* Par une certaine ironie du sort, un officier de Doria, qui avait été auparavant capturé par les Turcs et condamné à ramer sur une de leurs galères, connaissait Dragut de longue date. L'apercevant alors qu'il s'échinait, dans la chiourme, sur un lourd aviron, il l'interpella: *«C'est là coutume de guerre!»* A quoi le prisonnier, reconnaissant son interlocuteur, lui aurait rétorqué sur le

même ton: *«Et revers de fortune!»* L'officier en question n'était autre que Jean Parisot de la Valette, futur grand maître de l'ordre.

Barberousse récupéra Dragut en versant une rançon de 3000 couronnes et lui rendit son commandement. *«La geôle avait aiguisé son appétit de revanche sur les chrétiens.»* Selon une chronique turque, il était devenu le *«sabre au clair de l'islam»*. Le duc de Bourbon, le vice-roi de Naples et le pape financèrent plusieurs expéditions contre Dragut. Finalement, Doria crut avoir acculé son ancien galérien au fond d'une anse de Djerba, île de la côte tunisienne, *«et adressa des messages de joie aux quatre coins de l'Europe, annonçant une victoire imminen-*

te». Il avait parlé trop tôt! Pendant la nuit, Dragut fit creuser un chenal et s'échappa vers la haute mer. *«Jamais Doria ne maudit le rusé pirate avec plus grande véhémence et plus justes raisons.»* Las de naviguer en solitaire, Dragut joignit ses forces à la flotte ottomane et, en 1551, fit irruption hors des Dardanelles en tant que commandant en second d'une armada aux ordres de Sinan Pacha, qui comptait près de 150 galères, portant dans leurs flancs 10000 guerriers.

Les chevaliers s'étaient installés à Malte depuis vingt ans, améliorant fiévreusement les défenses, encore que le fort Saint-Elme ne fût pas encore achevé. Les Turcs, débarquant à la pointe du promontoire séparant les deux ports principaux, furent impressionnés par le fort Saint-Ange. Aussi modifièrent-ils leur axe d'attaque pour ravager plutôt l'intérieur de l'île et Gozo. La tête de Sinan Pacha *«chancelait sur ses épaules»* et il jugea prudent, avant de revenir à Constantinople avouer un échec, d'aller déloger ses ennemis de leur poste avancé de Tripoli, afin d'être l'auteur d'au moins une victoire.

Un renégat français livra l'emplacement des points faibles de la défense. Gaspard de Villiers dut capituler et espérait des conditions semblables à celles que les chevaliers avaient connues, avec les cent familles grecques, lors de la reddition de Rhodes. Mais Sinan Pacha *«éprouvait une rage aveugle contre l'Ordre»* et tous les chevaliers, à l'exception d'une poignée, furent emmenés enchaînés. L'outrage fut consommé, peu après, par la prise de la forteresse chrétienne de Djerba, édifiée après l'évasion de Dragut, qui d'ailleurs participa à cette bataille.

Les chrétiens perdirent 56 vaisseaux et *«dix-huit mille croyants durent ployer la nuque sous les cimeterres turcs»*. A la vue de la pyramide de têtes élevée sur la plage de Djerba, le 11 mai 1560, Andrea Doria, devenu un vieillard, ne put que balbutier: *«Conduisez-moi à la chapelle.»*

Le siège

La Valette, presque septuagénaire, était à la peine depuis Rhodes, plus de quarante-trois ans auparavant. Homme de haute taille, élégant, profondément religieux, chef charismatique, bien que *«froid et même cassant dans sa sévérité»*. Il connaissait bien les Turcs, dont il avait été un temps l'esclave sur une de leurs galères, et ses souffrances *«avaient accru sa haine des infidèles»*.

Les travaux de fortification du Grand Port inclurent dans le dispositif le fort Saint-Michel, qui couvrait les abords de la péninsule de Senglea. Le fort Saint-Ange fut également renforcé, de même que le fort

Saint-Elme, face à la mer, au sommet du mont Scebberas (où s'élèvera plus tard la cité de La Valette). Les accès du port et les criques du Borgo furent barrés par une rangée de pieux reliés par des chaînes. Le grand maître ordonna de constituer des réserves de grain et de maintenir pleines les citernes. Un chapelet de bûchers, auxquels le feu serait mis en cas d'alerte, fut disposé le long des côtes. Il demanda au vice-roi de Sicile de se tenir prêt à lui porter assistance et rappela à Malte tous les chevaliers. En attendant, 700 chevaliers et 3 000 soldats maltais, appuyés de 5 000 mercenaires, se tenaient sur le pied de guerre.

littoral. Les paysans se précipitèrent dans les enceintes, apportant leurs ultimes vivres et leur bétail. Mdina, où la cavalerie était retranchée, ferma ses portes. On empoisonna l'eau des puits de la plaine de Marsa, où l'on pensait que l'ennemi établirait ses quartiers.

Les Turcs élevèrent d'abord des terrassements à partir desquels ils se débarrasseraient de la garnison du fort Saint-Elme, avant de concentrer leurs assauts sur Birgu et Saint-Michel. A son arrivée, Dragut désapprouva cette tactique, mais les préparatifs étaient trop avancés pour être abandonnés. D'ailleurs, Mustapha Pacha se faisait fort de conquérir Saint-Elme en cinq jours.

Fresques du palais du Grand Maître dépeignant le siège de Malte par les Turcs.

Le 18 mai 1565, l'armada turque fut en vue. Elle comptait 180 navires transportant plus de 30 000 combattants : janissaires exercés au combat depuis l'enfance, cavaliers thraces et anatoliens, volontaires venus de tous les horizons de l'empire ottoman.

Dragut accusait un retard inexplicable et l'on apprit qu'il ne pourrait, avant deux semaines, assurer le commandement. Mustapha Pacha, officier le plus élevé en grade après lui, et l'amiral Piali n'avaient d'autre choix que d'ouvrir les hostilités sans lui. Les feux d'alarme furent allumés sur le

La puissance de l'assaut, quand il fut lancé, permit aux Turcs de se rendre maîtres, en trois heures, de la ravine située en face de la poterne. Les défenseurs, moins de 60 chevaliers et quelques centaines d'hommes de troupe, doutaient de pouvoir résister à une seconde attaque et ils envoyèrent un appel au grand maître. La Valette fit répondre qu'en cas de besoin il se porterait à leur aide et couvrirait Saint-Elme. Dragut jeta une passerelle en travers du ravin et fit monter ses troupes à l'assaut. La bataille fit rage pendant cinq heures et les forces turques essuyèrent d'énormes pertes. Voyant qu'une victoire rapide lui échappait, Dragut encercla Saint-Elme avec ses plus grosses pièces d'artillerie et fit pleuvoir plus de 7000 boulets, cependant que les janissaires, par vagues, montaient à l'assaut des murailles.

L'histoire du siège a fait l'objet de récits sans nombre, avec chaque fois des détails plus affreux. On a évoqué le ravin, sous le pont établi par Dragut, empli de cadavres; les défenseurs chrétiens, leurs longues tuniques blanches enflammées par des projectiles incendiaires, tombant dans les douves comme autant de comètes, etc. Le seul fait incontestable est qu'au cours de l'action Dragut fut mortellement blessé — selon la légende locale, par l'éclat d'un boulet tiré depuis le mont Scebberas. Mustapha Pacha

aurait jeté son manteau sur le corps de Dragut et l'aurait porté à l'abri dans sa tente.

La Valette renonça à l'assistance de la Sicile et les défenseurs du fort Saint-Elme aux renforts. Le 21 juin, La Valette insista pour que les chevaliers de Birgu, non encore engagés dans la bataille, célèbrent la fête de Corpus Christi. Le lendemain, les chevaliers de Saint-Elme combattaient au corps à corps et, le 23 juin, l'oriflamme turc montait au sommet de la place.

La légende veut que la victoire ait été annoncée à Dragut mourant, gisant dans sa tente, et qu'à cette nouvelle il se soit renversé sur sa couche et ait rendu l'âme. Il y eut quelques survivants — neuf chevaliers dont nul n'a plus jamais entendu parler et cinq Maltais qui traversèrent à la nage le Grand Port. Les Turcs avaient perdu 8000 hommes. *« Si l'enfant nous a coûté aussi cher, que nous coûteront les parents ? »* soupirait Mustapha Pacha en considérant les défenses de Saint-Ange et de Saint-Michel. Il lança cinq radeaux à travers le port en direction de Saint-Ange, chacun portant la dépouille crucifiée d'un chevalier décapité. La riposte du grand maître La Valette fut foudroyante : il ordonna la mise à mort de tous les prisonniers turcs, dont les têtes furent tirées par les bouches à feu dans les lignes ottomanes.

Mustapha Pacha offrit à son adversaire de capituler. La Valette montra les douves profondes au pied des remparts des deux forteresses encore intactes et déclara : *« Que tes janissaires viennent d'abord s'en emparer ! »*

L'artillerie turque fit mouvement en vue de bombarder les forts, mais le sol rocailleux n'offrait guère de protection aux hommes qui manœuvraient à portée de tir des assiégés. On fit venir des sapeurs, la nuit, pour creuser des tranchées, mais le bruit de leurs pioches permit aux sentinelles de les localiser et de les prendre sous leur feu. Mustapha aurait voulu faire approcher ses vaisseaux afin que leurs pièces appuient ses fantassins. Une tentative de cisailler les chaînes, opérée par des nageurs, donna lieu à un étrange combat avec les soldats de Malte qui, connaissant parfaitement les eaux, plongèrent, le couteau entre les dents, et poignardèrent les assaillants empêtrés dans leur outillage.

Une étrange bataille

Les Turcs lancèrent dix offensives contre Saint-Michel, soutenus par les bouches à feu des navires qu'on avait traînées sur les contreforts du mont Scebberas. Les janissaires montèrent à l'assaut, mais leurs échelles furent jetées à bas *« en une mêlée confuse de chairs disloquées et pantelantes »*. Les chevaliers firent pleuvoir des blocs de pierre du haut des créneaux. *« Le cimeterre ne put rivaliser avec la lourde épée des chrétiens, tenue à deux mains »*, et les eaux des douves étaient rouges et *« parsemées d'étendards, de tambours de guerre et d'uniformes flottant à la surface »*.

Aucun renfort ne venait de don Garcia de Tolède, vice-roi de Sicile, bien qu'il semble que des messagers aient pu faire l'aller et le retour pendant plusieurs semaines. Le

7 août, Mustapha Pacha lança 20 000 hommes à l'assaut des deux bastions. Une mine abattit un pan du mur d'enceinte et les Turcs s'engouffrèrent par la brèche jusque dans les rues de Birgu. *« En cet instant suprême, même le grand maître, malgré son âge avancé, se porta au cœur de la bataille, faisant tournoyer pique et épée comme un simple sergent d'arme. »*

Les Turcs furent désorientés, alors que la victoire était à portée de leur main, par une charge de cavalerie faisant irruption de Mdina. Ils pensèrent sans doute que c'était là les renforts attendus de Sicile depuis si longtemps. En tout cas, les Ottomans tournèrent les talons, piétinant les corps de leurs 2 000 frères d'armes tombés au cours de huit heures d'un combat homérique, sourds aux ordres de leurs officiers affirmant (avec raison !) qu'il ne s'agissait que des 200 hommes de la garnison de la vieille ville.

Mustapha réussit enfin à regrouper ses troupes, mais le cœur n'y était plus. L'offensive fut abandonnée aux seuls artilleurs, qui renâclaient d'ailleurs à la perspective d'être bloqués sur Malte pendant l'hiver qui approchait. Les appréhensions de Mustapha s'accrurent lorsque, le 7 septembre, fut annoncée une flotte de 28 navires amenant une troupe fraîche de 8 000 hommes. Les Turcs firent mouvement pour engager la bataille à Naxxar. Mais, se rendant compte qu'il ne pourrait contenir l'ennemi, Mustapha forma une arrière-garde commandée par Hassan, l'un des fils de Dragut, pour protéger la retraite de ses troupes qui allaient cependant laisser jonchées de cadavres les grèves de la baie Saint-Paul.

A la tombée du jour, le 8 septembre, les portes de Senglea et de Birgu s'ouvrirent et l'étendard des chevaliers monta de nouveau au sommet du donjon de Saint-Elme. Les survivants émergèrent des décombres, clignant des yeux. *« Le grand maître et les quelques chevaliers encore en vie* (l'armée, décimée, était réduite à 600 hommes) *semblaient des fantômes, si pâles et défaits, chancelants sous leurs blessures, barbe et cheveux hirsutes, leur armure souillée et déchiquetée... Ces hommes n'avaient pu dormir, pendant plus de trois mois mémorables, sans être harnachés et en armes... »*

L'anniversaire de la levée du siège, le 8 septembre, est le jour férié le plus important du calendrier maltais. On avait cru qu'aucun temps de deuil ou de gloire ne pourrait jamais l'égaler... jusqu'au second « grand siège » de Malte, en 1940.

A gauche, l'hôpital de l'Ordre pendant le siège ; ci-dessus, les fortifications de La Valette et des trois villes une fois complétées.

APRÈS LE SIÈGE

Le grand maître Jean Parisot de la Valette devint un héros aux yeux de l'Europe. Élisabeth Ire d'Angleterre, dont le père Henri VIII avait retiré les chevaliers anglais de l'Ordre, qu'il jugeait inféodé à l'Église, souligna qu'une victoire turque à Malte aurait mis en péril la chrétienté. La Valette déclina l'honneur de coiffer le chapeau de cardinal, mais accepta l'épée magnifique, dont la garde était d'or, et la dague enrichie d'émaux et de pierreries que lui offrit Philippe II d'Espagne. Les autres monarques couvrirent d'honneurs et d'or l'Ordre et son chef.

Construction de La Valette

Le premier devoir, à Malte dévastée, était d'édifier une ville fortifiée. Les coffres de l'Ordre étant abondamment garnis, il n'y avait pas à regarder à la dépense. L'emplacement choisi fut le mont Scebberas, d'où les assiégeants avaient bombardé la garnison.

Le grand maître, du nom de qui *«la très humble cité de La Valette»* fut baptisée (Valletta), n'eut pas la joie de contempler sa ville achevée. Il fut mortellement blessé au cours d'une partie de chasse au faucon et eut l'honneur d'être la première personnalité inhumée dans la cité. Sa dépouille fut déposée dans la crypte de la cathédrale Saint-Jean dès que celle-ci fut prête à la recevoir et une inscription fut gravée sur la tombe: *«Ci-gît La Valette, digne des honneurs éternels. Autrefois terreur de l'Afrique et de l'Asie d'où il chassa les barbares par la force de son saint bras, il est le premier à être enseveli ici, dans la cité bien-aimée qu'il fonda.»*

Artistes, sculpteurs, orfèvres et artisans de toutes corporations rivalisèrent d'ardeur et d'imagination pour s'associer à un aussi prestigieux projet. Toutefois, les terrassements entrepris pour aplanir le mont Scebberas se révélèrent plus difficiles que prévu et le plan primitif fut abandonné. Ceci explique pourquoi tant de rues s'arrêtent brutalement sur une volée de marches descendant vers la mer. Pourtant, La Valette est considérée comme un joyau de l'architecture de la Renaissance, avec ses ensembles d'immeubles grands ou petits, bâtiments officiels ou hôtels privés.

Pages précédentes: grand-salle de l'hôpital, qui fait maintenant partie du Centre de conférences de la Méditerranée. A gauche, une galerie du palais; à droite, trophée portant l'effigie du grand maître au-dessus de la porte de l'auberge d'Italie.

En 1830, le jeune Benjamin Disraeli en visite *«fit sensation dans la cité et pétrifia les foules par l'étrangeté de son accoutrement»*, alors qu'il admirait cette ville qui *«par sa noble architecture, s'élève au rang des plus belles capitales d'Europe, si elle ne les surpasse»*.

Les forts Saint-Ange et Saint-Michel furent reconstruits et agrandis, de même que

les citadelles de Birgo (rebaptisée Vittoriosa pour commémorer la victoire) et de Senglea — qui déclina l'honneur d'être baptisée du nom trop pompeux d'Invitta (l'Invincible). Toujours hantés par l'éventualité d'une invasion, les architectes s'inquiétaient de voir autour de la ville autant de terre et de rocs dont un ennemi avisé pourrait se servir pour édifier des garde-corps ou creuser des tranchées. L'Ordre racheta alors tous les terrains entre La Valette et la plaine de Marsa et fit racler le sol pour ne laisser que la roche à nu. Bien que les Turcs eussent effectué des raids sur Malte jusqu'au XVIIe siècle, toute vraie menace de leur part disparut après la bataille de Lépante, en 1571, qui vit la déroute de leur flotte dans un engagement naval auquel les galères de l'Ordre prirent une part prépondérante.

Trois ans plus tard, en retour à sa vocation charitable primitive en Terre sainte, l'Ordre ouvrit l'hôpital le plus moderne d'Europe à proximité de Saint-Elme. Curieusement, l'usage voulait qu'on plongeât les instruments chirurgicaux dans l'eau bouillante, croyant que cette mesure atténuait les souffrances, sans penser un instant que cette méthode était le premier pas dans le sens, inconnu à l'époque, de l'asepsie. L'hôpital pouvait accueillir 746 patients et la grand-salle, avec ses 153 m de long, était la plus vaste pièce d'Europe. Aliénés et galériens étaient soignés à l'étage inférieur. Les malades étaient bien nourris (200 poulets étaient consommés chaque jour rien que pour les potages), servis dans une vaisselle d'argent qui, lorsqu'elle fut fondue par les Français, livra 160 kg de métal précieux.

Les «langues»

Les chevaliers étaient groupés par «langues», chacune occupant une auberge, ce qui n'est pas sans évoquer l'usage toujours en vigueur dans les universités d'Oxford et de Cambridge, les fraternités universitaires américaines ou encore les «maisons» de la cité universitaire de Paris. Ces langues représentaient huit nationalités de l'Europe chrétienne: Auvergne, Provence, France, Aragon, Castille, Italie, Allemagne et Angleterre, bien que cette dernière eût fait sécession depuis Henri VIII. L'ordre était souvent désigné sous le vocable de «la Religion» et ses membres par «le Couvent».

La nourriture pouvait être meilleure dans une «auberge nationale» que dans l'autre, mais le niveau général paraît avoir été élevé. *«Je n'ai jamais manqué*, écrivait un visiteur enthousiaste d'une maison française, *d'admirer la quantité des viandes servies à table ni de me demander comment une terre aussi sèche, dénudée et rocailleuse pouvait produire autant de douceurs et de gibier.»*

Aussi longtemps que la tension fut forte, l'harmonie régna. *«On ne peut imaginer plus noble spectacle que celui du grand maître et des grand-croix accomplissant leurs devoirs religieux.»* Un autre voyageur observait que *«des ennemis mortels deviennent ici frères d'armes et laissent à leur patrie la charge d'épouser les querelles de son maître. Les Français papillonnent, les Allemands bombent le torse, les Espagnols défilent d'un pas majestueux, mais, en tout cas, tous sont si bien intégrés les uns aux autres que, si des particularités nationales subsistent, telles que le vêtement, nul ne dispute son prochain.»*

A d'autres époques, leur impression aurait pu être tout autre. Il fallut quatre années de patience à la diplomatie pontificale pour dissiper une ambiance de guerre fratricide entre langues après le meurtre d'un chevalier espagnol par un Italien; les Espagnols entretinrent pendant des mois, contre les Français, une sordide dispute pour savoir qui serait servi en premier au marché de la viande. Des querelles surgirent à propos de la préséance dans les processions. Un incident opposa même deux officiers chargés de la manœuvre d'une porte de la ville, alors qu'on annonçait un débarquement turc et qu'un bataillon se disposait à se porter à sa rencontre.

Les archives de La Valette comptent 14 épais registres dans lesquels sont consignés les procès entre membres de l'Ordre, fondés sur des griefs allant de la diffamation à l'accusation de conversion à l'islam, de la désertion au vol ou à la falsification du sceau du grand maître. La majorité des délits paraît avoir concerné des cas de transgression du vœu de célibat, en entretenant délibérément *«des relations adultères avec des femmes diverses ou des prostituées»*, ou même, comme ce fut le cas de deux chevaliers italiens, pour s'être vêtus en femmes afin de se glisser parmi celles qui assistaient à la messe de minuit et *«avoir ainsi commerce avec elles»*. Un autre, coupable de s'être introduit nuitamment dans un couvent de femmes, fut exilé à Gozo, où il n'y avait pas de nonnes!

Le grand maître Lascaris, vieillard austère qui vécut quatre-vingt-dix-sept ans, était convaincu que le meilleur moyen de lutter contre la tentation était de se livrer, à outrance, à des exercices d'entraînement. *«Le vin, les femmes et les chansons sapent la virilité»*, affirmait-il. Il incitait les chevaliers à s'adonner à un sport ressemblant au football, sur le Maglio (le Mail).

A gauche, le pont-levis de La Valette; ci-dessus, l'auberge de Provence (actuel musée d'Archéologie).

Le maître, l'inquisiteur et l'évêque

«Qui ne comprendrait la juste colère d'une valeureuse cohorte de guerriers d'illustre naissance, dont les libertés et les immunités sont bafouées par un étranger envoyé céans aux seules fins de traquer l'hérésie?» Cet étranger honni était le grand inquisiteur, personnage aussi acharné dans son combat spirituel que «la Religion» dans celui qu'elle menait contre le relâchement de ses troupes.

Dans la hiérarchie, le grand maître de l'Ordre était placé sur un pied d'égalité avec les autres monarques de la chrétienté et il jouissait, par exemple, du droit régalien de battre monnaie. Mais, ainsi que l'a écrit sir

Harry Luke, *«il lui fallait composer avec deux autorités rivales, l'évêque de Malte et le grand inquisiteur qui, chacun à sa manière, lui menaient la vie dure et parvenaient d'ailleurs souvent à leurs fins».*

En faisant don de Malte à l'Ordre, Charles Quint s'était réservé le droit d'en nommer l'évêque, nécessairement espagnol et à qui était dévolu un droit de regard dans les affaires intérieures de l'Ordre. L'évêque en vint à être considéré comme un espion à la solde du roi d'Espagne. Le grand inquisiteur, à l'origine appelé par l'évêque pour démasquer la *«pestilentielle hérésie»*, fut tenu quant à lui pour l'agent de la papauté.

Pour placer les gens utiles sous sa coupe, l'expédient le plus commode qu'employait l'évêque consistait à conférer la tonsure, ce qui signifiait que la personne visée (même si elle n'avait aucune intention d'abandonner l'état laïc) devenait clerc à son service et échappait par conséquent à la juridiction du grand maître.

L'inquisiteur ne s'encombrait pas de semblables subtilités: il se bornait à offrir à celui dont il voulait s'attacher l'obéissance aveugle *(perinde ac cadaver)* le choix entre devenir délateur ou croupir dans un cul-de-basse-fosse dans les profondeurs de son palais de Vittoriosa, sous l'inculpation d'hérésie. Quand l'évêque Cagliares décida de se faire construire un nouveau palais, le pape lui interdit d'édifier un donjon.

Ce conflit entre un grand maître souverain et deux pouvoirs extérieurs se manifestait à toute occasion, à propos de l'exercice du droit de chasser le lapin ou d'une question de protocole. *«Chaque dignitaire n'accordait à son rival détesté que le strict minimum de déférence, tout en observant en apparence une exquise courtoisie, tenue pour essentielle en ce temps-là.»* Il était par exemple de règle, lors d'une audience donnée par le grand maître, que le rideau séparant l'antichambre de la salle adjacente fût complètement tiré s'il recevait l'évêque, ou seulement relevé de

la main par un chambellan quand l'inquisiteur lui rendait visite.

Une rencontre imprévue, dans les lieux publics, de deux ou, pire, des trois potentats suscitait des difficultés inextricables. C'est ainsi que, si le grand maître, en son carrosse, croisait la route de l'inquisiteur, ce dernier devait lui céder le pas. S'il advenait que le grand maître fût à pied, il appartenait à l'inquisiteur de descendre de son carrosse et de lui présenter ses civilités. Celui-ci, en retour, devait marquer un arrêt pour recevoir ces salutations. Si le grand maître était en carrosse et l'inquisiteur à pied, ce dernier devait saluer mais il n'était pas obligé de s'approcher de la voiture.

L'étiquette n'était pas moins astreignante quand venait le temps des vœux de Noël. La tension montait pendant des jours et des jours pour aboutir enfin aux *«repas de Noël les moins conviviaux qu'on puisse imaginer»*.

Dans une ambiance aussi frelatée, «la Religion» se détourna de sa voie. Les chevaliers buvaient, braillaient, se battaient pour un point d'honneur ou pour les faveurs d'une femme. Pétitions et récriminations, ordres et contre-ordres faisaient la navette entre Rome et La Valette. Les chevaliers ne pouvaient tenir leur train de vie qu'en se livrant à la piraterie tout comme les pirates barbaresques qu'ils avaient mission de contenir.

Les avirons de leurs galères étaient servis par quiconque leur tombait sous la main: prisonniers de guerre, forçats ou encore protestants. L'un d'eux, Jean Martrille de Bergerac, décrivit la condition des galériens: *«Entièrement nus, enchaînés par six à leur banc de nage, les épaules toujours à portée du fouet des officiers, dix, douze et même vingt heures d'affilée à la tâche, sans le moindre repos ni répit. En de telles occasions, un officier parcourait la chiourme et enfournait dans la bouche des rameurs exténués un morceau de pain trempé dans du vin pour les empêcher de s'évanouir.»* Si l'un d'eux défaillait, *«il était fouetté jusqu'à ce que mort s'ensuive, puis son corps était jeté par-dessus bord sans autre cérémonie»*. Bergerac n'en atteignit pas moins l'âge de quatre-vingt-quinze ans.

A gauche, la prison des esclaves, dans des grottes sous le Bagno, près du Grand Port; ci-dessus, la cathédrale Saint-Jean, à La Valette.

Un fils adoptif

En 1644, quelques galères de Malte arraisonnèrent en mer Égée un convoi turc et une bataille épique (qu'illustre un vaste tableau exposé au Palais) s'engagea qui s'acheva par la prise de *la Sultana*, magnifique vaisseau appartenant au chef des eunuques noirs, troisième dignitaire de l'empire ottoman. Parmi les passagers se trouvait une femme de toute beauté, couverte de bijoux, nommée Zafira, l'une des favorites du sultan, accompagnée d'un petit garçon de deux ans dont on pensa, sans doute à tort, qu'il était fils du sultan. L'enfant et sa mère furent conduits et débarqués à Malte. La favorite mourut peu après et le garçon fut adopté par les chevaliers.

Osman, tel était son nom, fit bientôt preuve d'un caractère haïssable, mais il fut converti au christianisme et se prépara à entrer dans les ordres. Le jeune séminariste fut conduit à Rome, auprès du pape, qui lui fit faire le tour des cours d'Italie du Nord et l'envoya à Louis XIV à Versailles. Le «prêtre turc» fit sensation à Paris où il lui fut dédié *«nombre de poèmes flatteurs ou médiocres»*. Pour suivre la mode de l'époque, il affectait l'humilité ou l'amour de la solitude.

La gloire d'Osman lui valut d'être expédié, désarmé, à Candie, île de la Méditerranée dont son père putatif, le sultan Ibrahim, faisait un siège meurtrier afin d'arracher la Crète aux Vénitiens. Le plan consistait à faire passer Osman en Crète : il devait se présenter comme le fils du sultan et exhorter l'armée à se convertir au christianisme, à son exemple.

L'objectif à long terme était de faire en sorte que l'apparition du jeune Osman joue le rôle d'un catalyseur qui conduirait à rien de moins que l'unité des empires byzantin et ottoman. Osman fit de son mieux, mais l'opération n'était pas réalisable. Il revint à Rome et, après six années dans un couvent, fut nommé vicaire général à Malte. Il s'installa dans une modeste maison de Senglea, où il mourut l'année qui suivit son retour. Après trente-quatre années d'une vie agitée, il succomba à l'épidémie de peste qui, en 1675 et 1676, emporta près de 12 000 victimes.

Le temps vint où les chevaliers ne furent plus considérés que comme *«gens corrompus, fanatiques et hypocrites, plus cruels que les Turcs qu'ils combattent et aussi moralement vils que les papes et les cardinaux dont ils partagent la table. Qu'ils aient fait vœu de pauvreté, de chasteté et d'obéissance et qu'ils se fissent bâtir des palais, qu'ils entretinssent des maîtresses et défiassent toute autorité, était un péché que, dans les mœurs et les coutumes de l'époque, rien ne pouvait excuser.»*

Comme pour masquer le déclin, les grands maîtres adoptèrent des usages vestimentaires de plus en plus somptuaires, sans parler d'armures ciselées resplendissantes. Emmanuel Pinto, l'un des rares grands maîtres d'origine portugaise, entretenait dans son palais *«un individu se prétendant alchimiste»*. Ce personnage trouble était une canaille déjà notoire, connu sous le nom de Cagliostro. Pendant qu'il était au service de Pinto, Cagliostro occupait un laboratoire dans lequel il se livrait à des expériences destinées à *«composer un élixir de vie assurant à l'homme force éternelle et santé»*. Il reste que Pinto vécut quatre-vingt-douze ans !

La flotte de guerre vit son efficacité sacrifiée à la vanité de ses amiraux. Ainsi que le remarquait un voyageur à la fin du XVIIIe siècle, *«les navires sont défendus, mais surtout encombrés, par un équipage incroyablement pléthorique; le vaisseau amiral embarque huit cents marins. Ils sont superbement décorés, les bas-reliefs et les sculptures de la poupe sont plaqués de feuilles d'or; d'immenses voiles, rayées de rouge et de bleu, arborent en leur centre la croix de Malte rouge. Des oriflammes somptueux flottent à la pomme des mâts. En un mot, tout est conçu pour donner un magnifique spectacle. Leur architecture, cependant, est mal adaptée au combat ou à la navigation par mauvais temps. L'Ordre les arme plus comme l'emblème de son ancienne splendeur qu'à des fins pratiques. La flotte avait été autrefois l'un des instruments de la gloire de cette fraternité guerrière, mais aujourd'hui, elle témoigne seulement de son orgueil et de son déclin.»*

L'Ordre eut longtemps à sa tête des grands maîtres français et, en 1789, ceux-ci demeurèrent fidèles à la monarchie, fournissant au roi de généreux subsides. Les forces révolutionnaires victorieuses ne manquèrent pas d'en tirer vengeance. Une importante fraction des ressources de l'Ordre provenait de biens situés en France. Ces richesses furent placées sous séquestre et les chevaliers de langue française déchus de leur nationalité.

Les Français

Bonaparte avait compris qu'il lui faudrait s'assurer la maîtrise de Malte pour bouter l'Anglais hors de la Méditerranée en général et de l'Égypte en particulier. Le grand maître de ce temps, l'Allemand Ferdinand von Hompesch, sentit venir le danger et ouvrit des négociations afin de placer l'Ordre sous la protection du tsar Paul Ier. Les discussions étaient en cours lorsque 300 vaisseaux de guerre français se présentèrent devant l'île, exigeant d'être ravitaillés en eau douce. Hompesch fit valoir que le port ne pouvait accueillir que quatre navires à la fois. Bonaparte trouva dans cette dérobade le prétexte qu'il cherchait : deux jours plus tard, l'archipel était aux mains des Français.

Cette capitulation coûta aux chevaliers ce qui subsistait de la considération que les Maltais leur portaient. *« Aux yeux des aristocrates maltais, qui possédaient une éducation certaine et étaient bien informés de l'histoire locale,* écrit Miss Schermerborn, *le souvenir de cet ordre orgueilleux, qui avait fait litière de leur parlement et de leurs institutions, qui s'était arrogé les privilèges sacrés de leur évêché, qui avait dédaigneusement refusé le "passage" aux fils de familles dont les titres de noblesse dataient pourtant d'avant l'installation des chevaliers à Rhodes, et qui, après s'être vanté de n'avoir jamais baissé pavillon devant l'ennemi, avait livré l'île à la flotte française sans même coup férir, ne méritait plus d'être respecté. »*

L'armée de la république vida les auberges et les châteaux de leurs tableaux et de leurs tapisseries. Bonaparte s'attribua le sabre que Philippe II avait offert à La Valette. La vaisselle d'argent de l'hôpital fut fondue afin d'assurer la paie de l'armée d'Égypte. Bien que les grands maîtres eussent été, dans leur majorité, des Français, le langage de l'Ordre était l'italien. Le français devint, du jour au lendemain, la langue officielle de Malte.

Bonaparte n'y demeura qu'une semaine, laissant une garnison forte de 1 000 hommes sous le commandement du général Vaubois. La marine royale britannique, sous les ordres de Nelson, le prit en chasse et le retrouva devant Alexandrie. Le lendemain, en baie d'Aboukir, la flotte française fut anéantie. Il faut noter le sort du navire *l'Orient* qui fit explosion et coula. Dans ses cales était entassée une grande partie des richesses pillées à Malte. La garnison française laissée sur place ne fut pas découragée par ce revers, elle mit à sac les autres églises et le pire outrage fut

A gauche, le général Marmond débarque à Malte; ci-dessus, l'ordre de Saint-Jean se rend au général Bonaparte.

une vente à l'encan, à Mdina, des biens de l'église Notre-Dame-du-Mont-Carmel.

Les Maltais, furieux de cette profanation, massacrèrent la petite garnison de Mdina et se lancèrent à la poursuite de Vaubois qui, en toute hâte, se réfugia dans La Vallette dont il fit cadenasser les portes. La ville fut assiégée par la population, sous le commandement avisé du chanoine de la cathédrale de Mdina, Saverio Caruana, et de Vincenzo Borg, dit Braret, qui disposaient des 1 000 fusils débarqués du navire anglais *Orion*.

Le roi de Naples répondit aux appels qui lui furent adressés en envoyant des navires, en majorité portugais, renforcer le blocus de La Valette et, lorsque Nelson arriva à Naples, auréolé de sa victoire d'Aboukir, il n'eut de cesse d'y faire intervenir une escadre anglaise. Vaubois, nullement intimidé par ce déploiement de forces, effectua une sortie pour affronter les 10 000 rebelles, qui s'étaient proclamés sujets du roi de Naples.

Bien qu'il eût perdu Gozo, Vaubois prouva qu'il savait résister. Le capitaine Ball, qui commandait le théâtre d'opérations, se bornait à faire effectuer des patrouilles le long des rivages afin d'empêcher l'arrivée de renforts français, et il laissait aux Maltais eux-mêmes le soin de maintenir la pression sur le terrain, avec l'aide d'une «cinquième colonne» qui opérait à l'intérieur de la place. Les Français démasquèrent ces traîtres et, en une seule fournée, en passèrent 43 par les armes, dont les meneurs don Michele Scerri et un pirate corse nommé Guglielmo Lorenzi.

Les Britanniques

A l'aube du XIXe siècle, les Britanniques jetèrent dans la bataille de nouvelles troupes sous les ordres du général Graham, qui leva un régiment autochtone, le régiment d'infanterie légère de Malte, intégré à l'armée britannique, tournant une page de l'histoire militaire de l'île. Les Français tinrent La Valette encore deux mois et ils ne hissèrent le drapeau blanc que lorsqu'il ne leur resta plus que trois jours de vivres.

Pour tout remerciement de leur contribution à l'effort de guerre, les Maltais se virent refuser toute participation aux négociations qui suivirent et les troupes françaises, pareilles aux chevaliers quittant Rhodes, furent autorisées à partir avec armes et bagages... bagages parmi lesquels les Maltais reconnurent bon nombre de leurs propres biens! Les couleurs britanniques furent hissées sur Malte le 5 septembre 1800.

Ci-dessus, le cabinet de travail du palais; à droite, chevaliers de Malte en tenue de cérémonie.

L'ORDRE DE MALTE AUJOURD'HUI

Au sommet de la tour qui jouxte la porte principale de La Valette flotte l'oriflamme à croix blanche sur fond rouge, emblème de l'ordre souverain, militaire et hospitalier de Saint-Jean de Jérusalem, de Rhodes et de Malte. Cette tour s'appelle le Cavalier de Saint-Jean, ouvrage fortifié isolé qui dépasse tous les remparts de la cité. A l'image de son vis-à-vis, le Cavalier de Saint-Jacques, auquel s'adosse l'auberge de Castille, elle domine et protège l'accès de La Valette par la terre.

Pendant quatre siècles, leurs créneaux luirent de l'éclat des canons de bronze en batterie sur les chemins de ronde. Après une magnifique restauration, le Cavalier abrite la résidence de l'ambassadeur de l'Ordre auprès du gouvernement maltais.

Quand l'Ordre fut dispersé par Bonaparte, la plupart des chevaliers regagnèrent leur patrie d'origine. Après plusieurs tentatives pour recouvrer son grand magistère de Malte, l'Ordre se fixa à Rome en 1834.

Il perdit peu à peu sa vocation militaire mais, sur de nouvelles bases, reprit les actions charitables pour l'accomplissement desquelles il avait été fondé. Après avoir reconstitué son patrimoine en rétablissant plusieurs grands prieurés d'Europe disparus dans la tourmente révolutionnaire, l'Ordre fonda des hôpitaux à Rome (le Bambino Gèsu), à Naples et en Palestine. Les ambulances de l'Ordre et ses hôpitaux de campagne firent merveille auprès des victimes du *Risorgimento* et des conflits balkaniques des années 1860 et 1870. Une assistance médicale fut également en œuvre pendant la révolte des Boxers en Chine et la guerre des Boers en Afrique du Sud.

En 1872, l'Ordre s'employa à regrouper les chevaliers en associations nationales et noua des relations diplomatiques avec de nombreux États. Cette même année, une association maltaise vit le jour. D'autres furent fondées en Europe, aux États-Unis et en Australie.

La vocation hospitalière resurgit et, pendant la Première Guerre mondiale, alors que l'île de Malte se voyait décerner le titre d'«infirmière de la Méditerranée», l'Ordre reçut du monde entier des marques de gratitude.

De son quartier général de la rue Condotti, à Rome, l'Ordre gère une organisation capable de fournir, dans un bref délai, aide et assistance partout où le besoin s'en fait sentir. Il apporte ses secours s'il survient une catastrophe naturelle. Il entretient une escadrille d'avions capable d'évacuer des malades ou de livrer des vivres.

Depuis 1988, le grand maître de l'Ordre est Son Altesse Éminentissime fra Andrew Bertie, d'origine écossaise et descendant de Marie Stuart, qui, avant son élection, a vécu plus de vingt ans à Malte.

L'association maltaise se voue à des œuvres charitables et philantropiques. Elle organise chaque année des pèlerinages au sanctuaire de Ta' Pinu, à Gozo, ou à Lourdes. Les épouses de ses membres, certaines ayant rang et titre de dames de l'Ordre, ont constitué une équipe de volontaires qui se consacrent aux mourants. De nombreux jeunes gens, qui se font appeler volontaires de l'Ordre, prennent soin des personnes âgées dans une maison de retraite; d'autres assistent les handicapés. Le grand magistère de Rome, en liaison avec le chapitre métropolitain de la cathédrale Saint-Jean, finance une banque du sang. A Gozo, la fondation Saint-Jean accueille malades, invalides, vieillards et drogués.

Une donation de l'association australienne a permis de dresser le catalogue d'une partie des archives de l'Ordre conservées à Malte. Les dons de l'association allemande en faveur du musée de la cathédrale de Mdina ont financé des expositions et des publications perpétuant le souvenir des liens de l'Ordre et de l'archipel.

Le 8 septembre, jour anniversaire de la levée du Grand Siège, les chevaliers de l'association maltaise, en grand apparat, se réunissent en la cathédrale Saint-Jean pour y entendre la messe. Les murs vénérables donnent un cadre grandiose à la commémoration d'un épisode glorieux de l'histoire commune de Malte et de l'Ordre.

DIEU

MALI
ION DROIT

ENTRÉE EN SCÈNE DES BRITANNIQUES

Les négociations préalables à la signature du traité d'Amiens, qui devait sceller la paix entre la France et l'Angleterre en 1802, prirent une tournure alarmante, aux yeux des Maltais, quand il fut question que les Britanniques, après avoir occupé l'archipel pendant deux ans, restituent à la France ses anciennes possessions. Prenant les devants, le peuple de Malte décida lui-même de son avenir par une déclaration des droits aux termes de laquelle il se plaçait *« sous la protection et la souveraineté du monarque d'un peuple libre, Sa Majesté le roi du Royaume-Uni de Grande-Bretagne et d'Irlande »*.

Toutefois le souvenir des temps anciens où Malte passait de main en main au gré de ses seigneurs conduisit à édicter que *« ladite Majesté n'aurait nul droit de céder les îles à quelque autre puissance... et que si Elle jugeait bon de retirer Sa protection ou d'abandonner Sa souveraineté, le droit de choisir un autre seigneur ou de gouverner lesdites îles appartiendrait à Nous, habitants et originaires, seuls et hors tout contrôle »*.

Naissance d'une langue

Les institutions politiques et la législation maltaises s'anglicisèrent, mais c'est bien entendu par le langage que le changement se fit le mieux sentir. Bien qu'il fût parlé par toutes les couches de la population, le *malti* n'avait jamais acquis le statut de langue officielle et il demeurait, aux oreilles des étrangers, *« une sorte de baragouin mauresque »*. Langue du pays européen le plus proche, l'italien était réservé à l'Église et à la justice, même si la bonne société le parlait dans les salons.

La communauté commerçante de La Valette pratiquait un peu l'anglais, en raison de ses contacts avec les marins et les marchands qui faisaient escale dans le Grand Port depuis le XVIIe siècle. Les instructions données par le ministre lord Bathurst à sir Thomas Maitland, quand en 1813 celui-ci fut nommé premier gouverneur de l'île, contenaient une note significative, disant: *« Il vous plaira de publier toutes vos proclamations (lois et règlements) tant en anglais qu'en italien mais, dans quelques années, cette dernière langue sera progressivement abandonnée. »* Il ajoutait, cependant, que *« nulle règle pérenne ou définie n'avait été instituée pour gouverner »*.

Les populations de Malte et de Gozo ne devinrent *« sujets de la couronne britannique et jouissant de Son entière protection »* qu'après que la Russie eut fait savoir et proclamer, mettant ainsi un terme aux pourpar-

lers engagés avec le tsar Paul Ier à la veille de l'invasion française, qu'ayant rompu toutes relations avec l'empereur Napoléon Ier, elle n'avait pas convenance, désormais, de négocier la réinstallation à Malte des chevaliers de l'ordre de Saint-Jean.

Comme l'observait sir Harry Luke, qui en fut lieutenant gouverneur de 1930 à 1938, l'histoire de Malte sous protectorat britannique *« manqua de cette splendeur, de cette renommée internationale, du souffle épique que les chevaliers avaient portés aux quatre coins du monde »*. La transition se fit de la manière la plus simple: on biffa les mots « grand maître » et on leur substitua celui de « roi ».

Pages précédentes: les armes royales au-dessus de l'entrée d'une ancienne garnison. A gauche, statue élevée en souvenir du jubilée de la reine Victoria; à droite, navire anglais au port (tableau des frères Schranz).

Le premier gouverneur

Alors que les textes des placards apposés sur les gibets sont interminables, une inscription trouvée sur Manoel Island, dans le port de Marsamxett, rappelle les malheurs d'une petite communauté déportée dans l'île au cours d'une épidémie, afin d'éviter le retour de ces hécatombes qui décimèrent les populations dans les temps anciens: *« Ce gibet fut érigé le 26 du mois de mars de l'an de grâce 1814 pour le supplice de Felix Camilleri, gardien du lazaret, qui fut condamné à mort pour avoir volontairement transgressé la loi de quarantaine, mais qui fut grâcié par le gouverneur de Sa Majesté parce qu'il était le premier homme condamné à la peine de mort depuis l'avènement de Son Altesse Royale, le prince régent, au nom du roi. »*

On peut se demander si, pendant le reste de sa vie, Camilleri fit état de cet épisode alors que derrière cette phrase se cache le souvenir de la pire épidémie de peste que Malte eût connue depuis le XVIIIe siècle. Près de 5 000 personnes furent emportées, tout commerce avec l'étranger fut suspendu et le gouvernement de l'île fit faillite. Dans de telles circonstances, une condamnation à mort pour *« violation ouverte de la quarantaine »* était parfaitement normale et la grâce de Camilleri fut une faveur tout à fait exceptionnelle.

Le gouverneur qui conduisit Malte sur les chemins de la *Pax britannica* fut le contre-amiral sir Alexander Ball. Sa première mission fut de faire savoir à l'Ordre qu'il n'était plus question qu'il revînt sur l'île. Le grand maître Tommasini attendait en Sicile, plein de confiance, un appel. Ne voyant rien venir, il délégua un plénipotentiaire, le bailli Buzi, s'informer des raisons de ce retard. Le bailli s'imagina qu'il pourrait emménager au palais de La Valette, mais il lui fut déclaré que sir Alexander y était installé et qu'il était *« absolument indispensable »* qu'il y demeurât. On conseilla à Buzi d'attendre... Ce qu'il fit, en vain à ce qu'il paraît !

Voyageurs illustres

Le gouverneur Ball réserva un accueil sensiblement plus chaleureux à Samuel Taylor Coleridge, dont il fit son secrétaire particulier peu après l'arrivée du poète à Malte, en 1804, pour raisons de santé. Ayant fait choix d'une autre résidence, Ball laissa à Coleridge la disposition du vaste palais dans lequel celui-ci se sentit *« comme une souris dans une cathédrale un jour de marché »*.

Le fonctionnaire-poète paraît avoir aimé les Maltais autant qu'il vitupérait les chevaliers qui venaient de quitter l'île. *« Chaque famille, même la plus respectable, était, d'une manière ou d'une autre, sous la coupe d'un chevalier, son seigneur et maître, à qui il fallait sacrifier l'honneur et la vertu d'une sœur ou d'une fille. Pourquoi cacher la vérité? Hélas, neuf fois sur dix, ce seigneur exerçait son "droit de cuissage" sur toutes les femmes de la famille ! »*

Sir Harry Luke (qui était par ailleurs bailli grand-croix et secrétaire de l'ordre de Saint-Jean de Jérusalem du Royaume-Uni, croix du mérite de première classe avec couronne de l'ordre souverain de Malte) estimait Coleridge quelque peu *« délirant »* sur ce sujet, *« sans compter que ce qu'il raconte ne ressemble en rien aux sévères règles de la vie familiale à Malte »*.

Les grands voyageurs de l'époque, dont un autre célèbre poète, vinrent en visite à Malte dès les premiers temps de l'ère britannique. Lord Byron, âgé d'à peine vingt et un ans, se déclara offensé par la médiocrité de la réception que le gouverneur Ball donna en son honneur lorsqu'il débarqua en 1809. Il fut, en revanche, charmé de son logement d'Old Bakery Street à La Valette. Il prit des leçons d'arabe, mais s'en désintéressa pour se consacrer, corps et âme, à l'une de ces aventures qui ont marqué le cours de son existence. L'objet de sa passion était une jeune Autrichienne de vingt-cinq ans, fille de l'internonce de la cour d'Autriche à Constantinople et épouse de Charles Spencer Court, ambassadeur de Grande-Bretagne près la Sublime Porte.

Leur orageuse liaison dura trois semaines, au cours desquelles Byron se vit interdire de se battre en duel, pour l'honneur de sa belle, avec un aide de camp. La dame de ses pensées apparaît dans certains de ses poèmes sous le nom de Florence et ils firent le projet de s'enfuir pour vivre ensemble au Frioul. Mais, selon sa détestable habitude, Byron se détourna de la dame, de façon assez mesquine, et, pour une fois, prit conscience de sa conduite odieuse. Mais il faut croire que ses remords ne durèrent guère car *l'Adieu à Malte* qu'il écrivit après leur rupture est considéré, même par ses laudateurs, comme son œuvre la plus médiocre, son apparent désespoir venant sans doute plus des souffrances provoquées par son pied bot que de ses regrets :

Adieu, vous, joies de La Valette,
Adieu, sirocco, soleil et chaleur,
Adieu, toi, palais où j'ai rarement pénétré,
Adieu, vous, demeures où j'ai erré,
Adieu, vous, rues coupées d'escaliers,
(Combien souffre celui qui vous parcourt)
Adieu...

Médecin particulier (et souffre-douleur) de lady Hester Stanhope, le docteur Charles Meryon consigna fidèlement dans son carnet de route, au cours du bref séjour qu'il effectua avec elle en 1810, une intéressante description de la vie et des mœurs de l'île à cette époque : « *Les classes aisées s'habillent à la française, mais le petit peuple porte un costume qui ressemble à celui de Figaro à l'opéra, avec cette différence toutefois qu'il comprend un pantalon au lieu d'une culotte moulante. Les femmes sont de petite taille, avec de belles mains et de beaux pieds... Elles raffolent des parures d'or, qu'elles estiment plus par leur valeur que par leur goût; leurs oreilles, leur cou, leurs bras sont chargés d'anneaux, de chaînes et de bracelets. Elles portent des chaussures à boucle d'or ou d'argent. Quoique très brunes de peau, elles sont souvent élégantes, du moins à mon avis, et quand je dis qu'elles ont la silhouette d'une domestique anglaise, ceci n'est pas pour faire une comparaison désobligeante, mais plutôt pour souligner l'opulence de leur chair et la rondeur de leurs membres... Les repas sont généralement copieux; les Maltais déjeunent à midi et soupent dans la soirée. Quand ils donnent une réception, il est fréquent que celle-ci comporte trois services complets accompagnés de cinq à dix vins différents. En sortant de table, ils sirotent café et liqueurs, comme les Français. Riches et pauvres s'accordent volontiers une sieste après le repas... au point qu'on pourrait s'imaginer sur une île morte... ou déserte.* »

La statue de sir Alexander Ball, premier gouverneur britannique, dans un temple à l'antique, dans les jardins de la Barracca.

Malte accueillit d'innombrables célébrités. Sir Walter Scott, paralysé et sujet à des crises d'apoplexie dues au surmenage, vint échapper aux créanciers accrochés à ses basques, et y passa trois semaines, l'année de sa mort. Il assista à un bal donné en son honneur et fit, à part lui, la remarque que « *c'était là une curieuse marque d'honneur pour un homme de lettres souffrant de paralysie...* ».

Le séjour de William Makepeace Thackeray débuta par une mise en quarantaine à Manoel Island, là où Felix Camilleri échappa à l'échafaud. Dès qu'il en fut libéré, il fut littéralement envoûté par *«les mendiants, les marins, les tonneaux de harengs en saumure et les macaronis; les prêtres en calotte et les capucins barbus, le tabac, le raisin, les oignons et le soleil; les enseignes des boutiques, les brasseries, les statues des saints et les petites chapelles qui frappent l'œil de l'étranger à mesure qu'il gravit les escaliers du front de mer…»*.

De tous les augustes visiteurs de l'île, celui dont les impressions eurent probablement la plus profonde influence sur la politique et la diplomatie anglaises, au cours de la seconde moitié du XIXe siècle, fut *«suprêmement impopulaire et parfaitement indésirable dans les manifestations organisées par les officiers des régiments où il servit»*. En effet, le jeune Benjamin Disraeli était beaucoup trop malin à leur goût: *«Le pire était sa culture universelle et son extraordinaire mémoire, qui lui permettaient de tourner en ridicule quiconque était assez téméraire pour discuter ses arguments.»*

Si Disraeli savait ce qu'on pensait de lui, il n'en avait aucun souci: *«Vous devriez me voir déguisé en pirate grec»*, écrivait-il à son père. A une autre occasion: *«Je suis affalé dans un fauteuil à bascule, fumant un narghilé au tuyau long de deux mètres, avec un embout d'ambre et une boule de porcelaine. Quel changement! Il faut que je vous dise que non seulement j'ai pris goût au tabac, mais encore que je suis devenu le plus grand fumeur de Malte. Le fait est que cela éclaircit mon esprit…»*

La fin d'une époque

Au fur et à mesure que se développaient les tensions diplomatiques qui allaient aboutir au déclenchement de la Première Guerre mondiale, la Grande-Bretagne et la France avaient aplani les obstacles qui les avaient séparées et sir Winston Churchill, alors premier lord de l'Amirauté, vint proposer à ses alliés français de *«se servir de Malte comme ils le faisaient de Toulon»*. C'est en ces temps de guerre que Malte accueillit sur son sol plus de 25000 blessés et malades provenant de divers théâtres d'opérations.

La première constitution

La première constitution qui dotait Malte d'un gouvernement autonome fut promulguée après la guerre, en 1921. L'île demeurait forteresse impériale — c'est-à-dire que la défense et les relations internationales restaient aux mains des Britanniques —, alors que les affaires intérieures relevaient de la compétence d'un sénat et d'une assemblée législative. L'activité politique fut dominée par le parti nationaliste jusqu'à ce qu'en 1927 celui-ci fût battu par le parti constitutionnel de sir Gerald Strickland, anobli par la suite, qui, Maltais par sa mère, la comtesse della Catena, avait été secrétaire général du gouvernement local.

Lord Strickland ne s'entendait guère avec l'Église et il fut fort contrarié lorsque l'évêque fit circuler parmi ses ouailles un mandement préélectoral proclamant: *« Vous ne pouvez, à peine de commettre un péché mortel, voter pour lord Strickland et ses candidats. »* Il ajoutait en *post-scriptum*, à l'intention des prêtres de son diocèse: *« Il vous est strictement interdit d'administrer les sacrements à un individu qui s'obstinerait à ne pas déférer à nos instructions. »*

Le gouvernement britannique adressa au Vatican une note de protestation contre cette atteinte au libre droit de vote des sujets d'une colonie britannique, note à laquelle il fut répondu que lord Strickland et l'attitude de son parti *« étaient ouvertement et parfaitement outrageants à l'égard de la religion, en ce qu'ils discréditaient l'évêque et le clergé, bafouaient la discipline ecclésiastique et tentaient d'abattre les traditions religieuses d'un peuple profondément attaché à son Église »*. Le gouvernement ajourna les élections en attendant de pouvoir déterminer ce qu'il en était exactement.

La main de l'Italie

Le gouverneur général, sir David Campbell, organisa de nouvelles élections qui amenèrent au pouvoir sir Ugo Mifsud et les nationalistes. Ceux-ci s'engagèrent alors dans la voie (fort inattendue de la part de cette organisation politique) de l'abandon progressif du *malti*, bien qu'ils eussent prôné jusque-là de l'imposer, au profit de l'italien. Le ministre des Colonies examina la situation de plus près et, ayant découvert qu'*« environ quinze pour cent seulement de la population parlait italien »* et que l'anglais était *« d'usage courant et d'une compréhension beaucoup plus répandue »*, il vit dans ce revirement la main de l'Italie.

La machine de propagande de Mussolini s'employait à persuader les Italiens que les Maltais étaient leurs frères, qu'ils parlaient un dialecte dérivé de leur langue et qu'ils devaient se préparer à revenir dans le giron de la mère patrie... comme divers autres territoires ayant fait partie de l'empire romain.

A gauche, La Valette vue du Grand Port en 1840 (lithographie des frères Schranz); ci-dessus, cérémonie devant le palais en 1822 (gouache de Brocktorff).

ENGLAND
FOR EVER

159

LA SECONDE GUERRE MONDIALE

Le 10 juin 1940, l'Italie déclara la guerre à la France et à l'Angleterre. Dès la nuit suivante, tout Malte écouta fiévreusement le discours radiodiffusé du Duce s'adressant à la foule massée sous le balcon du palais de la Piazza Venezia à Rome. Son *«million de baïonnettes»*, proclamait-il, marcherait aux frontières à minuit. Mais ce que le peuple maltais ignorait, de même d'ailleurs que Hitler, c'est que la première offensive de Mussolini serait lancée contre l'archipel dès le lendemain, le 11 juin au matin.

Hitler, rapporte Ernie Bradford (qui, officier de marine, allait servir à bord des convois de Malte) dans son livre *le Siège de Malte, 1940-1943*, *«avait tenté de persuader son acolyte, le Duce, de retarder son entrée dans le conflit mais, avide de prendre sa part des dépouilles des vaincus, son partenaire au sein de l'Axe était résolu à foncer aussitôt que la défaite de la France paraîtrait acquise.»*

Tractations secrètes

Les Maltais ignoraient, lorsque Mussolini s'adressait à la foule agitant des pancartes réclamant l'annexion de Gibraltar, de Suez, de la Tunisie et de Malte, que, dans l'esprit de l'orateur, le destin de l'archipel était déjà scellé. Afin d'éviter que l'Italie ne joignît ses forces à celles de l'Allemagne, Paul Reynaud, alors président du Conseil, avait proposé, quelques jours plus tôt, au cabinet de guerre britannique d'offrir à l'Italie un statut de belligérant qui lui aurait donné le droit de s'asseoir à la table des négociations préalables à une conférence sur la paix. Là, ses revendications territoriales sur Malte pourraient figurer à l'ordre du jour.

Cette proposition fut repoussée par le cabinet britannique à une voix de majorité: le pusillanime Neville Chamberlain et lord Halifax, pacifiste à tous crins, votèrent pour; sir Winston Churchill, Clement Attlee et Arthur Greenwood s'y opposèrent.

La question de savoir si l'archipel pouvait être défendu avait donné lieu à d'âpres discussions dès l'approche du conflit. L'Armée de terre et l'aviation britanniques estimaient Malte trop vulnérable aux assauts des avions basés sur la très proche Sicile et préconisaient son évacuation. La marine, elle, en jugeait tout autrement et sa voix l'emporta. Son raisonnement devait s'avérer, bien que le prix à payer ait été élevé.

Dans la nuit qui suivit le discours belliqueux du dictateur italien, les Maltais se couchèrent avec la certitude qu'ils seraient la cible des premières attaques de leur voisin. En effet, à sept heures du matin, ceux qui dormaient encore furent éveillés par le mugissement des sirènes et, pour la première fois, une voix à la radio, qu'on écoutait avidement dans chaque foyer, annonça: *«Attention! Attention! Attaque aérienne! Sinjal ta' hbit millajru!»* (Ces néologismes *maltis* étaient incompréhensibles pour la population et l'alarme aérienne lancée en anglais devint, au contraire, une expression *malti*.) Quelques minutes plus tard, on put entendre au-dessus de La Valette et du Grand Port le sifflement des bombes et voir passer les bombardiers Savoia Marchetti,

Pages précédentes: le Grand Port aujourd'hui, avec un pétrolier cachant le fort Saint-Ange et une «dghajsa» au premier plan; cérémonie militaire dans le port dévasté. A gauche, fin d'alerte à La Valette, en juillet 1942; à droite, la descente aux abris, en bon ordre.

volant à haute altitude, escortés de chasseurs Macchi qui bourdonnaient autour d'eux. Les canons antiaériens se mirent à tonner, accompagnés du staccato des pièces antiaériennes de quatre pouces du *Terror*, navire de guerre vétéran de la Première Guerre mondiale, ancré dans la baie de Pieta. C'était la première des huit attaques qui allaient se succéder au long de cette journée.

Face aux Italiens

Malte ne disposait que de trois antiques Gladiator, apparemment oubliés sur le terrain de la R.A.F. de Kalafrana lorsque le porte-avions *Glorious*, à bord duquel ils étaient embarqués, avait appareillé pour la mer du Nord, au moment de l'invasion allemande de la Norvège. Ils avaient été baptisés *Foi*, *Espérance* et *Charité* et, au cours de ce premier raid, l'un d'eux fut abattu. Le hasard voulut que ce soit *Charité*, ce qui fit dire plus tard que *« Malte ne perdit jamais Foi ni Espérance en la victoire finale »*. (L'héroïque *Foi* est exposé au musée de la Guerre.)

Le gouverneur, le lieutenant général sir William Dobbie, publia un ordre du jour affirmant : *« La décision du gouvernement de Sa Majesté de combattre jusqu'à l'écrasement de nos ennemis sera entendue et comprise, avec la plus grande joie, par les troupes de la garnison de Malte. J'invite tous les officiers et soldats à prier Dieu qu'Il nous assiste et, confiants en Son appui, à faire leur devoir sans jamais fléchir. »*

Les îles furent bientôt plongées au cœur de la tourmente. Le rationnement fut instauré, le couvre-feu imposé et de profonds abris creusés dans la roche tendre. Les sirènes mugirent pour annoncer les raids et la fin des alertes. Les 30 000 hommes de la garnison comptaient moitié de Maltais, moitié d'Anglais et la population civile représentait 250 000 personnes.

Avec l'arrivée d'appareils plus modernes, Malte passa à l'offensive. Le 11 novembre, une escadrille d'avions torpilleurs décolla du porte-avions *Illustrious* et frappa la flotte italienne réfugiée dans le port de Tarente. Cette escadre avait été repérée par l'aviation de reconnaissance basée à Malte. Trois navires furent mis hors de combat. En décembre, l'aviation italienne fit plus de 200 sorties, mais Malte tenait toujours. L'opération Hercule (nom de code de l'invasion de l'île) se révéla une tâche trop herculéenne !

Les Allemands

« Malte doit tenir, quoi qu'il doive en coûter ! » répétait Churchill. La valeur stratégique de l'île n'avait pas non plus échappé à

l'état-major allemand. Alors que les Alliés avançaient en Afrique du Nord et que l'Italie payait les conséquences de sa désastreuse campagne de Grèce, Hitler porta son attention sur le théâtre d'opérations méditerranéen. L'Afrikakorps du maréchal Rommel, débarqué en Tunisie, progressait en bousculant les troupes britanniques, le long des côtes de Cyrénaïque et de Tripolitaine en direction de l'Égypte mais, située tout près de ses lignes de ravitaillement et disposant de deux terrains d'aviation et d'un chantier naval, il fallait que Malte fût neutralisée.

L'Allemagne lança la Luftwaffe dans une bataille sans merci contre les navires de guerre britanniques et les convois qu'ils escortaient. Si l'aviation allemande coupait ce cordon ombilical, l'archipel tomberait comme un fruit mûr. Son plus grand succès fut, en janvier 1941, l'attaque du porte-avions *Illustrious* qui protégeait un convoi en provenance d'Alexandrie. Le pont d'envol fut rendu impraticable, obligeant les avions embarqués à se diriger vers Malte, alors que leur vaisseau faisait péniblement route vers le Grand Port, tout en couvrant les navires rescapés du convoi.

A gauche, navire marchand en route pour Malte victime d'une attaque; ci-dessus, incendie dans le Grand Port après une attaque.

Au soir de la bataille, et alors que les deux premiers cargos passaient sans encombre les filets défendant l'accès aux eaux calmes du Grand Port, des vagues de bombardiers en piquée envahirent le ciel, décidés à couler l'*Illustrious* avant que celui-ci pût trouver refuge sous le bouclier d'acier de l'artillerie antiaérienne basée à terre.

L'*Illustrious* en feu, privé de gouvernail, poursuivit sa route. Dans la nuit du 10 au 11 janvier, un an jour pour jour après le discours enflammé de Mussolini, il parvint à bon port et s'amarra à Dockyard Creek. Il était protégé d'un côté par les hauteurs de Kardin, mais exposé dans toutes les autres directions.

La défense s'organise

Tous les bras disponibles furent appelés à la rescousse. Morts et blessés furent évacués et les ouvriers du chantier naval, travaillant vingt-quatre heures sur vingt-quatre, menèrent à bien les travaux de remise en état.

Six jours s'écoulèrent avant que l'ennemi revînt à l'assaut; il avait fallu tout ce temps pour préparer ce qui devait être l'estocade. Mais, à Malte, ces six jours avaient été mis à profit et les Alliés avaient organisé la défense. Les artilleurs avaient fait choix, compte tenu de leur armement, d'un tir de barrage au-dessus du porte-avions. Pour ce faire, tous les canons installés autour du port (ceux des forts Saint-Elme, Saint-Ange et Tigne ainsi que ceux à portée de tir) furent coordonnés de telle sorte que leurs projectiles tissent un rideau de feu au-dessus de la cible.

L'attaque fut déclenchée dans l'après-midi du 16 janvier. Dans La Valette, la population vaquait à ses occupations et les marins en permission à terre assistaient à une projection du film de Laurel et Hardy *Fra Diavolo*. L'alerte sonna alors que les premières images apparaissaient sur l'écran. Les immeubles tremblèrent sous l'impact des bombes et les tirs de barrage se mirent à crépiter. Le public se rua aux abris juste à temps pour apercevoir les bombardiers au ras des toits, fonçant vers le porte-avions au mouillage. Les éclats d'obus tombaient en pluie.

Un pilote de chasse de la R.A.F. se lança à travers le rideau à la poursuite d'un bombardier. Ayant largué sa bombe, l'aviateur allemand tenta de s'échapper en volant en rase-mottes, si bas qu'il dut prendre un peu d'altitude pour passer au-dessus de la jetée du port. C'est à ce moment que le chasseur l'atteignit. Le pilote anglais déclara par la suite qu'il n'avait pas prêté attention aux tirs de barrage; pourtant son avion avait été tellement criblé de balles et d'éclats qu'il fut incapable de reprendre l'air.

Ce fut un raid massif. Dix avions ennemis furent détruits, moitié par les chasseurs, moitié par l'artillerie. Les dommages causés aux immeubles des deux côtés du Grand Port furent les plus graves jamais infligés en un seul raid. Les pertes humaines furent si élevées parmi la population civile, qu'il fut décidé d'évacuer les agglomérations de Senglea, Cospicua et Vittoriosa. Une seule bombe avait touché l'*Illustrious*, ne causant que des dégâts légers.

Nullement découragé, l'ennemi revint le 18 janvier. Cette fois, son objectif était de bombarder les terrains d'aviation. Il y réussit, mais ce succès fut de courte durée. Dès que le ciel fut clair et la fin de l'alerte sonnée, des équipes de terrassiers se mirent à l'ouvrage et les cratères laissés par les bombes furent rapidement comblés.

Profitant d'un répit, quelques jours plus tard, l'*Illustrious* appareilla, d'abord pour Alexandrie puis en direction d'un port des États-Unis afin d'y être rénové. La Luftwaffe avait perdu 30 avions en deux jours et, pendant quelque temps, Malte bénéficia d'une certaine tranquillité. La flotte de la Méditerranée se trouvait privée de son porte-avions et Malte n'avait plus la puissance de feu, dans les airs, indispensable à la couverture des convois qui, venant de Gibraltar, empruntaient la route bientôt connue sous le sobriquet de «l'allée des Bombes».

La menace demeure

La bataille pour Malte, qui était devenue en quelque sorte la croisade personnelle de Mussolini, prit un tour différent avec l'engagement des forces allemandes. Pour l'Afrikakorps, Malte représentait le pivot de ce théâtre d'opérations car les avions, les navires et les sous-marins alliés menaçaient ses lignes de ravitaillement entre Naples et Tripoli. Les divisions blindées déployées dans le désert dévoraient d'énormes quantités de carburant dont chaque goutte devait être importée d'Europe. Les convois allemands ne pouvaient passer, et avec les plus grandes précautions, que de nuit et jamais à moins de 250 km. Si l'aviation basée à Malte ne pouvait, pour une raison ou une autre, intercepter les cargos ravitailleurs pendant qu'ils traversaient la Méditerranée, il lui restait la possibilité de les attaquer quand ils longeaient la côte libyenne. Il n'existait aucun port susceptible d'offrir un abri aux navires sur les centaines de kilomètres du littoral séparant Tripoli de Tobrouk.

Le maréchal de l'Air Kesselring rappelait constamment à Rommel la vulnérabilité de ses lignes de communication: *« Vous prenez les pires risques en essayant d'atteindre le Nil alors que les Anglais tiennent toujours Malte. »* En outre, en contraignant l'Axe à maintenir 600 avions, chasseurs ou bombardiers, basés en Sicile et en Italie du Sud, Malte allégeait d'autant la pression de l'Allemagne sur le front occidental.

La première moitié de 1941 fut, pour Malte, moins rude qu'on ne l'avait craint car Rommel, à l'encontre des conseils de Kesselring, s'attaqua d'abord à Tobrouk, dont la prise lui assurerait la base arrière nécessaire à son invasion de l'Égypte. Pourtant le nombre de convois anglais qui franchissaient le blocus instauré autour de l'île baissait de manière significative; beaucoup de navires furent envoyés par le fond avant même d'apercevoir la terre, d'autres furent coulés alors qu'ils venaient de jeter l'ancre et ils restaient immobilisés à quai.

Malgré les privations et les dangers, les gens restaient à découvert, pendant les alertes, pour regarder les combats aériens qui se déroulaient au-dessus de leurs têtes et ils surent vite distinguer les types d'avions engagés. Ils apprirent à localiser le point d'impact des bombes rien qu'à l'intensité de leur sifflement. On manquait de tout, les provisions de vivres de première nécessité avaient atteint un niveau alarmant. En février 1941, on ins-

A gauche, des renforts, en tenue d'hiver, débarquent à La Valette; ci-dessus, Spitfire prêt au décollage, à Luqa.

taura les tickets d'alimentation. Le fioul fut rationné. Le marché noir fit son apparition. De nombreuses familles émigrèrent à Gozo, plus rurale, où le seul objectif militaire était un petit terrain d'aviation. Les artilleurs reçurent ordre de refréner leur ardeur, de ne faire feu qu'à courte portée.

Cependant, bien que seuls de rares convois pussent passer pour les ravitailler, les sous-marins et les avions torpilleurs de Malte infligèrent de lourdes pertes aux cargos qui approvisionnaient l'Afrikakorps en hommes, en vivres et en matériel.

Ce fut une heureuse nouvelle d'apprendre, avec l'invasion de la Russie, le 22 juin 1941,

que les avions jusque-là déployés en Sicile seraient expédiés sur le front de l'est. Au mois de juillet, un nouveau convoi destiné à Malte appareilla de Gibraltar, escorté notamment par le porte-avions *Ark Royal* et le cuirassé *Nelson*. Bien qu'il fût passé à sa portée, la flotte italienne ne chercha pas à engager le combat. La raison de cette passivité devait se dévoiler rapidement. Des bombardiers et des avions torpilleurs allemands se ruèrent à l'assaut. Un croiseur fut endommagé et un destroyer coulé. Le 24, six cargos avaient atteint leur destination; les Italiens le savaient, mais ils savaient aussi qu'ils pourraient les détruire au mouillage, le long des quais du Grand Port.

Arme secrète

Ils gardaient en réserve une arme secrète dont ils ne s'étaient pas encore servis, une unité spéciale de vedettes rapides transportant des torpilles pilotées par un homme jusqu'à leur cible.

Selon le prince Valerio Borghese, qui prit ultérieurement la tête de cette unité d'élite, ces petits engins meurtriers avaient été conçus en prévision d'une attaque contre Malte, lorsque la souveraineté sur cette île et sa possession avaient été évoquées par l'état-major italien. L'idée de forcer les barrages tendus devant La Valette, ce port fortifié qui constituait la clef de voûte de la défense de la Royal Navy en Méditerranée et représentait une constante menace contre l'Italie, avait germé dans les esprits depuis longtemps, en 1935, lorsqu'on mit au point ces torpilles guidées par un homme-grenouille. Malte était l'objectif tout désigné pour l'attaque duquel cette arme avait été imaginée.

Le nageur de combat, moulé dans une combinaison de plongée, chevauchait la torpille au nez bourré d'explosif ultrasensible, devait amener son engin tout près de sa cible, l'orienter, pousser à fond l'accélérateur après avoir activé la charge et se glisser à l'eau pour tenter de fuir avant la déflagration. Ces torpilles avaient déjà connu quelques succès à Gibraltar et en Crète. Peu après, elles seraient lancées devant Alexandrie où elles endommageraient les cuirassés *Valiant* et *Queen Elizabeth*.

Les Italiens avaient compté sans le réseau de radars de l'île et sans les défenses côtières. En effet, peu après avoir quitté le port d'Augusta, en Sicile, à la faveur de la nuit, le 25 juillet, les engins et leur escorteur, la *Diana*, furent repérés sur les écrans. Alors que l'ennemi arrivait à petite vitesse à leur portée, les batteries de côte de la Royal Malta Artillery les prirent dans leur collimateur. Déchirant le silence nocturne, une sirène se mit à mugir et réveilla les habitants, car un raid aérien, qui n'était qu'une manœuvre de diversion, était signalé. En quelques minutes, dans la lumière d'une batterie de projecteurs concentrés sur eux, chacun des minuscules engins de mort fut pris sous le feu des défenses terrestres. Des milliers de curieux, à Sliema et sur les hauteurs avoisinantes, assistèrent au spectacle. Seuls trois pilotes survécurent et furent capturés; aucun ne revint sur la *Diana*.

Attaques massives

Cette invasion avortée releva le moral des îliens; le seul dommage fut un trou dans le brise-lames. Pourtant, après cet échec et à cause de lui, l'archipel allait connaître le second «grand siège» de son histoire.

Rommel abreuva Berlin de messages pressant le haut commandement de passer à l'action. Dans l'un d'eux, il écrivait: *«Sans Malte, l'Axe finira par perdre le contrôle de l'Afrique du Nord.»* Neutraliser Malte devenait l'objectif prioritaire. Les îles seraient assiégées et martelées jusqu'à leur reddition. L'année 1942 commençait et, à la mi-janvier, les vagues de bombardiers se succédèrent à un rythme et avec une brutalité tels que les puissances de l'Axe donnaient à penser qu'elles détenaient la suprématie dans les airs. En mars et avril, il tomba sur Malte deux fois plus de bombes que pendant toute l'année du Blitz sur Londres.

Pour anéantir la volonté de résistance de la population, les bombardements diurnes et nocturnes se poursuivirent sans discontinuer pendant 154 jours (alors que Londres n'en connut que 57) et l'aviation allemande largua 6700 t de bombes sur le Grand Port (il n'en tomba que 260 t sur Coventry au cours de la pire nuit que cette ville martyre ait connue).

Des *victory kitchens* («cuisines de la victoire») furent organisées afin de nourrir la population. Les munitions elles-mêmes furent rationnées drastiquement. Le blocus était total. Churchill proclamait: *«Les yeux de l'Angleterre tout entière sont fixés sur Malte, suivant son combat, jour après jour. Nous sommes assurés que le succès puis la gloire viendront couronner vos efforts.»*

Il déclara également au président Roosevelt: *«Les raids aériens sur Malte sont affreux!»* Après le récent naufrage de l'*Ark Royal*, Roosevelt autoriserait-il le porte-avions américain *Wasp* à transporter les Spitfire jusqu'à Malte? Le 14 avril, le porte-avions appareillait d'Angleterre à destination de Gibraltar. Sur son pont d'envol étaient rangés 47 chasseurs. Peut-être le destin de Malte allait-il changer?

Le lendemain, le roi Georges VI décernait à l'archipel la croix de Saint-Georges. La citation accompagnant la décoration disait: *«Pour honorer sa courageuse population, Nous attribuons la croix de Saint-Georges à l'île-forteresse de Malte, afin de porter témoignage de son héroïsme et de sa détermination qui demeureront à tout jamais célèbres dans l'histoire.»*

A gauche, le pont d'un porte-avions; ci-dessus, l'Opéra royal, dans Kingsway, réduit en cendres.

Le temps de tous les dangers

Les villages les plus reculés supportaient les mêmes dévastations que les autres. Un avion volant en rase-mottes pouvait larguer sa bombe et disparaître avant qu'un passant ait pu se rendre compte de ce qui se passait. C'est pourquoi, pendant les pires périodes de bombardement, les habitants prirent l'habitude de vivre sous terre. Beaucoup passaient les périodes d'alertes à égrener leur chapelet et à prier, un seau d'eau à portée de la main, pour y tremper le mouchoir dont ils se voilaient le visage afin de filtrer la poussière et la puanteur de la cordite.

Si la viande figurait, en général, au menu des *victory kitchens*, ce n'était plus que de la chèvre. Les cloches des églises, dont le tintement rythmait, en temps de paix, chaque heure de la vie courante, étaient muettes. Elles ne sonneraient que pour annoncer l'imminence d'un débarquement. Pour empêcher que n'importe quel raid aérien interrompît le travail, on inventa un système de signaux gradués : un drapeau rouge pour annoncer l'arrivée de bombardiers; un rouge et blanc, s'il ne s'agissait que de chasseurs ou d'appareils de reconnaissance. Ces signaux étaient hissés le long de mâts sur le toit du palais du gouverneur et de l'auberge de Castille mais, comme ils n'étaient pas visibles de partout, des scouts organisèrent un relais avec des pavillons tenus à bras. Près de 1000 jeunes gens reçurent la médaille de bronze du scoutisme en récompense de leur action pendant la guerre. Pendant plus de deux ans, les attaques se succédèrent à la cadence moyenne de trois par jour.

Mais le porte-avions américain *Wasp* était en route, amenant en renfort 74 Spitfire. Ceux-ci décollèrent sans munitions (pour économiser du poids) mais équipés de réservoirs supplémentaires. Leur vol prévoyait qu'ils se posent vers une heure du matin, avec une marge de sécurité inférieure à 100 l de carburant. Les Allemands, informés de l'arrivée de ces renforts, avaient prévu une opération destinée à détruire d'un seul coup les appareils immobilisés au sol pendant la journée qui serait indispensable pour les mettre en état de combattre. Mais chaque avion était attendu par deux soldats et deux mécaniciens. Dès l'atterrissage, il était conduit à l'intérieur d'un abri où il recevait son armement, son plein d'essence et de munitions, le tout en six minutes !

Sitôt ravitaillés, les chasseurs décollèrent et se mirent en embuscade, attendant que la Luftwaffe effectue sa première sortie. Les pilotes allemands ne s'attendaient pas à cet accueil. Leurs fréquences radio s'emplirent de cris : *« Achtung ! Achtung ! Schpitfeuer ! »*

Ils perdirent 30 avions le premier jour. La Luftwaffe revint en force le lendemain et, cette fois, laissa au tapis 63 appareils!

Les stukas, en particulier, étaient des proies vulnérables lorsqu'ils volaient chargés de bombes et plus encore lorsque, après le piqué, ils effectuaient une ressource pour reprendre de l'altitude; les pilotes étaient à demi-inconscients à cause de la force de gravité qui les écrasait sur leur siège. Les radeaux de sauvetage des nombreux stukas abattus parsemèrent les vagues entre Malte et la Sicile, au point qu'un pilote put dire que le spectacle lui rappelait une journée de régates à Henley!

Combats aériens

Entre août 1940 et octobre 1942, 717 avions de chasse furent envoyés à Malte et, parmi eux, 367 Spitfire. Le 10 mai, au cours du mois qui vit l'île subir sa deux millième attaque, les Spitfire parurent avoir débarrassé le ciel de l'aviation ennemie, après une série de duels que les Maltais, abandonnant la protection de leurs abris, suivaient en plein air au-dessus de leurs têtes. Mais la vérité était tout autre. Malte se trouvait à deux mois de la date à laquelle les autorités avaient résolu de capituler si le blocus devait se maintenir.

Mais, taillant lentement sa route, un convoi de onze cargos, entouré d'une escorte ne comptant pas moins de 3 porte-avions, 2 cuirassés, 7 croiseurs et 24 torpilleurs, se dirigeait sur Malte. *«La garnison et la population de Malte,* disait un ordre du jour émanant du navire amiral *Nelson, qui ont défendu leur île contre les attaques incessantes des forces aériennes allemandes et italiennes, ont un urgent besoin des vivres et des fournitures de guerre que nous leur apportons. Chacun de nous doit donner le meilleur de lui-même. Malte nous appelle au secours, nous ne décevrons pas ses espoirs!»*

A gauche, batterie antiaérienne couvrant le port depuis Senglea; ci-dessus, le pétrolier endommagé «Ohio», rescapé du convoi de l'Assomption, arrive au port.

A toute heure du jour et de la nuit, le convoi fut assailli sans relâche par air et par mer, subissant de lourdes pertes. Des trois porte-avions, l'*Eagle* fut éventré et coulé par des torpilles et l'*Indomitable* mis hors de combat. Un cargo se perdit corps et biens. A l'approche de la Sicile, les cuirassés firent demi-tour pour rejoindre l'escadre de Gibraltar; la protection du convoi se trouvait ramenée à quatre croiseurs et douze torpilleurs. L'ennemi concentra ses attaques, mais les navires survivants progressaient toujours. Deux croiseurs furent gravement endommagés et cinq cargos sombrèrent.

Le 13 août, le bruit se répandit que les navires étaient en vue. La foule se massa sur les hauteurs. Les premiers bateaux à jeter l'ancre furent les cargos *Fort Chalmers*, *Melbourne Star* et *Rochester Castle*. Le 15 arrivèrent le *Brisbane Star* et, remorqué par deux dragueurs de mines aidés d'un torpilleur, le pétrolier *Ohio*, l'eau affleurant presque le pont. Sans l'arrivée du «convoi de l'Assomption», Malte aurait mis bas les armes quinze jours après. L'*Ohio*, maintenu à flot par l'acharnement de son équipage, symbolisait la détermination de l'île de tenir.

A propos de cet événement dont dépendait la survie de l'île, Churchill écrivit:

«Ainsi, en fin de compte, cinq braves navires marchands sur quatorze purent parvenir à bon port avec leur précieuse cargaison. La perte de trois cent cinquante officiers et marins et de tant des meilleurs navires de notre flotte marchande, les dommages subis par l'escadre de la Royal Navy furent effroyablement lourds. Mais le résultat justifiait le prix élevé que nous avons dû payer. Ravitaillée, ayant reconstitué ses réserves de munitions et retrouvé ses moyens d'action, la puissance de Malte ressuscita!»

Plus tard, l'Afrikakorps dut affecter toutes ses forces à l'organisation de sa retraite, d'abord vers Tobrouk puis vers Benghazi et Tripoli, pour finir sur la Tunisie. Le cours de la guerre changeait et les Maltais s'en rendirent compte le jour où quatre cargos vinrent s'amarrer aux quais du Grand Port, ayant parcouru le trajet depuis Alexandrie sans être inquiétés. A Noël, on put même annoncer un allégement des restrictions: une demi-livre de haricots et de sucre, et un quart de livre de groseilles par personne!

Bonnes nouvelles

Une autre bonne nouvelle tomba le 23 janvier 1943 quand il fut proclamé que les troupes britanniques s'étaient emparées de Tripoli. Le général Eisenhower publia un message à cette occasion, dans lequel on lisait: *«L'épopée de Malte est caractéristique de l'évolution des nations unies au cours de cette guerre. L'île a connu successivement un état de déplorable impréparation, opposé une résistance acharnée, reconstitué ses forces et c'est maintenant la montée en puissance qui la conduira jusqu'à la victoire.»*

Le 12 mai, l'Afrikakorps déposait les armes. Malte avait barré la route qui aurait permis l'évacuation des 291 000 soldats allemands et italiens restés en Afrique. Le mois suivant, Georges VI put se rendre à Malte, alors que Montgomery et Eisenhower dressaient les plans de l'invasion de la Sicile. Les habitants de l'île virent la baie de Msida s'emplir de bateaux. Et, un beau matin, ils découvrirent la baie encombrée d'engins de débarquement qui s'étaient subitement matérialisés au cours la nuit!

Également entourée de mystère, mais pour peu de temps, fut l'arrivée de troupes écossaises, composées d'hommes rudes, lourdement équipés, qui ne se mêlaient guère aux autres. La flottille de débarquement, les Écossais et le reste des troupes d'assaut s'éloignèrent le 9 juillet.

L'archipel devint le tremplin à partir duquel les Alliés envahirent la Sicile. Le 8 septembre, la flotte italienne rendit les armes, selon les termes du commandant en chef, l'amiral Cunningham, dans son rapport à l'amirauté à Londres, *«sous les canons de la forteresse de Malte»*. Ce jour de gloire était celui de la Nativité de la Vierge; c'était aussi l'anniversaire de la fin du Grand Siège.

A gauche, la croix de Saint-Georges et la citation que Malte mérita par sa conduite héroïque; à droite, la foule le jour de la visite de Georges VI, le 20 juin 1943.

VOTE
N°1 MANUEL BORG
CASSAR GALEA
RAY BONDIN
AGIUS
FRENDO
il-

MALTE AUJOURD'HUI

Alors que le conflit faisait encore rage, le gouvernement britannique accorda à Malte, au titre des dommages de guerre, une indemnité de dix millions de livres sterling, avec la promesse d'un supplément de vingt millions. Le cabinet britannique s'engageait en outre à restaurer un *«gouvernement responsable»* dès que possible.

Les élections de 1947 dotèrent Malte de son premier gouvernement travailliste, dirigé par le docteur (par la suite sir) Paul Boffa. Le parti au pouvoir prépara un référendum afin de déterminer si le peuple souhaitait ou non *«soumettre la cause de Malte aux États-Unis en vue d'obtenir une aide économique, offrant en échange de fonder une base militaire sur l'île»*. Par des fuites, on apprit plus tard que le projet conçu par M. Dominic Mintoff, ancien lauréat de la fondation Cecil Rhodes et futur premier ministre, laissait une porte ouverte non seulement aux États-Unis mais aussi *«à toute autre grande puissance»*, ce qui constituait un appel sans équivoque à l'Union Soviétique. Cette «alternative» fut attribuée à une «erreur humaine» et le projet capota.

Scrutin sans lendemain

M. Mintoff lui-même fut porté au pouvoir en 1955. Il avait été ministre des Travaux publics et de la Reconstruction du gouvernement Boffa. Il suggéra que Malte fût intégrée au Royaume-Uni et représentée à la chambre des Communes. Le résultat du référendum organisé sur ce thème donna 67707 voix sur 90343 en faveur de cette intégration, mais le gouvernement britannique, quoique favorable à cette idée, n'était nullement certain que le résultat reflétât l'opinion générale, compte tenu du nombre d'abstentions.

La question était encore en discussion lorsque, en 1957, l'Angleterre décida d'opérer des coupes claires dans son budget militaire, coupes qui eurent des répercussions sur les chantiers navals de Malte, le plus important employeur privé de l'archipel, avec 13000 ouvriers sur une population active de 83000 personnes. L'enthousiasme de M. Mintoff tomba et il déclencha, en retour, une campagne en faveur de l'indépendance. Le blocage constitutionnel qui s'ensuivit conduisit la Grande-Bretagne à prendre en main le gouvernement. M. Mintoff recourut alors à une manœuvre des plus étranges.

En 1608, Michelangelo Merisi, plus connu sous le nom de son village natal, qu'il avait adopté, Caravage, avait vécu quelques mois à Malte, au service du grand maître Alof de Wignacourt. Cet artiste génial, mais au caractère détestable, se mit dans un mauvais cas, fut jeté en prison, s'évada et mourut peu

après, à son retour sur la terre italienne. Entre-temps, il avait réalisé deux tableaux pour la cathédrale Saint-Jean à La Valette: *la Décollation de saint Jean Baptiste* et un portrait de saint Jérôme. En 1956, ces peintures, qui n'avaient quitté qu'une seule fois les murs auxquels elles étaient accrochées, lorsqu'on les mit à l'abri pendant la guerre de 1939-1945, furent expédiées en Italie à bord d'un navire de guerre britannique afin d'être exposées à Rome.

Quand cette exposition ferma ses portes, les toiles revinrent et, à la stupéfaction des autorités religieuses, légitimes propriétaires, elles furent confisquées sur ordre de M. Mintoff, alors sur le point de couper les

Pages précédentes: l'armée maltaise à la parade. A gauche, rassemblement politique à Marsa; à droite, le premier ministre, M. Fenech Adami.

ponts avec le Royaume-Uni. Puis, aussi abruptement qu'il les avait appréhendées, M. Mintoff restitua ses prises à l'Église, un beau jour, sur le coup d'une heure du matin. La raison de cet acte étrange fut bientôt connue : les peintures avaient été gardées en otages afin de forcer la main à l'archevêque. En effet, dès le lendemain de la restitution, une déclaration commune fut publiée par l'archevêché et les services du premier ministre, exigeant du Royaume-Uni qu'il accordât son indépendance à Malte.

En 1959, alors que les chantiers navals avaient perdu toute utilité, l'administration coloniale publia un plan quinquennal de développement dont la conclusion affirmait : *« En résumé... Malte doit s'éveiller au monde moderne et trouver ses propres ressources par d'autres voies que celles suivies dans le passé. »* Les moyens d'y parvenir incluaient l'octroi de l'indépendance, ce qui advint le 21 septembre 1964, sous la seule restriction de la signature d'un traité de défense mutuelle signé pour dix ans avec l'ancienne puissance tutélaire.

La base navale britannique ferma à son tour ses portes le 31 mars 1979. Depuis lors, la seule, et jusqu'à ce jour unique, manifestation hostile que Malte ait connue de la part d'une puissance étrangère fut le fait d'une canonnière qui vint menacer une compagnie pétrolière italienne opérant des forages pour le compte de l'État. Il n'est pas hors de propos de préciser que le port d'attache de ce fauteur de troubles se situait sur la côte barbaresque... pourtant avant l'avènement du colonel Kadhafi !

Rapprochement avec l'Europe

Depuis la guerre, la politique à Malte a changé de nature. La querelle linguistique était résolue : le *malti* demeurait la langue vernaculaire, et seul l'anglais, de préférence à l'italien pour des raisons évidentes, constituait la langue de l'administration et de l'éducation.

Les difficultés principales de l'après-guerre furent économiques, avec la crainte de voir revenir les temps difficiles que le pays avait connus après la Première Guerre mondiale. D'autre part, l'assistance de la Grande-Bretagne devait augmenter, afin non seulement d'effacer les dévastations, mais surtout de construire de nouveaux logements et de repenser les infrastructures. L'emploi des jeunes était problématique, encore que, depuis deux décennies, une émigration massive vers le Canada et l'Australie eût en partie compensé les conséquences de la crise engendrée par le repli des entreprises britanniques qui, pendant des années, avaient été grandes utilisatrices de main-d'œuvre.

De même qu'elle était membre du Commonwealth, Malte fut admise aux Nations Unies en 1964 et elle a pris place au sein du conseil de l'Europe en 1965. Le 4 septembre 1967, le premier ministre nationaliste, M. George Borg Olivier, demanda à la commission européenne d'engager des négociations en vue de mettre sur pied un *«système de relations»*. Trois ans plus tard, un traité d'association avec la Communauté économique européenne fut signé. En quinze ans, fut-il convenu, l'archipel maltais serait en bonne voie d'assurer sa viabilité économique, dans la mesure où il aurait disposé d'un marché à l'export exempt de barrières tarifaires et de quotas, tout en étant autorisé à maintenir quelque temps le protectionnisme nécessaire au développement de son industrie. Le gouvernement faisait valoir que Malte et Gozo étaient parties intégrantes de l'Europe, tant par la géographie que par la culture, la religion, le mode de vie. M. Borg Olivier évoquait la prise de conscience des Maltais qui vivaient *«à l'âge des regroupements économiques et des zones d'échanges commerciaux, ce qui rendrait difficile, pour les pays ne se joignant à ces ensembles, l'accès à la réussite économique, et, en particulier, pour les petites nations»*.

Soucieux de couper l'herbe sous le pied du parti nationaliste, qui ne manquait pas de lui reprocher de marcher dans les pas de l'ancienne mère patrie, le premier ministre eut beau jeu de souligner que l'engagement de Malte en direction de la Communauté européenne avait précédé celui de la Grande-Bretagne. *«Que celle-ci envisage également d'en être membre rend encore plus évident le fait que l'avenir de Malte passe par cette association»*, ajoutait-il.

Le 16 juillet 1990, convaincue que l'adhésion à la Communauté avait eu des effets bénéfiques, Malte demanda d'en devenir membre à part entière. En attendant le rapport de la commission européenne, des négociations sont ouvertes en vue d'organiser la période transitoire, avant que Malte soit à même de remplir toutes les obligations que cette participation implique. Déjà 70 % des échanges commerciaux se font avec des pays de la Communauté. Malte doit être assurée que son intérêt à développer ses exportations procède, non pas d'une faveur, mais d'un droit auquel elle peut prétendre.

Les politiques locaux professent des opinions divergentes quant aux moyens et à la date de cette adhésion. Le parti travailliste estime que toutes les conditions d'accession

A gauche, la cabine d'une grue sur les quais rénovés; ci-dessus, motocyclistes de la police.

DEVENIR MALTAIS

Les îles exercent une attirance particulière. On se laisse séduire par leur charme, par le mode de vie reposant qu'on y mène. Des voyageurs, débarqués pour une escale, ont décidé d'y couler le reste de leurs jours. Malte et Gozo en ont eu leur part et plus d'un nom célèbre y possède une villa, une ferme restaurée ou un appartement. L'immobilier n'y est pas cher. Il existe tout un choix de *palazzi*, d'appartements avec vue sur la mer, de fermettes discrètes, hors des routes fréquentées, qui ne demandent qu'à devenir un foyer.

Le gouvernement encourage les étrangers à investir sur place, sous réserve qu'ils adoptent l'un des trois statuts prévus par les règlements: non-résident, résident temporaire ou permanent. Tout travail rémunéré leur est toutefois interdit, sauf dérogation.

Le statut de non-résident est attribué à ceux dont le séjour n'excède pas trois mois consécutifs et dont la propriété est qualifiée de maison de vacances. Ils ne sont soumis à aucun impôt, à l'exception de la taxe foncière. Pour préserver les besoins de la population autochtone, la propriété doit être d'une valeur supérieure à 15 000 livres maltaises (280 000 F).

Le statut de résident temporaire est accordé à ceux dont les séjours dépassent trois mois et qui font preuve de revenus d'origine étrangère leur assurant un train de vie confortable, sans risquer d'être un jour à la charge des autorités locales. Si ces conditions sont remplies et acceptées, un permis peut être délivré par le chef du service de l'immigration. Les résidents temporaires sont soumis aux impôts locaux si leur séjour dépasse six mois d'affilée et ces impôts sont calculés sur le montant des sommes reçues aux caisses des banques maltaises. Le bien immobilier acheté doit, également, être d'une valeur supérieure à 15 000 £.

Les résidents permanents peuvent aller et venir à leur gré. Mais, pour bénéficier de ce statut, il faut satisfaire à plusieurs conditions: justifier de ressources annuelles supérieures à 10 000 £ (200 000 F) ou d'un capital excédant 150000 £ (300 000 F) qu'il n'est d'ailleurs pas indispensable d'importer. Il faut seulement faire venir l'équivalent de 6 000 £ par personne et l'impôt minimal est de 1 000 £ par an. La valeur du bien immobilier doit dépasser 20 000 £ pour un appartement ou 30 000 £ pour une maison (390 000 et 570 000 F). Des informations mieux à jour peuvent être obtenues auprès du ministère des Finances. Les permis de séjour sont délivrés par le secrétaire administratif, services du premier ministre, auberge de Castille à La Valette. Il est prudent de se faire assister d'un homme de loi car les formalités sont complexes. Ce statut présente un intérêt pour les personnes qui souhaitent bénéficier du taux minimal d'imposition sur le revenu, qui ne s'élève qu'à 15 %.

Malte a signé des conventions fiscales avec la plupart des grandes puissances. Ceci permet aux nouveaux résidents de se soustraire à l'impôt dans le pays d'origine de leurs revenus et d'échapper à la double imposition.

En cas d'acquisition d'un bien immobilier, la commission d'agence est généralement à charge du vendeur. Avant l'acte de vente, il est habituel de signer une promesse (*convenju*) valable trois mois ou plus. Les clauses de cette promesse lient le vendeur et l'acquéreur et donnent le temps d'obtenir informations et autorisations administratives nécessaires. A la signature d'un tel acte, il est d'usage de verser des arrhes (en général 10 %) qui sont consignés entre les mains du notaire. Les fonds doivent être d'origine étrangère et si le bien est revendu, le prix d'acquisition et les plus-values sont librement rapatriables, sans être soumis à aucune taxe.

Les étrangers n'ont le droit d'acquérir qu'un seul bien immobilier et celui-ci doit être utilisé exclusivement comme résidence du propriétaire et de sa famille proche, mais non faire l'objet d'un investissement rémunérateur. Il est permis au propriétaire, quand il est présent, d'y accueillir des invités, mais le bien ne peut être donné en location.

devraient être remplies au préalable; le parti nationaliste au pouvoir pense que la mise en harmonie devra intervenir lorsque cette admission sera acquise. D'autres pays, soulignent les travaillistes, ont été accueillis avant d'assumer toutes les obligations imposées par le traité de Rome.

La neutralité

Malte proclama sa neutralité et son appartenance au groupe des pays non alignés à la suite d'un compromis plus ou moins extorqué au parti nationaliste, à l'époque dans l'opposition, par le gouvernement travailliste, à la veille des élections de 1987. Les discussions avaient été menées en coulisses par M. Mintoff, bien que celui-ci ne fût plus premier ministre. Pendant cinq ans, malgré le scrutin proportionnel et grâce à un subtil découpage des circonscriptions électorales, le parti travailliste détenait la majorité des sièges à la chambre des Représentants bien qu'il n'obtînt qu'une minorité des voix.

Afin de réparer cette anomalie, il fut convenu que le parti qui recueillerait la majorité des suffrages constituerait le gouvernement, quitte à augmenter le nombre de sièges au parlement. En retour, il fut arrêté que Malte se cantonnerait dans une stricte neutralité politique, ne signerait aucun traité de nature militaire, ne permettrait l'établissement d'aucune base étrangère sur son territoire et n'accepterait aucune ingérence extérieure.

Grâce à cet accord, le parti nationaliste revint au pouvoir et aussitôt, le premier ministre M. Fenech Adami convoqua tous les diplomates accrédités auprès de lui pour leur signifier que la neutralité de Malte serait un cas unique. Avec l'Italie, membre de l'O.T.A.N., s'engageant à participer à la défense de l'archipel sur demande des autorités locales et après consultation des autres puissances du pacte atlantique, la neutralité de Malte est vraiment unique. En renégociant le traité d'amitié et de coopération avec la Libye, Malte fit abroger l'article relatif à la défense commune des deux pays, ce qui dissipa les inquiétudes de l'Italie.

Selon le point de vue officiel: *« Malte entend poursuivre le développement de ses relations bilatérales et multilatérales avec l'Europe en tant que membre à part entière de la Communauté européenne. Sa vocation européenne est incontestable, son adhésion aux valeurs démocratiques occidentales est si*

A gauche, l'entrée d'une ferme; ci-dessus, spectacle lyrique à l'opéra Astra, à Victoria: la troupe invitée est accompagnée des chœurs et de l'orchestre locaux.

profondément ancrée qu'elle résiste aux tentatives de déstabilisation; sa neutralité et ses efforts, patients et discrets, pour établir un dialogue pacifique entre les nations sont une contribution positive en faveur d'une Europe nouvelle, plus grande et plus unie, mais aussi plus ouverte sur l'extérieur.»

La scolarité est obligatoire jusqu'à l'âge de seize ans; elle conduit aux examens de fin d'études et à la préparation aux concours d'entrée dans les grandes écoles. Il existe des lycées techniques ou à vocation commerciale; chaque ville et chaque village dispose de jardins d'enfants et d'écoles primaires. Les écoles libres, confessionnelles ou non, sont nombreuses. L'université de Malte est, si l'on excepte celles de Grande-Bretagne, la plus ancienne de celles des pays du Commonwealth.

Le tourisme et l'industrie

Dépourvue d'autres ressources naturelles que la mer et le soleil, Malte trouve dans le tourisme, en pleine expansion, une source de revenus. Le nombre de touristes progresse constamment, des sommes croissantes sont investies dans l'immobilier et les infrastructures. Une nouvelle aérogare vient de s'ouvrir et les usines de désalinisation de l'eau de mer, récemment mises en activité, ont évité le rationnement d'eau potable qui menaçait Malte, Gozo et Comino.

L'industrie légère démarre bien et, dans le but d'encourager les investisseurs étrangers, des exonérations fiscales temporaires (jusqu'à dix ans) sont accordées aux entreprises nouvelles, assorties de crédits à taux modéré, de dégrèvements de droits de douane, de facilités pour les investissements ou encore de concessions de terrains ou de bâtiments à loyers conventionnés. Les chantiers navals, toujours renommés, font concurrence à ceux des plus importants pays tout autour de la Méditerranée, n'hésitant pas à réparer ou à refondre les plus grosses unités.

Une récente législation tend à faire de l'archipel une zone franche. Ces dernières années, une grande attention a été portée aux questions de développement de la main-d'œuvre potentielle et, en vue d'attirer les échanges internationaux, on a ouvert le port franc de Malte, dans la baie de Marsaxlokk.

La couleur blonde du calcaire tendre de l'île donne un ton particulier aux constructions.

DOM MINTOFF, HÉROS CONTESTÉ

Lorsque M. Dominic Mintoff était premier ministre, Malte prêta le flanc à la critique, surtout sur le chapitre des relations qui l'unissaient à la Libye du colonel Kadhafi. Bien que M. Mintoff ne soit plus au pouvoir depuis 1984, d'aucuns estiment qu'il tient toujours les rênes.

En dix-sept ans, M. Mintoff fut quatre fois premier ministre (dont trois fois sous l'égide du nationaliste M. Borg Olivier). Chaque fois, sa présence au pouvoir se fit nettement sentir et ses interventions sur la scène internationale furent remarquées. Être à la fois craint et haï (*oderint dum metuunt*) ne lui déplaisait pas mais, comme le *Sunday Times* de Londres l'écrivit une fois, si Malte avait été un pays plus puissant, avec un Mintoff à sa tête, ç'aurait été une nation avec laquelle il aurait fallu compter!

La presse britannique a toujours été dure envers lui, donnant une piètre image de son action, n'y voyant que manœuvres anti-anglaises, bien que sa femme fût une fille d'Albion de souche patricienne et que ses deux filles eussent épousé des Britanniques. Ses combats ont été jugés racistes. De plus, son image de marque, dans la presse, fut souvent ternie par sa propension à engager, contre les journalistes anglais qui critiquaient sa politique, des procès en diffamation... et à les gagner!

Aux États-Unis, on désapprouvait sa complaisance envers les pays communistes et bien que, pendant la guerre, le président Roosevelt et le général Eisenhower eussent exalté la bravoure des Maltais, la requête de M. Mintoff en vue de bénéficier du plan Marshall fut ignorée. Par la suite, quand il voulut effectuer une visite officielle aux États-Unis, aucun président n'accepta de le recevoir.

M. Mintoff alla chercher des appuis où il pouvait. Mais ses alliés potentiels se méfiaient d'un homme si versatile. Même M. Mitterrand, quoique socialiste comme lui, hésita à lui adresser une invitation et l'Union Soviétique ne noua le dialogue avec lui que par l'intermédiaire de ses satellites d'Europe de l'Est. Il faut cependant noter que M. Mintoff fut le premier chef de gouvernement à recevoir un accueil chaleureux en Chine.

On a dit de lui qu'un de ses rêves les plus chers, en ces temps troublés, aurait été de devenir une sorte de médiateur, reconnu sur le plan mondial, pour réconcilier Juifs et Arabes. Mais, en raison du soutien qu'il apportait à la cause palestinienne, sa position n'aurait pas été impartiale. En revanche, ses relations avec le colonel Kadhafi, bien qu'ambiguës, furent payantes: la Libye livra à Malte du pétrole à prix coûtant alors que les cours s'envolaient.

Né en 1916 dans une famille modeste établie dans les faubourgs de Cospicua, où les chantiers navals britanniques étaient l'employeur le plus important, le jeune Dominic Mintoff fut marqué par la modestie du milieu où il vivait.

Après ses études pour devenir architecte et ingénieur des travaux publics, après un intermède en qualité de lauréat de la fondation Cecil Rhodes, M. Mintoff travailla en Angleterre, de 1941 à 1943, avant de revenir au pays pour réorganiser le parti travailliste, en prévision des élections de 1947 que le parti travailliste emporta.

En 1955, M. Mintoff, alors premier ministre, émit l'idée qu'en raison des liens entre la Grande-Bretagne et Malte, celle-ci devrait s'intégrer au Royaume-Uni et devenir territoire britannique avec des députés siégeant à la chambre des Communes. Un référendum approuva cette résolution, mais les Britanniques n'y donnèrent pas suite: les résultats, dirent-ils, ne permettaient pas de connaître l'opinion des abstentionnistes.

Deux ans plus tard, le gouvernement de Sa Majesté annonça que les compressions budgétaires auraient des incidences sur l'importance de la garnison établie à Malte et sur les effectifs des chantiers navals, qui employaient un cinquième de la population active. La plupart des ouvriers des chantiers habitaient des localités proches de la maison natale de M. Mintoff. Il exigea alors que l'Angleterre accorde son indépendance à Malte. L'impasse constitutionnelle qui s'ensuivit amena les Anglais à prendre en main le gouvernement des îles.

Le 21 septembre 1964, le parti travailliste proclama l'indépendance et, le 31 mars 1979, ce même parti, revenu au pouvoir avec M. Mintoff à sa tête, célébra en grande pompe le départ des dernières troupes britanniques.

Tout au long des années qui devaient aboutir à ce retrait, les réclamations de M. Mintoff, surtout celles relatives aux problèmes financiers, se firent de plus en plus pressantes. Malte prit des contacts avec d'autres nations, sollicitant leur aide pour s'immiscer dans le commerce mondial, mais ses choix ne se portèrent que sur les pays qui partageaient ses options socialistes.

Dans son pays, certains étaient fanatiquement attachés à M. Mintoff, les autres farouchement opposés. Sur une terre où les gens restent fidèles à vie à un parti politique, Mintoff tint des discours charmeurs aux foules, dont il captait l'intérêt par toutes sortes de promesses. Juché sur la plateforme d'un camion, en manches de chemise, il haranguait ses auditeurs, rebâtissait le monde. Des communautés jadis unies s'entre-déchirèrent. Les clivages politiques s'accentuèrent.

C'est peut-être son intransigeance, sa manière rigoureuse d'agir qui suscitèrent des difficultés. Quand il abandonna son poste de premier ministre, il fit désigner pour lui succéder M. Mifsud Bonnici qui, loin d'être un homme politique, n'avait jamais affronté les suffrages. Rares sont ceux qui purent lui tenir tête. Même les ministres de son gouvernement étaient réduits à lui fournir des informations erronées pour lui plaire !

En un temps où tous ses concitoyens étaient de fervents catholiques, il se flattait de ne pas l'être. Il considérait l'Église comme dangereusement autoritaire et il entra en lutte ouverte avec l'archevêque, Mgr Gonzi, qui prononça contre lui la sanction de l'interdit, ce qui le privait de toute manifestation religieuse.

A gauche, M. Dominic (Dom) Mintoff; ci-dessus, manifestation en faveur de l'indépendance de Malte.

L'Église avait pris fait et cause pour les nationalistes. M. Mintoff, qui n'était pas homme à résister au plaisir de faire un éclat, adopta un comportement impie et ambigu dans le but de l'effrayer. *« L'Église doit être pauvre et non pas opulente ! »* clamait-il fréquemment. Il tenta d'en confisquer les propriétés et les richesses. Dans un dernier combat, avant de passer la main, il entreprit de placer les écoles sous l'emprise de l'État. Un compromis fut trouvé par ses successeurs sous la forme d'une école libre subventionnée par l'État.

Il s'attaqua aux médecins et aux avocats : ceux-ci exploitaient, selon lui, la misère humaine. Ceci n'est sans doute pas sans rapport avec le fait que la majorité des députés nationalistes étaient docteurs... en droit ou en médecine !

Il développa l'intervention de l'État dans la vie quotidienne (services sociaux, bourses d'études).

En contrepartie (et en conséquence), le gros point noir de son gouvernement socialiste fut la corruption. Aussi longtemps que les travaillistes furent au pouvoir, aucune affaire, aucun marché public ne pouvait aboutir sans une autorisation, un permis ou une licence. Plus la faveur sollicitée était grande, plus il y avait de pattes à graisser et plus l'enveloppe était gonflée ! Dans la vie privée, M. Mintoff apparut cependant toujours comme un homme aux goûts relativement simples. Comme premier ministre, il réduisit le protocole au minimum. Ceux qui étaient reçus dans sa résidence de vacances étaient fort surpris de la qualité de la chère et des boissons qu'on y servait, mais moins que de le voir pratiquer la natation tous les jours, été comme hiver, afin de garder la forme.

Avec les années, son influence sur son parti a diminué, mais il appartient à l'histoire de la vie publique de Malte. M. Mintoff a conduit son archipel de la colonisation à l'indépendance et, sur sa route, comme l'affirme l'adage populaire, il a remporté plusieurs victoires... même s'il n'a pas gagné la guerre.

LA RELIGION A MALTE

On attribue à l'humoriste anglais George Bernard Shaw la paternité de l'aphorisme suivant: *« Si les prêtres étaient des arbres, Malte serait un endroit délicieux ! »*

Ferveur populaire

La manifestation la plus spectaculaire de la ferveur des Maltais est indubitablement la *festa*, fête du saint patron du village ou du quartier. Les deux phénomènes majeurs, qui se déroulent en pleine rue, sont les défilés des fanfares et les feux d'artifice. A l'origine, l'un et l'autre constituaient la réponse, sous une forme ironique et parodique, de la population aux parades militaires des troupes de la garnison britannique, à l'époque de leur installation, au début du XIXe siècle.

Les feux d'artifice — qu'on appelle ici les *musketterija* (mousqueteries) ou *murtari* (tirs de mortier) — sont la réplique des salves que tiraient les batteries côtières pour saluer l'arrivée d'un navire de guerre ou la venue à terre d'un hôte royal. Il n'est de festivité, familiale ou populaire, sans cette forme de réjouissance.

Le succès des *festi* est la preuve qu'il est impossible, dans l'âme du Maltais, de séparer complètement religion et politique. Le professeur Boissevain, qui a étudié le sens de la *festa*, a été frappé de constater que l'importance, comme phénomène de société, de la *festa* lui paraissait avoir pris récemment un nouvel essor alors que, voici quelques années, on assistait à une croissante sécularisation des esprits dans l'archipel.

La couronne britannique a cherché à entretenir une collaboration avec le clergé catholique. Le réseau des églises était pour ainsi dire le seul moyen de communication entre l'administration coloniale et le peuple. Il lui fallut donc tolérer, si ce n'est encourager, même si elles portaient en elles les germes du nationalisme et qu'elles étaient la manifestation du catholicisme, les *festi* organisées par les clubs de musique.

Pages précédentes: la procession du Vendredi saint à Mosta; la procession de Ghaxaq. A gauche, grand-messe en la cathédrale Saint-Jean; à droite, une messe moins cérémonieuse.

Mais, peu après le milieu du XIXe siècle, la société connut un profond bouleversement. L'abandon des voiliers de bois au profit de vapeurs à coque métallique marqua le déclin de la culture du coton (dont étaient tissées les voiles) et de l'industrie textile qui, pendant des siècles, avait occupé la main-d'œuvre, du moins celle qui n'avait pas émigré au-delà des mers.

La population active, quittant les campagnes, se rapprocha des ports à mesure que s'ouvraient les chantiers navals. Une nouvelle classe sociale, celle des ouvriers qualifiés, se développa. Ceux-ci, qui avaient des ambitions politiques, étaient appelés à devenir la

base du parti travailliste. Ils aspiraient, bien naturellement, à devenir les dirigeants de leurs clubs, les chefs de leurs fanfares, seul rôle de représentation qui leur était accessible, à l'exception de quelques rares postes dans l'administration coloniale.

Dans la plupart des cas, les hommes de loi, les médecins et les membres des professions qui, jusque-là, monopolisaient la présidence de ces associations, n'ouvrirent pas de gaieté de cœur leurs portes à cette classe montante. Le résultat de cette obstruction fut la formation de clubs rivaux qui honoraient le même patron... ou un autre (en particulier saint Joseph, patron des ouvriers) dans le village ou le quartier de la ville qu'ils habitaient.

Cette rivalité se traduisit par une compétition acharnée, à qui ferait preuve de la plus grande ingéniosité. Les *festi* grandirent, non seulement comme l'expression de l'identité religieuse des participants, mais aussi comme démonstration de force des factions rivales.

La rupture

Après la Seconde Guerre mondiale, le chemin qui, au bout de vingt années, devait aboutir à l'indépendance, fut jalonné par la douloureuse rupture entre M. Mintoff, chef du parti travailliste, et l'Église. L'autocratie croissante de M. Mintoff heurta de plus en plus le clergé, surtout quand il suggéra que l'intégration de Malte dans le giron de la Grande-Bretagne serait préférable à une indépendance pure et simple. Bientôt, son parti en vint à constituer son propre réseau de clubs de musique, de fanfares (avec, souvent, des orchestres de jeunes, aussi rudimentaires que bruyants!) pour faire contrepoids à ceux des organisations religieuses qui avaient, depuis toujours, animé et marqué de leur sceau les *festi*.

Le parti nationaliste, quant à lui, réprouvait ce quadrillage de la base, qu'il jugeait trop politique. Il semble, alors, que la structure sociale qui avait fait la force des clubs à l'origine ait commencé de se fissurer. De plus, et si l'on applique certains des critères retenus par les sociologues pour mesurer la sécularisation d'une société (tels que la diminution du nombre de prêtres et de religieuses), on constate que ce phénomène d'érosion se développa à vive allure.

L'assiduité religieuse s'affaiblit, bien qu'elle soit demeurée l'une des plus fortes d'Europe. Les curés ne furent plus regardés par leurs ouailles comme les gardiens vigilants de la moralité publique, avec le pouvoir de prescrire et d'imposer le respect des règles de conduite dans leur paroisse. L'afflux de touristes, plus nombreux chaque année que le chiffre de la population de l'archipel, a exercé une influence, bien plus forte que ce qu'en pensent les Maltais, sur leur jugement à l'égard des comportements non conformistes ou, au contraire, des règles établies.

Il s'est produit un changement accentué, à partir d'organisations placées sous la tutelle d'une autorité ecclésiastique, en direction de mouvements plus individualistes, décentralisés, dits charismatiques, et on a assisté à une prolifération de mouvements, souvent animés par des émigrés revenus au pays. Aujourd'hui, on compte des agnostiques avérés et des catholiques non pratiquants parmi les membres du parlement, ce qui était inconcevable autrefois. Des voix s'élèvent pour réclamer la légalisation du divorce alors qu'à l'heure actuelle, seules sont reconnues les séparations prononcées à l'étranger.

Mais, ainsi que l'a relevé le professeur Mario Vassalo, aux termes de recherches exhaustives menées sur ce sujet, les changements intervenus ont entraîné une véritable renaissance de l'Église, bien plus que son affaiblissement.

Jusqu'au second concile du Vatican, les autorités ecclésiastiques passaient pour conservatrices. Pourtant, il est important de noter que, dans les années soixante, ce fut une organisation d'origine religieuse — le mouvement Cana, dirigé par un prêtre énergique, le père Charles Vella — qui mena campagne, avec les techniques de relations publiques les plus efficientes, en faveur de la *«paternité responsable»* et qui diffusa les informations propres à assurer le contrôle des naissances dans l'accomplissement de l'idéal moral chrétien. En l'espace d'une décennie, les Maltais qui, jusque-là, ne disposaient d'aucune méthode de contraception et qui, selon un homme politique anglais, *«se reproduisaient comme des lapins»*, réussirent à stabiliser leur démographie. Les recommandations pastorales publiées par les évêques locaux ont été reconnues dans le monde entier comme les plus éclairées et les mieux adaptées aux lois de l'Église.

Une autre organisation, née aussi dans le giron de l'Église, les Jeunesses ouvrières chrétiennes (J.O.C.), qui avait manifesté avec chaleur contre la proposition d'intégration de Malte avec la Grande-Bretagne, avait à sa tête l'actuel chef du parti travailliste, l'homme que M. Mintoff avait fait nommer pour lui succéder M. Mifsud Bonnici. Il se fit l'ardent défenseur de la participation des travailleurs à la gestion des entreprises et surtout il lança les notions de base de la *«démocratie économique»*, idée à laquelle les deux partis politiques de l'île se sont, depuis lors, ralliés.

Les autres initiatives de l'Église, ou inspirées par elle, en matière sociale ont mis l'accent sur les besoins de logements sociaux, sur l'assistance aux handicapés et aux nécessiteux, tels que les personnes âgées et les drogués. Elles se manifestent aussi sous forme d'un programme d'évangélisation qui est maintenant organisé par une cohorte d'hommes et de femmes célibataires surnommés *«le peuple musée»* pour maintenir la tradition spirituelle, instaurée par saint Paul, des *«fous de Dieu»*. Ces initiatives ont empêché que le fossé creusé entre certaines classes de la population et l'Église institutionnelle aboutisse à l'abandon des fonctions rituelles, traditionnelles de celle-ci.

L'éducation

Jusqu'aux années soixante-dix, l'école publique était, de façon générale, jugée meilleure que l'enseignement privé, dispensé surtout par l'Église. A la suite, principalement, de graves maladresses du ministère de

l'Education à l'égard tant des maîtres que des élèves, on assista à une véritable ruée vers l'école libre et les tentatives pour arrêter ce courant furent malheureusement aussi brutales que les décisions qui l'avaient provoqué. Il en résulta un raz de marée populaire imprévu en faveur des écoles religieuses.

Pour calmer les esprits et rétablir la situation, le gouvernement travailliste négocia un accord aux termes duquel, grâce à des subventions publiques, l'accès aux écoles privées fut rendu gratuit... et la demande est devenue si forte qu'elles ne peuvent la satisfaire. Depuis les élections de 1987, le nouveau gouvernement cherche une solution encore meilleure.

A gauche, la gymnastique dans une école religieuse; à droite, avant la messe du matin.

Les biens ecclésiastiques

Un autre point de friction est celui des biens religieux. Le gouvernement travailliste promulgua une loi nationalisant la totalité de la fortune de l'Église, dans le but avoué de s'approprier le financement des écoles religieuses, mais ce texte fut jugé anticonstitutionnel par la justice. Le gouvernement nationaliste qui lui succéda ouvrit des négociations en vue de transférer à l'État tous les biens religieux non directement affectés au culte, cette nationalisation étant payée sur les fonds publics provenant de l'émission de bons du Trésor non remboursables.

Cet arrangement paraît avoir été profitable aux deux parties. L'Église n'est plus propriétaire de biens fonciers trop importants, tout en continuant de percevoir un revenu qui lui permet d'accomplir ses devoirs vis-à-vis de la communauté. L'État est à même d'entretenir et de développer le patrimoine ayant appartenu à l'Église et il en tire un revenu meilleur que celui dont celle-ci disposait.

Cependant, la *festa* demeure le lieu symbolique de la confrontation entre sacré et profane. Cette dualité s'exprime surtout dans le bilinguisme populaire — l'usage d'un langage purement local dans la vie quotidienne et d'une langue internationale élaborée (autrefois l'italien, l'anglais aujourd'hui) dans ses rapports avec le monde extérieur.

Il existe presque autant de prêtres et de religieuses d'origine maltaise œuvrant dans tous les coins du monde que dans l'archipel même.

Le bien commun

Ce n'est pas un hasard si, peu après son admission parmi les Nations Unies, Malte se fit remarquer en proposant que les océans fussent déclarés *«patrimoine commun de l'humanité»*. Le principe selon lequel la notion de patrimoine commun devait avoir la prééminence reconnue à un traité international, qui est aujourd'hui acceptée par tous, fut présenté comme la mise en application pratique de l'enseignement du pape Jean XXIII dans son encyclique *Pacem in terris*. Il était temps de penser, en termes de politique, non plus au bien commun de tel ou tel État, mais à celui de l'humanité tout entière. L'attachement viscéral des catholiques maltais au trône de saint Pierre n'est que l'expression d'un sentiment d'unité que la religion fait naître entre les hommes.

Ci-dessus, une messe de mariage; à droite, les heures de levée du courrier affichées en «malti» et en anglais.

LE MALTI

De quelque horizon qu'ils viennent, les visiteurs tiennent la langue de Malte pour un idiome impossible à déchiffrer. Heureusement, l'anglais est la seconde langue, celle des affaires et des communications officielles. Si bien que, même si tout le monde ne le parle pas couramment, il est compris de tous. Il en va de même de l'italien — favorisé sans nul doute par le fait que la télévision italienne paraît jouir de la préférence des Maltais et qu'elle se capte facilement, si l'on en juge par les antennes qui hérissent les toits de tous les immeubles.

Nombreux sont ceux qui, dans les magasins et les restaurants, parlent et comprennent également le français ou même l'allemand.

La première langue demeure le *malti*. Que l'archipel possède son propre idiome est en soi curieux. Comment une aussi petite nation, sujette aussi longtemps à la domination de tant d'envahisseurs divers, a-t-elle réussi à conserver sa langue ? La réponse se trouve dans le besoin qu'éprouve tout peuple de préserver son identité propre, qui, quel que soit le nombre de fois où l'île a été occupée, fut un élément de sa cohésion.

L'origine sémitique du *malti* remonte au temps des Phéniciens et des Carthaginois. Lorsque, par la suite, les Arabes arrivèrent, en 870 apr. J.-C., ils apportèrent leur propre langue, également d'origine sémitique, et bon nombre de leurs mots furent absorbés. Puis le *malti* assimila des termes latins.

Dans sa forme primitive, le *malti* était seulement parlé. C'était une langue populaire, simple, qui ne possédait qu'un vocabulaire limité. Il lui manquait ces fioritures, cette sophistication, qui sont la marque des sociétés cultivées. Mais, à mesure que la société locale se développait, des mots plus gracieux s'y adjoignirent et les gens apprirent à parler et écrire la langue de leurs protecteurs. Ceci se perpétua au cours du XXe siècle quand, avec la Seconde Guerre mondiale et l'influence de la Grande-Bretagne, l'anglais remplaça l'italien. D'aucuns pensent que les premiers qui tentèrent d'écrire le *malti* furent les chevaliers de l'ordre de Saint-Jean, peu après leur arrivée en 1530. Ils sont peut-être responsables des anomalies qui en font une langue unique en son genre, avec notamment des lettres marquées d'un point (le *ċ*, le *ġ* ou le *ż*), l'*ħ* barré comme un *t*. Sans ces signes — points ou barres —, la prononciation de la lettre est complètement différente. Voici quelques années, une équipe de philologues s'est attaquée à la question de la modification et de l'unification de l'orthographe, et elle y est parvenue.

L'alphabet *malti* compte 29 lettres, les 5 voyelles habituelles et 24 consonnes. Il n'existe pas de *y*, mais ont été ajoutés à l'alphabet romain le *c*, le *g* et le *z* surmontés d'un point. Celui-ci en modifie la prononciation : le *ċ* pointé devient *tch*, le *ġ* équivaut à *dj* et le *ż* demeure *z* alors que sans point, il se prononce *ts*. Le *gh*, qu'on trouve dans de nombreux mots, ne se prononce pas. L'*h* est normalement muet mais, s'il est barré, il est aspiré. Les voyelles sont brèves ou longues selon leur place dans le mot.

Les difficultés ne s'arrêtent pas là. Le *q* est glottal, quasiment imprononçable pour un étranger. Demandez à un Maltais de dire *sqaq* (allée) ou *tqiq* (farine)... Pour évoquer la ville de Qawra, dites *Aou-ra*. Le *x* se dit *sh* et la ville de Naxxar se dit *Nachar*. Le *M* majuscule, au début d'un mot, se prononce *Im* et la vieille capitale Mdina devient *Imdina* alors que la ville de Mġarr, avec un *ġ*, devient *Imjarr*.

Bonġu est « bonjour », *bonswa* est « bonsoir ». *Oqhod bil qiehda* (*Aou-ot bil er-da*) signifie « asseyez-vous », *saħħa* (*sa-ha*) veut dire « au revoir ». *Int tit kellem bl'Ingliz* (*Int-tit kellem bline-glize*) veut dire « parlez-vous anglais ? ». C'est, en effet, fort compliqué ! Mais les Maltais adorent expliquer le mode d'emploi et écouter des langues étrangères inhabituelles qui jouent avec les règles de la phonétique. Heureusement, il n'est nullement indispensable de maîtriser le *malti*, l'anglais suffit amplement partout.

1988

FÊTES VILLAGEOISES

Souvent, le samedi et le dimanche, le ciel de Malte est constellé de bouffées de fumée noire et d'éclairs de couleurs, cependant que des détonations retentissent. On dirait qu'un village a déclaré la guerre à son voisin. C'est seulement que le temps est venu de la *festa* et qu'un village ou un quartier célèbre le jour de son saint patron avec des pétards, des fanfares, des feux d'artifice et des processions.

Les jours fériés officiels varient selon la couleur politique du parti au pouvoir ; les travaillistes et les nationalistes ont chacun leur liste ! Certains jours, comme le nouvel an ou le 1er mai leur sont communs, de même que certaines fêtes catholiques, telles que le Vendredi saint, Noël et l'Assomption. Les fêtes variables sont fonction de ce qu'elles commémorent une victoire de l'une ou l'autre formation politique : le jour de la Liberté, l'anniversaire de l'indépendance ou le jour de la République, par exemple.

Pour chacun, cependant, la date la plus importante du calendrier est celle de « sa » fête, généralement entre mai et septembre. Mais comme la plupart de ces *festi* survenaient en semaine, ce qui entraînait l'absentéisme dans les administrations et les entreprises, le gouvernement décréta que chaque *festa* serait dorénavant célébrée au cours du plus proche week-end précédant ou suivant la date habituelle. Le résultat est que la *festa* dure deux jours au lieu d'un seul.

On compte une trentaine de *festi*, dont celles de Lija (Rabat) et de Victoria (Gozo) se partagent la gloire de se dire les plus fréquentées. D'autres festivités villageoises, telles celles de Siggiewi à Malte ou de Xaghra à Gozo, sont plus plaisantes et moins envahies par la foule. Certaines encore, comme celle de saint Pierre et saint Paul, le 29 juin (et qu'on appelle Mnarija), donnent lieu à un pique-nique dans les Buskett Gardens, d'autres comportent des courses de chevaux, des régates ou des exhibitions de sports nautiques.

Plusieurs jours avant la date officielle, des pétarades annoncent à tous que la *festa* se

Pages précédentes : procession de la Vierge à l'occasion de la « festa » de Zebbug, à Gozo ; Ci-contre, concert sur le parvis de l'église pendant la « festa » de Hamrun.

prépare. Le prestige du quartier est en jeu, la gloire du village dépend de son succès et chaque paroissien tient à cœur que «sa» fête soit la plus réussie.

La *festa* maltaise, en sa forme actuelle, remonte au début du XIXe siècle. A l'origine, au XVIe siècle, c'était une manifestation plus simple, champêtre, qui avait lieu grâce à la munificence de quelque généreux bienfaiteur. C'était l'occasion de faire aux pauvres de la paroisse une aumône de pain et de quelques piécettes. Cent ans plus tard, cette célébration prit un autre aspect car les bienfaiteurs se mirent à rivaliser de générosité pour donner à leur village la plus grande renommée. On allumait des feux de joie autour de l'église qu'on décorait et illuminait. Des musiciens ambulants jouaient de la cornemuse ou du tambourin. A mesure que la paroisse s'enrichissait des dons de ses fidèles, on fit élever une statue à l'effigie du saint protecteur des lieux, qu'on conduisait en procession dans les rues afin que chacun pût la voir et la révérer. En 1738, pour la première fois, on tira un feu d'artifice pour clore la *festa* de sainte Hélène à Birkirkara.

Au XVIIIe siècle, l'ordre de Saint-Jean donna, probablement sans le vouloir, une nouvelle règle du jeu. Les chevaliers participaient rarement aux *festi*. Mais ils célébraient chaque année, avec éclat, la fête de leur patron, saint Jean, ainsi que certains événements qui donnaient lieu à des manifestations grandioses: l'élection d'un grand maître ou d'un pape, par exemple.

Sous le grand maître de Rohan, l'Ordre décida d'offrir de grands spectacles à la foule afin que les îliens oublient un peu leur condition misérable. Les trésors de l'Ordre lui permirent de dépenser des sommes confortables pour décorer les rues, illuminer des bâtiments, tirer des feux d'artifice grandioses, importés tout spécialement de Sicile. Les villageois, devant ces innovations, se crurent obligés de faire de même et, pour ne pas être en reste, ils asséchèrent leurs coffres!

Cliques et fanfares

En 1800, les Britanniques apportèrent leur cérémonial militaire et leurs fastes. Ils considéraient les fêtes comme un acquis du patrimoine national et lorsque les villageois, enthousiasmés par leurs cliques, voulurent se doter d'une fanfare, ils les y encouragèrent. Bien que les cérémonies restent centrées autour de l'église, les clubs de musique et leurs orchestres demeurent le clou de la fête.

Bientôt, jugeant pauvres les spectacles organisés par les Anglais, les Maltais se mirent à fabriquer leurs propres feux d'artifice. C'est un art dans lequel ils passèrent maîtres et, de nos jours, Malte fabrique et exporte une production qui passe pour l'une des meilleures d'Europe.

Même s'il subsiste quelques bienfaiteurs fortunés, le succès d'une *festa* dépend des fonds collectés auprès des paroissiens, souvent par une quête de porte en porte. L'État n'y participe pas. Les sommes recueillies servent à la décoration et à l'illumination des rues et de l'église, par des projecteurs ou des drapeaux, et surtout à l'achat des fusées. Il faut aussi payer les musiciens et embaucher d'autres artistes afin d'étoffer les rangs de l'orphéon.

Les *festi* sont aussi un événement familial. Au cours des semaines qui précèdent le grand jour, on repeint les maisons et on renouvelle la décoration intérieure. On fait grand ménage afin que tout y brille comme un sou neuf. On sort les plus belles pièces d'argenterie et les cristaux. On nettoie tapis et rideaux. Parents et enfants s'achètent des vêtements neufs, pour la promenade du samedi et du dimanche soir. On amasse des provisions de nourriture et de boissons en prévision des visites.

Vers sept heures du matin, le samedi, les premiers pétards secouent l'air calme. Les rues du village sont pavoisées de guirlandes et de bannières. La façade de l'église, qui sera au centre de la fête, est ornée de milliers d'ampoules de couleur.

A l'intérieur, les trésors de l'église sont exposés. Les murs et les piliers de la nef sont tendus de damas rouge, les objets d'argent brillent de mille feux, l'autel croule sous les fleurs et la statue du saint, sur un palanquin, est entourée des gerbes offertes par les dignitaires locaux... dont les cartes de visite sont épinglées, bien en évidence! Plus tard, la statue sera promenée en grande pompe dans les rues, portée sur les épaules de volontaires sévèrement sélectionnés.

A gauche, au cours de la «festa» de San Girgor, les hommes se réunissent pour chanter des «ghana»; ci-dessus, une fanfare.

La promenade

En début de soirée, on entame, chacun dans ses plus beaux atours, la tournée des visites aux amis et relations. De nombreuses habitations portent, sur leur fronton, des guirlandes colorées, et un drapeau accroché au balcon. L'intérieur est brillamment éclairé et toutes portes et fenêtres sont laissées ouvertes afin que les passants admirent le mobilier.

Pour chacun, sauf s'il survient dans la famille un mariage ou un baptême, c'est la seule occasion de l'année d'accueillir des visiteurs, avec cette générosité et ce plaisir qui sont la marque de l'hospitalité. On a sorti du placard les meilleures bouteilles de whisky ou de brandy, on a mis en perce le tonneau de bière et rempli de pleines vasques de jus de fruits ou de boissons douces.

La soirée se passe à se promener. Les amis et les relations dont les maisons ne donnent pas sur les rues où la *festa* se déroule rejoingnent les plus chanceux chez eux. Les enfants s'ébattent et jouent avec les cousins venus en visite de leur village. Certains viennent de très loin, de Melbourne ou de San Francisco, car, pour un émigré, la *festa* de son village natal est le point d'ancrage qui le rattache au pays. Si la famille lointaine prend ses grandes vacances à Malte, elle fera en sorte qu'elles coïncident avec la date de la fête.

L'Eglise

La visite à l'église est obligatoire, ne serait-ce que pour en admirer la décoration... Si la *festa* est un événement à caractère religieux et si les foules se rassemblent pour honorer le saint qui veille sur le village, dans ce pays pourtant très catholique, la fête est, pour certains, la seule occasion de pénétrer à l'intérieur de l'église.

Dès que la fanfare commence à défiler dans les rues, la foule lui emboîte le pas et acclame la musique. L'orchestre progresse lentement, marquant de fréquents arrêts pendant lesquels les musiciens fument, bavardent ou se faufilent dans un bistrot proche où un verre leur est offert. Près de l'église, des stands ont été installés la veille, où l'on sert des amuse-gueule variés ou, au contraire, les douceurs traditionnelles favorites des Maltais, telles que les *pastizzi* (tartes au fromage), les *mqarret* (pâtisserie frite fourrée d'une pâte de dattes) et les *qubbajt* (nougats de formes, de dimensions et de consistance variées).

Le dimanche, la statue du saint est sortie de son sanctuaire et, sur son palanquin, elle est promenée en procession, sous une pluie de confettis tombant des fenêtres, accompagnée par les pétards que tirent les enfants qui gambadent tout autour en brandissant des bannières. Elle atteint le parvis de l'église au milieu des cris, des détonations et des cloches sonnant à toute volée.

Le feu d'artifice

Le soir, pour marquer la fin des réjouissances, le feu d'artifice est tiré. Ce spectacle exige toute l'habileté, toute l'ingéniosité... et tous les fonds qu'on a pu recueillir en prévision de ce déploiement de lumières et de bruits. Pour célébrer les derniers instants de l'événement, les fusées s'envolent, allumant dans le ciel nocturne des gerbes qui retombent mollement, chacune plus vive, plus éclatante que la précédente, jusqu'au bouquet final.

Le lendemain de la fête, le lundi, certains repartent au travail, mais nombreux sont ceux qui grappillent un jour de repos supplémentaire. Ce lendemain s'appelle la *xalata* (la partie de campagne). On loue un ou deux chars à bancs, on s'y entasse et les autres suivent en voiture. On se dirige vers la plage, à Paradise Bay ou à Ghadira. Là, toute la journée, le Maltais récupère ses forces, assis confortablement, mangeant, buvant ou se baignant. Les hommes écument les rochers à la recherche de *rizzi* (oursins) ou de crabes, alors que les femmes choisissent un coin à l'ombre pour jouer à la *tombla*. Beaucoup se régalent d'un *fenek*, le plat de lapin favori, pour le déjeuner.

Au soir, on quitte la plage en convoi, sonnant de la trompe, pour bien montrer à chaque village traversé qu'on a dignement célébré la fête.

A gauche, feu d'artifice au-dessus d'une église illuminée; à droite, une statue de la Vierge est restaurée avant la « festa ».

LA CUISINE MALTAISE

Pendant des décennies, les restaurants se sont bornés à servir des plats plus ou moins anglais. On y proposait du poulet frit façon Maryland, du bœuf au curry ou quelque vol-au-vent. D'un autre côté, comme il fallait que la chère ne s'écarte pas de la rusticité à laquelle étaient habituées les troupes britanniques stationnées sur l'île, qui constituaient le gros de la clientèle, le plat central était composé d'œufs et de pommes de terre frites. Il faut dire qu'aujourd'hui encore, les chefs des restaurants maltais savent très bien faire les œufs et les frites !

Le mot gastronomie sous-entend non seulement une touche de nouveauté, mais aussi un vaste éventail de sauces et autres accommodements. La qualité de la cuisine maltaise vient de sa simplicité, de son naturel, de l'usage judicieux d'ingrédients locaux et du tour de main du cuisinier.

La position géographique de l'archipel explique que son peuple ait pu ressentir des influences gastronomiques diverses : au nord, c'était l'Italie et la Sicile ; au sud, toute la côte d'Afrique, de la Tunisie à l'Égypte, où de multiples communautés maltaises s'étaient implantées avant d'en être chassées par les turbulences de la Seconde Guerre mondiale. Il subsiste des traces de ces origines, mais la cuisine maltaise est fondée sur les produits qu'on trouve dans les îles — assez semblables à ceux de la Sicile voisine. Aussi, bien que les marchés offrent aujourd'hui des asperges, des choux de Bruxelles ou l'inévitable kiwi, on peut dire qu'il s'agit encore de nouveautés.

En se promenant, en fin de matinée, dans les rues d'un village ou même au hasard des quartiers résidentiels de Sliema, de La Valette ou des deux Rabat (car Victoria, dans l'île de Gozo, s'appelle aussi Rabat), il n'est pas rare de humer les effluves tentateurs s'échappant d'une maison alors que le repas se prépare. Et souvent, le dimanche, dès que le pain est sorti du four du boulanger, le four encore chaud devient banal au sens propre : les gens du quartier viennent y faire cuire le rôti familial. C'est là une coutume qui remonte aux temps où fort peu de maisons possédaient un four. On peut voir, le dimanche matin, des ménagères portant de grands plateaux couverts d'une nappe immaculée au four du village, en prévision du déjeuner dominical. D'aucuns affirment que c'est le meilleur mode de cuisson d'une pièce de viande. Sous cette nappe, la viande repose sur un lit de rondelles de pommes de terre et d'oignons, généreusement assaisonnée et garnie de bardes de lard. A la boulangerie, on accroche au plat de petites étiquettes de métal afin d'en identifier le propriétaire, et la facture sera modeste. Peu avant midi, tout le voisinage baigne dans un parfum qui excite l'appétit !

Pages précédentes : le poisson frais n'est pas une denrée rare ! A gauche, le « fenek » (du lapin) ; à droite, le poisson, spécialité de Giannini, premier restaurant de La Valette.

Demandez à un Maltais ou à un Gozitain le nom des spécialités culinaires renommées et vous recevrez partout la même réponse — même si certains affirment ne pas être portés sur tel ou tel plat : la *timpana*, la *minestra*, la *kawlata*, le *mqarrun fil-forn*, le *bragoli* ou la *torta tal-lampuki*.

Les pâtes

Parmi ces mets, deux sont des sortes de tartes, la *timpana* et le *mqarrun fil-forn* et, bien qu'une large portion puisse à elle seule constituer un repas, ce sont des hors-d'œuvre. Tous deux sont confectionnés avec des macaronis, de la viande, des œufs et du fromage et, dans le cas de la *timpana*, une garniture de pâte feuilletée. L'un et l'autre sont délicieux. Une variante est le *ross fil-forn*, dans lequel les macaronis sont remplacés par du riz accommodé avec de la viande coupée en fines lamelles, des œufs et beaucoup de safran.

Les pâtes sont aussi appréciées qu'en Italie, bien qu'il soit rare qu'une famille en prenne tous les jours. Pour accompagner les spaghettis, il est habituel d'utiliser la sauce qui reste des autres plats, surtout s'il s'agit de calmar, de pieuvre ou de lapin.

Pour commencer le repas, on sert souvent un potage, soit une *aljotta* (court-bouillon léger de poisson) en été quand le poisson abonde, soit une *minestra* (soupe épaisse de légumes) en hiver. De fait, la soupe figure fréquemment au menu des familles maltaises qui, non sans raison, ont une prédilection pour les légumes locaux.

Les exploitations agricoles sont assez petites mais la terre, bien soignée, produit les légumes les plus savoureux, les salades les plus fraîches et les fruits les plus sucrés qu'on puisse souhaiter. Le goût en est si fin qu'on dirait que chaque fruit, chaque légume a été spécialement choisi. Comme les moyens de conservation sont rares, fruits et légumes se consomment le jour même de leur achat, et donc souvent de leur cueillette.

C'est ainsi que l'on rencontre, chaque matin, les ménagères s'affairant devant les éventaires des marchands des quatre saisons qui proposent, dans leur voiturette bariolée, des entassements de produits cueillis le matin même. On trouve entre autres d'énormes choux-fleurs, des raves, des artichauts, des aubergines, des poivrons rouges ou verts ou encore des *qara'bali* (petites courgettes rondes qui se consomment bouillies ou farcies).

En hiver, les faveurs du Maltais vont à la *minestra*, à la *soppa tal-armla* (soupe de la veuve) ou à la *kawlata*. La *minestra* est l'équivalent local du *minestrone* italien bien qu'ici les quelque neuf ou dix légumes différents qu'on y incorpore soient coupés en gros morceaux. On y mêle des haricots secs, des pois chiches, des lentilles et parfois quelques pâtes. C'est un plat roboratif qui tient au corps!

La *soppa tal-armla* est faite de légumes blancs et verts coupés très fin. Au moment de l'apporter à table, on pose dans l'assiette creuse un *gbejna* (petit fromage de chèvre frais). La *kawlata* est aussi une soupe de légumes dans laquelle aura cuit une tranche de porc maigre ou une saucisse. La viande se consomme à part.

Les viandes

L'un des mets les plus délectables qu'on puisse déguster chez l'habitant est le rôti, qu'il soit de bœuf ou de porc (l'agneau est réservé au temps de Pâques). La viande est placée dans une cocotte soigneusement beurrée, garnie de fines rondelles de pommes de terre et d'oignons, largement saupoudrée d'herbes aromatiques, de gros sel, de poivre et arrosée d'un filet d'huile. On y verse quelques tasses de bouillon, on couvre et le tout est mis au four. Au cours de la cuisson, le bouillon s'évapore tout en laissant la viande mijoter et les légumes en recueillent ainsi tout l'arôme.

Le plat national

En vérité, il n'existe pas de plat national, mais s'il devait y en avoir un, ce serait le *fenek* (lapin), qu'on sert frit, en cocotte ou dans une tourte. Il recueille les faveurs de tous. C'est pourquoi il constitue souvent le premier prix des loteries de village et il existe même une distraction spéciale, une sortie à la campagne, appelée *fenkata*, au cours de laquelle une famille ou un groupe d'amis se réunit pour un pique-nique ou dans un restaurant de village afin de partager un lapin rôti accompagné de pommes frites et arrosé de flots de vin.

Malheureusement, cette recette de famille n'apparaît guère sur les cartes des restaurants. Ceux-ci proposent en revanche un autre délice qu'il faut absolument essayer : le *bragoli*.

Il ne s'agit pas exactement du célèbre bœuf aux olives cher au palais des Italiens; dans le cas du *bragoli* les fines tranches de bœuf sont roulées en paupiettes, farcies d'œufs et de bacon, puis on les fait revenir dans du vin rouge.

A gauche, le marché hors les murs de Cospicua; ci-dessus, «mqaret», pâtisserie fourrée aux dattes qui se consomme frite et encore chaude.

Autrefois, et pendant des siècles, les lapins sauvages pullulaient dans les îles. Les chasseurs, qui traquent les oiseaux migrateurs lorsque ceux-ci font escale sur les îles afin de se reposer et de boire, disent qu'il en existe encore en certains endroits déshérités de la côte. Mais, tout comme la faune et les oiseaux indigènes, les lapins ont été exterminés.

Ceux que l'on consomme aujourd'hui sont des animaux de basse-cour, qui sont vendus, vivants et bien dodus, sur les marchés. Il n'est pas rare que des ménagères achètent des lapereaux nouveau-nés et les engraissent chez elles, à leur manière, en prévision d'une occasion spéciale.

LE FRUIT DE LA VIGNE

D'une façon générale, les vins locaux sont médiocres et, pour tout dire, décevants. Ce n'est pas qu'ils aient une saveur à laquelle il faut s'habituer ou qu'ils présentent une caractéristique particulière, comme le *retsina* de Grèce, ou encore qu'ils soient spécialement liquoreux comme d'autres crus méditerranéens. La plupart d'entre eux ont un arrière-goût curieux.

Alors que les bières locales sont réellement excellentes, les vins qu'on trouve dans le commerce sont de la piquette. Néanmoins, plus le prix sera fort, moins l'arrière-goût sera sensible.

Maltais et Gozitains admettront aussi que quiconque séjourne ici plus d'une quinzaine de jours ne voudra plus boire que du vin étranger ou celui qu'il aura déniché dans un petit village où on l'élève avec amour, en famille. On dit aussi que le vin local est traité chimiquement. Il est d'ailleurs difficile d'imaginer qu'une île aussi petite, et où l'on voit si peu de vignobles, puisse produire du raisin en quantité suffisante pour alimenter les marchés et satisfaire les besoins des pinardiers.

Il vaut bien mieux porter son choix sur les meilleurs, issus des deux principales caves: Marsovin et Delicata (sous la marque Lachrymae Vitis). Toutes deux mènent le bon combat pour maintenir, au fil des vendanges, un niveau de qualité. Autrefois les vins, comme les restaurants, étaient incapables de tenir leurs promesses d'une année sur l'autre. Goûtez alors le cabernet sauvignon, le verdala (rouge ou rosé) de Marsovin ou les vins blancs de Lachryma Vitis, dont le meilleur est le *green label*.

Les vins produits artisanalement sont souvent délicieux, fruités et dépourvus d'arrière-goût. Habituellement élevé par les vignerons eux-mêmes, le vin peut être assez corsé et, qu'il soit blanc ou rouge, qu'il vienne de Malte ou de Gozo, il se consomme frais. La plupart des bons restaurants ont leurs propres fournisseurs et ils proposent maintenant des crus locaux.

En monnaie locale, la plupart des vins sont bon marché, bien que le taux de change arbitraire dont bénéficie la livre maltaise compense presque entièrement cet avantage. Dans le but de protéger la production locale, les vins étrangers sont frappés de lourds droits de douane. Le résultat est que seuls sont importés des vins sans grande valeur. On parvient cependant à trouver des vins bon marché en provenance d'Italie, de France, d'Allemagne ou de Bulgarie.

Ceux de Malte se consomment jeunes. Les prix varient de 30 cts (6 F) à 2 £ (40 F) la bouteille. Ceux qu'on achète dans les villages, auprès des viticulteurs, coûtent de 50 cts (10 F) à 1 £ (20 F) et ils sont souvent mis en bouteille dans d'anciens flacons carrés de whisky! Il est d'usage de déguster le nectar avant d'en faire l'acquisition.

La bière est produite par l'unique brasserie de l'archipel, Simonds Farsons Cisk. On trouve tout un choix de bières brunes ou blondes, légères ou fortes, vendues à la pression, en boîte ou en canette, et elles supportent parfaitement la comparaison avec n'importe quelle autre.

De fait, pratiquement toutes les boissons qui se trouvent en Europe sont en vente dans les magasins, les supermarchés et les bars. Certaines, parmi les plus connues, se fabriquent sur place. Celle qui connaît le plus grand succès est le Kinnie, boisson gazeuse d'origine locale. Produite par la même brasserie, c'est une boisson sucrée légèrement amère, sans alcool, avec un goût particulier mais plaisant.

Quant à l'eau qui coule au robinet, elle est parfaitement potable. Pendant des années, les îles ont souffert d'un manque d'eau, avec des coupures qui pouvaient durer jusqu'à une semaine! Quand l'eau revenait, elle était souvent salée. La difficulté fut résolue par l'installation d'usines de désalinisation de l'eau de mer reliées au réseau public d'adduction. Pour les puristes, on trouve partout une eau minérale locale en bouteille.

Le poisson

La popularité du *fenek* n'a d'égale que celle de la *lampuka*, plat de poisson fort élaboré. Les *lampuki* sont en fait des dorades, poissons migrateurs dont les bancs innombrables défilent le long des côtes maltaises entre septembre et novembre. Ce poisson luisant, à la ligne élégante, possède une chair blanche au goût fin.

Survivance d'une tradition immémoriale, la pêche à la dorade se pratique de nos jours de la même manière que du temps des Romains. Lorsque la saison approche, les pêcheurs de Malte cueillent et assemblent les plus basses branches des palmiers et ils les tressent pour en faire des radeaux plats. Ces radeaux sont remorqués en haute mer et on les laisse flotter au gré des vagues. Les *lampuki*, y trouvant un abri contre le soleil, se rassemblent dans l'ombre qu'ils procurent. Rapidement, les pêcheurs les enveloppent de leurs filets.

Selon leur taille, les *lampuki* sont servies grillées, frites ou préparées en une sorte de tourte accompagnée d'épinards, d'olives et de choux-fleurs, délicieuse et en tout cas originale.

Le poisson abonde le long des côtes. On pêche le thon et l'espadon, mais aussi des espèces plus petites telles que la brème, le mérou, le mulet, le maquereau et la raie. Les préférences vont au dentu, à la sériole et à la girelle. Il ne faut pas oublier les pieuvres et les calmars, dont les Maltais sont friands et qu'ils accommodent à merveille.

La seule espèce qu'il faut éviter est le *pixxiblambtu*, de la famille des requins, qu'on fait souvent passer pour un espadon. Ce dernier a la peau noire et brillante à la différence du *pixxiblambtu* (c'est pourquoi celui-ci est vendu ou servi dépouillé de sa peau dans le but de dissimuler sa vraie nature).

A gauche, des vins régionaux ; ci-dessus, le fournil d'un boulanger.

Sur le pouce

Pour couper la faim, il existe non seulement les pizzas et sandwichs qu'on trouve partout, mais surtout une spécialité locale faite d'une ou deux tranches de l'excellent pain de Malte. Pétrie et traitée de façon traditionnelle, la pâte est mise à cuire directement au four, ce qui lui donne une croûte ferme et craquante et une mic tendre, blanche et légère. Ce pain a une saveur délicate et, tartiné de beurre frais, c'est un régal. Mais les Maltais le préfèrent encore sous forme de *hobz biz-zejt* (pain à l'huile qui rappelle le *pan-bagnat* provençal) que l'on mange à toute heure. Il n'est pas deux familles qui le préparent de la même manière, chacune conserve jalousement sa recette.

Pour le confectionner, taillez une épaisse tranche de pain. Coupez en deux une tomate bien mûre et frottez-la sur la mie jusqu'à ce que celle-ci soit bien rose. Laissez ce qui reste de tomate sur le pain, salez, poivrez et ajoutez des câpres. Puis arrosez d'huile d'olive. On peut, à sa fantaisie, l'assaisonner d'ail, de basilic, de rondelles d'oignon ou de purée de tomate.

Il existe aussi, pour calmer l'appétit, les délicieux (et fort bon marché) *pastizzi*. A la différence des autres amuse-gueule, cette pâtisserie, à base de pâte feuilletée au goût

fin, se consomme chaude. On a souvent traduit *pastizzi* par tarte au fromage car certains en sont fourrés. Cuits sur des plateaux dans un four spécial, les *pastizzi* sont plutôt des crêpes feuilletées, pliées, garnies d'ingrédients divers.

On a le choix entre le fromage (*ricotta* avec un œuf et assaisonnement varié), les pois (un mélange de pois secs en purée) ou, plus rarement, la pâte d'anchois. Comme le *pastizzi* au fromage est le meilleur, son nom est devenu générique, d'où la tarte au fromage. Ils sont bon marché et il s'en vend toute la journée dans les cafés ou les petits restaurants rapides. Deux ou trois *pastizzi* vous caleront l'estomac pour la matinée!

Les douceurs

Boutiques, cafés et autres échoppes aux coins des rues regorgent de toutes sortes de gâteaux et de biscuits. Certains sont recouverts d'un glaçage aux couleurs vives et très sucrés, d'autres sont plus rustiques, mais souvent meilleurs.

Les *mqaret* sont de petits gâteaux plats, carrés, fourrés d'un mélange sucré parfumé à l'anis. Vendus par des marchands ambulants, dans de petites voitures à bras où trône une grande bassine d'huile bouillante, les *mqaret* se consomment brûlants, dès qu'ils sortent de la friture. L'odeur de l'huile chaude et de l'anis enveloppe les alentours.

A la maison, bien que la pâtisserie européenne soit à l'honneur, les familles commandent souvent à un pâtissier, à l'occasion d'une fête, par exemple, une *torta*: un gros gâteau riche, sucré et surtout plein d'amandes pilées! Dans les villages, une ou deux fois par semaine, les boulangers cuisent une fournée de biscuits aussi simples que délectables. Comme les récoltes, les gâteaux changent selon les saisons.

Le carnaval, par exemple, qui précède le carême, est le temps de la *prinjolata* (gâteau aux pignons). Pendant le carême, on trouve le *kwarezimal*, biscuit aux amandes douces, couvert de miel et de pistaches, qui est censé respecter le carême puisqu'il ne contient ni œufs ni matières grasses.

Pendant l'hiver, on déguste le *qaghaq tal-ghasel*, anneau de pâte fourré d'un mélange de mélasse, de semoule et de fruits confits.

Les meilleurs sont, sans conteste, les *frigolli*, ou gâteaux de Pâques. Ce sont des gâteaux secs auxquels on donne la forme d'un personnage. Ils sont décorés d'un glaçage de couleur, surmontés d'un petit œuf de Pâques, et leur visage est peint pour qu'on les reconnaisse. L'intérieur comporte une tranche de pâte d'amande douce.

Le *qubbjat* est un nougat que vendent à toutes les *festi* des marchands dont les étals installés le long des rues sont surmontés d'une énorme balance chromée. On a le choix entre le dur et le mou, le sucre craquant du caramel noir ou la douceur de la pâte d'amande. Pour attirer le chaland, le vendeur offre d'habitude des échantillons aux passants.

A gauche, des «qassatat»; à droite, les parcelles en terrasses de Gozo.

BEDFORD

diet Coke

VÉNÉRABLES GUIMBARDES

On compte, dans les îles, environ 150 000 véhicules pour une population de 350 000 habitants ! A peu près toutes les familles en ont au moins une. Et s'il y a des enfants en âge de conduire, chacun ou presque possède la sienne. Les voitures neuves ne sont pas bon marché, il s'en faut de beaucoup. Une automobile de série banale, sans option particulière, représente en moyenne l'équivalent de deux années de salaire d'un ouvrier. Et pourtant, elles pullulent ! On en voit peu qui soient endommagées et cela prouve combien les propriétaires les soignent.

Au moins un véhicule sur cinq circulant dans les îles a plus de vingt ans... et porte son âge ! Les plus vieux sont adorés mais on ne les traite pas comme les Européens qui ne font que les lustrer, les polir et faire briller leurs chromes. Les automobiles sorties tout droit d'un film des années cinquante sont chose commune et elles n'excitent guère plus la curiosité.

Une part importante du parc automobile a entre dix et vingt ans. Le Maltais ne change pas de voiture à intervalles réguliers. Certainement pas par avarice ou par conservatisme. Quand un Maltais veut acheter un modèle récent, donc plus cher, c'est parce qu'il entend prouver à son prochain qu'il a accédé à un échelon plus élevé de la hiérarchie sociale et non parce que son ancienne voiture est bonne pour la casse.

Cette tradition semble toutefois évoluer. Les classes plus jeunes adoptent de nouvelles attitudes et manifestent un vif intérêt pour les nouveautés européennes et japonaises. Les guimbardes ainsi remplacées sont données à un parent ou vendues, sensiblement au même prix que lors de leur acquisition, ce qui entretient un florissant marché de véhicules de deuxième main.

La passion portée aux vieilles voitures est telle qu'elles ne sont pas vendues au rabais, mais selon une cote sérieuse. Le marché de l'occasion se développe sans cesse. L'introduction de modèles à bas prix venant

Pages précédentes : la plupart des vieux autobus sont décorés. Ci-contre, des bouchons de radiateurs décoratifs ornent souvent les autobus ou les camions.

d'Europe de l'Est l'a quelque peu perturbé, mais pas au point de faire disparaître les tacots mille fois rafistolés. Il y aura toujours quelqu'un qui préférera dépenser son argent pour acquérir le véhicule d'un constructeur prestigieux, même s'il est dans un état douteux, plutôt que d'investir la même somme dans l'achat d'un véhicule neuf mais de basse extraction! Les Ford, par exemple, sont parmi les plus prisées; si ce ne peut être une Capri ou une Escort, que ce soit au moins une Anglia ou une Prefect.

Comme il n'existe pas de réglementation ni de contrôle technique obligatoire, sauf pour les véhicules utilitaires, les guimbardes

les plus décrépites ont le droit de circuler sur les routes de Malte et de Gozo où elles répandent les nuages de fumée noire de leur diesel mal réglé! Les pots d'échappement sont jugés tout à fait secondaires (aucun gouvernement n'oserait prendre le risque de réglementer la situation).

Les propriétaires de ces antiquités font valoir que les pièces détachées, les visites périodiques chez un mécanicien ou un électricien et l'assurance coûtent moins cher que l'achat d'un engin plus récent. Surtout, les garagistes de l'archipel semblent disposer d'un pouvoir magique pour dénicher les pièces de rechange, quel que soit l'âge du véhicule. Serait-ce parce que ces vieux modèles sont régulièrement volés et débités en pièces détachées? En tout cas, les vols de voitures — sans chance de les récupérer — sont fréquents.

Les mécaniciens se multiplient à la vitesse des souris blanches dans un laboratoire, ouvrant boutique jusque dans les garages privés des quartiers résidentiels et polluant les habitants par leurs bruits et leurs odeurs! Il en va de même des carrossiers. La réparation automobile, à Malte, est un métier encore voué à un bel avenir!

La vitre arrière de nombreuses voitures est souvent constellée d'autocollants. Certains ont un caractère commercial ou publicitaire, d'autres proclament la foi du propriétaire: *«Jésus m'aime»* ou *«Merci, mon Dieu!»*

Sur les autobus, cette tradition se perpétue. Il y a souvent, derrière le siège du chauffeur, un anneau de néon encerclant un ex-voto portant *«Ave Maria»*. D'autres accrochent une statuette de la Vierge entourée de fleurs séchées, dans un sous-verre. Les plus modernes, affichent une photographie d'une vedette de la chanson. Certains encore arborent un portrait de la reine Élisabeth II le jour de son couronnement, accompagné de ceux du prince consort et du prince de Galles.

Les autobus paraissent encore plus antiques que les voitures. Les passagers doivent retenir leur souffle quand, après avoir péniblement grimpé une côte, l'engin dévale à tombeau ouvert la pente de l'autre versant! Ce sont des étuves en été car, pour la plupart, ils ont été construits pour affronter les frimas des routes anglaises; mais leur chauffage est excellent! Ce sont toutefois des moyens de transport à la portée de toutes les bourses et la commission des Transports promet régulièrement d'en acquérir de nouveaux.

Les camions et les fourgonnettes sont souvent, eux aussi, des pièces de musée. A une époque, tous les camions étaient peints en rouge ou en vert mais, de nos jours, on en voit de toutes les couleurs, y compris quelques-uns d'un rose agressif! Les camionnettes des boulangers sont en général de couleur crème avec une bande rouge sur la porte arrière, celles des bouchers portent une bande bleue. Presque toutes sont baptisées d'un nom peint sur le capot, inspiré du nom d'un héros du jour.

A gauche, un vétéran; à droite, des propriétaires décorent et baptisent leur véhicule.

RAMBO
BED
E-7

L'ARCHITECTURE

La première époque marquante se situe... autour de 3000 avant notre ère! Les temples néolithiques de Malte seraient les plus anciens bâtiments, au sens propre du terme, élevés au monde.

Pendant l'antiquité grecque, la perfection des maisons de Malte, *« très belles et glorieusement décorées de corniches et de hauts-reliefs de stuc »*, retint l'attention de l'historien grec Diodore de Sicile (80-20 av. J.-C.). A cette époque, Malte était gouvernée par les Romains qui, comme dans toutes leurs colonies, y édifièrent des temples, des bâtiments publics, des thermes et des villas. Un port actif existait à l'endroit où se situe aujourd'hui le bassin Marsa, dans le Grand Port, avec des quais de pierres de taille soigneusement découpées et ajustées sans mortier. Melita, la capitale (à l'emplacement actuel de Mdina et de Rabat), débordait d'activité et possédait des maisons admirablement construites. Seules de rares traces en subsistent.

Période de sommeil

Lorsque l'Europe offrait au monde les merveilles de l'art gothique et les trésors de la Renaissance, l'archipel continuait de dormir. Tout au long du Moyen Age, les îles restèrent misérables, faiblement peuplées, coupées du monde. En ce temps-là, la navigation en Méditerranée se bornait au cabotage, redoutant les naufrages en haute mer et les abordages des pirates embusqués dans les criques de Malte.

L'architecture maltaise proprement dite de l'époque médiévale fut pratiquement inexistante et les rares bâtiments alors édifiés subirent l'influence arabe. Il faut rappeler que les îles furent sous domination arabe de 870 à 1090 et que cette période ne prit fin qu'avec la conquête par les troupes chrétiennes de Roger de Sicile.

Il existait alors d'assez nombreuses églises troglodytes, décorées de peintures byzantines, et les rares églises à l'air libre étaient de petites constructions cubiques à toit plat. L'intérieur était revêtu de fresques hautes en couleur mais, au-dehors, rien ne les distinguait des autres bâtiments, si ce n'est un auvent au-dessus du porche, parfois surmonté d'un petit œil-de-bœuf.

A Mdina, à Birgu (Vittoriosa) et dans la citadelle de Gozo, il subsiste encore quelques maisons datant de la fin de l'époque médiévale, dont les fenêtres du premier étage sont caractéristiques d'une inspiration catalane, avec un sommet arrondi et une séparation par une très fine colonnette. La cathédrale de Mdina fut bâtie au XIIIe siècle et agrandie plus tard par l'adjonction d'un transept et

d'un chœur, cependant que le toit était rehaussé pour permettre d'ouvrir une rangée de hautes fenêtres.

Grands seigneurs

C'est en 1530, alors que la Renaissance était à son apogée, que Charles Quint fit donation de l'archipel à l'ordre de Saint-Jean. Cet événement ouvrait une longue ère au cours de laquelle l'île allait édifier ses plus beaux ensembles architecturaux.

L'arrivée de l'Ordre replaça Malte dans le courant des échanges internationaux et l'île s'ouvrit à des princes fortunés, disposant de larges ressources. Les riches chevaliers, les

Pages précédentes: Vittoriosa dans le soleil couchant. A gauche, le porche de l'auberge de Castille, hôtel du premier ministre; à droite, balcons en bois caractéristiques.

grands seigneurs, notamment les grands maîtres de l'Ordre, allaient faire pleuvoir leur or sur ce nouveau territoire et le couvrir de monuments décorés d'œuvres d'art. Des artistes renommés, des ingénieurs civils et militaires, des architectes et des artisans furent attirés par Malte car l'ordre payait généreusement. Des peintres, tels Mattia Preti ou Antoine de Favray, des architectes, comme Francesco Buonamici, Mederic Blondel ou Charles-François de Mondion, invités pour un bref séjour, y demeurèrent pour le plus grand profit de l'île.

Les chevaliers choisirent d'abord Birgu pour capitale, en raison de sa position stratégique sur un promontoire dominant le Grand Port, entre deux anses où leur flotte pouvait s'abriter. Comme ils n'avaient jamais cessé de combattre les infidèles, ils savaient que leur tâche immédiate était d'assurer la sécurité de leur base; Malte serait le centre de la course chrétienne contre les vaisseaux ottomans.

Pourtant, en termes de défense pure, la position était, au début, intenable. Cependant, avec l'aide de quelques-uns des meilleurs architectes militaires de l'époque, venus de diverses nations chrétiennes, les remparts furent reconstruits et fortifiés afin de résister aux assauts de la puissante armée envoyée par Soliman le Magnifique.

Une capitale fortifiée

Après le Grand Siège de 1565, l'Ordre entreprit de bâtir une nouvelle ville fortifiée sur un promontoire encore plus élevé, le mont Scebberas, qui surplombait les deux principaux ports: le Grand Port et Marsamxett. Le pape Pie IV envoya sur place Francesco Laparelli da Cortona, son meilleur architecte, qui avait collaboré avec Michel-Ange à la réfection de Saint-Pierre de Rome, pour superviser les projets.

La première pierre fut posée, en grande pompe, le 28 mars 1566 et la cité nouvelle fut baptisée La Valette, du nom du grand maître

qui avait remporté la victoire en contraignant les Turcs à lever le siège. Les remparts massifs qui encerclent la ville furent achevés en moins de cinq ans, grâce à la main-d'œuvre locale à laquelle vinrent se joindre des ouvriers et des artisans venus d'Italie.

Quand Laparelli quitta Malte, à la fin de 1569 ou au début de 1570, la tâche qui restait à accomplir fut remise entre les mains expertes de son assistant, l'architecte maltais Gerolamo Cassar (1520-1592). Celui-ci conçut les principaux édifices de la ville nouvelle: le palais des Grands Maîtres, la cathédrale Saint-Jean, les sept auberges des chevaliers, l'hôpital de l'Ordre, l'esclaverie, la Ferraria (arsenal) et plusieurs autres églises et couvents. De nombreux bâtiments dessinés par lui subsistent.

Avant d'entreprendre ces ouvrages, Cassar fut envoyé par le grand maître visiter les principales villes d'Italie, et les constructions dont il dressa les plans par la suite furent inspirées par le maniérisme italien (bien que ce fût Laparelli qui ait eu l'idée de tracer les rues selon un quadrillage rigoureux).

Les œuvres de Cassar ont conservé de nombreux traits typiques de constructions plus anciennes, telles qu'il en existe à Mdina et à Birgu, mais elles donnent son caractère particulier à La Valette et on retrouve les mêmes idées directrices dans les bâtiments élevés au cours des siècles postérieurs. Les façades dessinées par Cassar sont dépourvues de pilastres et de colonnes et, lorsqu'on construisait plusieurs étages, le premier était toujours extraordinairement haut de plafond. De larges baies sont percées, en longues rangées uniformes, dans les murs extérieurs.

La ligne dominante est horizontale, avec de fortes parties maçonnées prises entre des coins rustiqués, c'est-à-dire avec des joints noyés et un crépi rugueux. Ces pierres d'angle devinrent, en quelque sorte, la marque de Cassar et, à mesure que son expérience croissait, elles se firent plus imposantes, plus puissantes et mieux sculptées que ce qu'il avait vu ailleurs. La cathédrale conventuelle (co-cathédrale) Saint-Jean est incontestablement son chef-d'œuvre et, sous un aspect majestueux et solennel tout en demeurant dépouillé, on peut apprécier la mesure de son talent.

A l'origine, l'intérieur de la cathédrale était aussi sévère et simple que l'extérieur. Cette sévérité devait traduire la personnalité rigoriste, en quelque sorte puritaine, de l'Ordre dont elle était le temple, en même temps qu'elle constituait le pendant des remparts de la ville. Cassar estimait que ses œuvres devaient rappeler qu'elles étaient bâties dans une enceinte fortifiée et qu'elles devaient présenter un caractère militaire. Par la suite, l'intérieur fut transformé, civilisé au sens propre du terme, surtout à l'instigation du peintre calabrais Mattia Preti, pour offrir aujourd'hui ce magnifique style baroque flamboyant.

Pendant la première moitié du XVIIe siècle, on construisit plusieurs églises paroissiales, dans un style inspiré du quattrocento, agrémenté cependant d'ornements rappelant la dernière église médiévale élevée à Malte. Malheureusement, avec les années, les

A gauche, immeubles en surplomb des remparts, face au Grand Port, à La Valette; ci-dessus, M. R. England, architecte maltais de réputation internationale.

A L'OMBRE DES CLOCHERS

Depuis le troisième millénaire avant notre ère, les îliens ont préféré, plutôt que de se livrer à des guerres tribales, consacrer leur énergie à une activité plus pacifique : chaque tribu essayait de surpasser sa voisine en édifiant des temples plus beaux et plus grands. Cette émulation s'est perpétuée et il en résulte qu'on voit aujourd'hui, dans des villages modestes, des églises aussi vastes que des cathédrales, avec un luxe stupéfiant dans la décoration intérieure.

Au Moyen Age, la pauvreté touchait à la misère; les églises étaient petites, cubiques, sévères et trapues, sans décoration intérieure. Le seul matériau de construction était la pierre, au grain fin et tendre, des carrières locales, non seulement pour élever les murs, mais encore les toits, et il était à peu près impossible de découper des blocs de plus de deux mètres de longueur. Il fallut recourir à l'arche, introduite par les Romains, et multiplier les portants entre lesquels la brique et la pierre des murs et des plafonds fut recouverte d'enduit et de couleurs naturelles : rouge, ocre jaune, vert-de-gris et bleu-gris foncé.

Seules de rares églises de la fin de l'époque médiévale ont survécu : l'Annonciation à Hal Millieri, Sainte-Marie à Birmiftuh, l'ancienne Saint-Grégoire à Zejtun, derniers vestiges de ce style typique de l'île.

Assez semblables à celles-ci, on en trouve d'autres, plus grandes, qui sont surmontées d'un dôme, d'inspiration étrangère. Souvent implantées au cœur d'une cité, on les voit un peu partout aujourd'hui, aussi bien dans la marina de La Valette qu'en rase campagne. Les plus connues sont sans doute celle de Sarria à Floriana et celle de Ta'Liesse, sur le front de mer entre le Grand Port et La Valette. Dans l'intérieur de l'île, l'église de Tal Providenza, près de Siggiewi, est aussi un bel exemple de ce style.

Jusqu'au milieu du XVIIe siècle, les églises paroissiales conservèrent cet aspect rectangulaire mais, progressivement, on leur adjoignit des transepts et un chœur, ce qui leur donna la forme d'une croix. Le centre de la croix fut coiffé d'un dôme bas et la nef fut percée d'ouvertures donnant accès aux chapelles latérales. Leurs dimensions demeuraient modestes et leurs proportions harmonieuses, grâce à l'application par les architectes des canons stricts de la Renaissance. Le plus bel exemple en est l'église Sainte-Marie d'Attard. Celle de Birkirkara, partiellement détruite, était identique, quoique fort riche. Sa façade porte encore deux belles colonnes surmontées d'un chapiteau corinthien.

Contemporaine des deux précédentes, l'église Saint-Georges de Qormi (1584-1684), construite selon le plan basilical de San Lorenzo et du Saint-Esprit de Florence, œuvres de Brunelleschi, fut la première de Malte dont la façade est encadrée de tours, ce qui lui donne un aspect puissant et harmonieux.

A la fin du XVIIe siècle, la mode se mit au baroque : édifices plus vastes encadrés de clochers élevés. Les plafonds furent peints de fresques et les autels monumentaux mettaient en valeur des retables. Les églises de Zebbug et de Siggiewi sont des exemples du baroque maltais, avec hauts-reliefs, dorures et mosaïques de marbre.

Nombre de ces lieux de culte sont des chefs-d'œuvre : la cathédrale de Mdina, Sainte-Catherine à Zejtun, Sainte-Hélène à Birkirkara, Saint-Paul à Rabat, Saint-Laurent à Vittoriosa, Saint-Sauveur à Lija, Saint-Nicolas à Siggiewi, Sainte-Marie des Grâces à Zabbar et Sainte-Marie à Gudja. A Gozo, ce sont la Matrice et l'église de Gharb.

A Gozo encore, dans l'enceinte de la citadelle de Victoria, la cathédrale, simple et classique, date du XVIIIe siècle. Son plafond en trompe-l'œil d'Antonio Manuele donne l'illusion d'un dôme alors qu'il est rigoureusement plat (il ne fut en effet jamais terminé). Perpétuant la tradition des belles églises, on notera la nouvelle basilique de Xewkija, dédiée à saint Jean, qui domine Gozo et tient la comparaison avec l'énorme dôme de Mosta.

paroisses s'enrichirent et plusieurs usèrent de cette manne pour s'agrandir, si bien que les beautés anciennes disparurent. Celle d'Attard est, toutefois, restée à peu près intacte. Une autre, Sainte-Marie de Birkirkara, dut à la chute de sa voûte d'échapper à toute tentative de modernisation. Elle est remarquable par la richesse et la netteté de ses sculptures murales.

L'âge baroque

Ce fut l'architecte Francesco Buonamici, originaire de Lucques, qui dessina les plans des premiers édifices baroques de La Valette. Nommé architecte résident de l'Ordre entre 1634 et 1659, il fut principalement chargé de la surveillance des travaux d'extension des fortifications (c'est-à-dire celles qui ceignaient Floriana) mais également de l'entretien des autres défenses. Ses réalisations, dans le style baroque de l'époque, sont l'église Saint-Nicolas de La Valette, les églises Saint-Paul et Saint-Publius de Rabat; il dressa les plans de la façade de l'église Saint-Philippe de Zebbug et dessina plusieurs retables d'autel.

Parmi les bâtiments civils qu'il fit construire, on retiendra le collège des Jésuites et le palais Verdellin à La Valette, le collège de Wignacourt à Rabat et, vraisemblablement, la façade du palais de l'Inquisiteur à Vittoriosa. Sur ses façades, Buonamici montra qu'il était possible de composer une longue série de panneaux sans y insérer de colonnes, comme dans les palais plus anciens de La Valette.

Au milieu du XVIIe siècle, le Français Mederico Blondel succéda à Buonamici comme architecte résident. On lui doit la splendide façade de l'église Sainte-Marie de Jésus à La Valette (1689) et on lui attribue les églises Saint-Roch et Saint-Francis (1681), ainsi que celle des Carmélites (1650-1672) de Mdina. Cette dernière, de forme ovale, est assez semblable à Sainte-Anne des Palefreniers à Vignola, construite par Francesco Sammut et Lorenzo Gafa.

Gafa est le plus grand architecte maltais de l'époque baroque. Après un début de carrière consacré à la sculpture, il se tourna avec succès vers l'architecture et il est l'auteur de certaines des plus belles églises de l'archipel. Son œuvre symbolise les îles. Parmi les églises qu'il conçut, citons Saint-Nicolas (1676-1693) à Siggiewi, Saint-Laurent (1681-1697) à Vittoriosa, Sainte-Marie (1685-1712) à Qrendi, Sainte-Catherine (1691-1778) à

A gauche, l'église baroque Notre-Dame de Grâce, à Zabbar; ci-dessus, les fortifications de La Valette au-dessus du Grand Port.

Zejtun, la Matrice (1697) à Gharb et la cathédrale (1696-1702) de Mdina. Ce dernier chef-d'œuvre, élevé sur un site exceptionnel au cœur des remparts de la cité antique, est digne de compter parmi les merveilles du monde. Les murailles de la ville qui le ceignent étroitement paraissent en former le soubassement et l'ensemble est surmonté d'un dôme que seul un sculpteur baroque de génie pouvait inventer.

Au XVIIIe siècle, de nombreux édifices baroques virent le jour à La Valette et à Mdina. Ils furent réalisés par Romano Carapecchia, qui travailla à Malte entre 1706 et 1735, et par un Français, Charles-François de Mondion, architecte résident de l'Ordre de 1715 à 1733.

L'auberge de Castille, due au génie de Gerolamo Cassar et modifiée en 1741 par Andrea Belli, domine La Valette. Architecte maltais qui fit ses études en Italie et qui parcourut l'Autriche et l'Allemagne, Belli fut l'auteur de nombreuses constructions qui ont donné à l'architecture maltaise ses lettres de noblesse. On lui doit le séminaire épiscopal de Mdina (1733), aujourd'hui musée de la cathédrale, le prieuré des Augustins de Rabat (1740), la curie archiépiscopale de Floriana (1743) et, dans South Street à La Valette, l'immeuble qui abrite le musée des Beaux-Arts.

Autre architecte de renom à cette époque, le Sicilien Stefano Ittar fit bâtir la Biblioteca en style néoclassique (1786-1796), et la maison des Douanes, sur le quai au pied des remparts du Grand Port.

Le XIXe siècle vit sortir de terre nombre de constructions nouvelles. En 1833, le dôme de l'église Sainte-Marie de Mosta, baptisé la Rotonde, fut réalisé par Grognet de Vasse. En 1841, la cathédrale anglicane Saint-Paul, dessinée par William Scamp, fut élevée sur les fondations de l'ancienne auberge d'Allemagne. En 1850, ce fut l'Opéra royal, sur les plans d'Edward Middleton Barry, père de l'opéra de Covent Garden. Il fut malheureusement détruit par un bombardement au cours de la Seconde Guerre mondiale.

Depuis, les architectes maltais ont imprimé leur marque. L'île est riche de talents et, surtout, la pierre blonde extraite des carrières magnifie toute construction.

Ancien hôtel particulier divisé en appartements, avec une boutique ouverte au rez-de-chaussée.

O. BATTA DELIA

DES TRÉSORS CACHÉS

La famille Francia, qui était propriétaire du palais Ferrania, Republic Street, à La Valette, s'est éteinte récemment. Entre les deux guerres, les spectateurs de l'Opéra royal se tordaient le cou ou se hissaient sur la pointe des pieds pour tenter d'apercevoir les diamants énormes que l'héritière du nom arborait à l'occasion des galas. Le secret de l'origine de ces joyaux, achetés à des émigrés russes chassés par la révolution, s'est perdu avec l'extinction de la famille.

Il reste peu de demeures patriciennes à La Valette mais, avant qu'elles soient divisées en appartements, en bureaux et en magasins, elles foisonnaient. Les bals que donnaient les barons Azzopardi dans leur palais, à l'angle de South Street, lors du carnaval, demeurent légendaires et leur train de maison perpétuait la tradition de la Belle Époque. Leur château Bertrand, pavillon de chasse situé à Wardija, offre l'exemple, aussi charmant que rare, d'une folie en pierre du pays, digne de Louis II de Bavière.

Des trésors dispersés

Toujours à La Valette, Christopher Street, entre Republic et Frederick Street, la vaste demeure de l'amiral de l'ordre, le palais Rocca Grande, présente encore une somptueuse façade. Jusqu'à une époque récente, une moitié de l'immeuble était occupée par le comte Sant et l'autre moitié par le comte sicilien Messina. Les inestimables collections Messina ont été dispersées entre les deux guerres, mais les gens parlent encore des somptueuses peintures florales qui appartenaient aux Messina !

Ceux de ces trésors qui ont été vendus ne sont sans doute pas partis bien loin. Ceux des chevaliers, lorsqu'ils n'ont pas été pillés par les envahisseurs, ont pris le chemin de palais plus modestes, dont on trouve des exemples aux quatre coins de l'archipel. Un candélabre de cristal dort peut-être sous la poussière, caché à quelque étage noble (*piano nobile*, le premier) dans l'attente d'un nouveau jour de gloire ; des pièces d'argenterie sont serrées au fond de coffres-forts. Une astuce, pour se protéger des voleurs, consistait à découper une rainure dans le haut d'une porte et à la remplir de pièces d'or.

Les objets d'art, gardés au secret par les particuliers, dépassent certainement tout ce qui figure à l'inventaire des collections nationales. Malgré une réglementation qui paraît permettre au bénéficiaire d'un héritage de déclarer la valeur des biens meubles moyennant un forfait équivalant à 5 % du montant de la succession, les autorités fiscales pratiquent un subtil distinguo, une interprétation nuancée qui fait reculer les héritiers potentiels : si le testateur possédait des « biens divers », tout se passe sans difficulté ; mais s'il était réputé propriétaire d'une « collection », les droits de succession seront calculés sur la valeur réelle des biens. Aussi

longtemps que cette ambiguïté légale subsistera, les demeures et les collections particulières échapperont aux regards des visiteurs.

A Mdina, blottis à l'intérieur des remparts, reposent des trésors d'un intérêt capital pour l'histoire de Malte. Des porcelaines rares, des poteries (notamment les extraordinaires pots à pharmacie de l'Ordre), de l'argenterie qui, même à Rome ou à Venise, exciteraient l'envie. On sait qu'il s'y trouve des tableaux de Mattia Preti, des portraits et des paysages rares d'Antoine de Favray, peut-être même un ou deux Caravage, des paysages du XVIIe et du XVIIIe siècle, des œuvres de peintres inconnus représentant des martyrs, des saints en majesté, des scènes du naufrage de saint

Paul, des Vierges et, sans doute plus important encore pour l'histoire de l'art maltais, des multitudes d'œuvres naïves d'artistes locaux.

Dans ce genre de portraits, la femme qui tient son enfant dans les bras est traditionnellement représentée avec une fleur dans la main droite. Les grandes dames portent rituellement une guimpe, les prélats arborent une croix pectorale d'or massif, souvent enrichie de joyaux, les prêtres et les *monsignori* sont dans leurs plus beaux atours, avec force dentelles. Les enfants, à la parade, portent un bijou de corail, réputé pour écarter le mauvais œil.

La plus ancienne famille de Malte est sans doute celle des Inguanez, descendant de cet extraordinaire personnage que fut Cikku Gatto. Après avoir été anobli en 1530, il fut nommé gouverneur de l'île. Son testament est un document exceptionnel dans lequel il détaille, non sans complaisance, ses descendants naturels au même titre que ses héritiers légitimes. Il n'est pas impossible que la moitié des habitants actuels de Mdina puissent faire remonter jusqu'à lui leur arbre généalogique! Son tombeau s'élève toujours dans les jardins du palais d'Aurel à Gudja.

Pages précédentes: pièce d'orfèvrerie représentant la Cène. À gauche, heurtoir de Villegainon Street, à Mdina; ci-dessus, un intérieur élégant.

Comme bien d'autres résidences, le palais d'Aurel est situé dans un village. Au temps de sa splendeur, il était habité par la marquise Dorrell, dame d'honneur de la reine des Deux-Siciles, Marie-Caroline d'Autriche, sœur de Marie-Antoinette, à la cour de Naples. Les jardins, sous sa direction, furent redessinés et prirent l'aspect qu'on leur connaît. Le spectacle qu'ils offrent est éblouissant. On y trouve des belvédères, des folies, des temples grecs et même une sorte de tour de guet d'où le regard, sur plus de 180°, domine toute la côte. Le palais, plus réussi que bien d'autres maisons nobles, constitue, avec ses fresques en trompe-l'œil, l'un des plus beaux exemples de la majesté qui caractérise les édifices de l'Ordre.

Les touristes n'ont à peu près aucune chance de visiter ces demeures seigneuriales, et Dieu sait pourtant combien elles sont nombreuses. Elles sont encore plus belles et plus riches qu'on l'imagine. L'exception, qui donnera une idée de ce qu'était la fortune des grandes familles de l'île, est l'édifice dans lequel est installé le casino, à Dragonara Point. C'était, au XIXe siècle, la résidence d'été des marquis Scicluna.

La villa Bologna à Attard, baptisée du nom du fondateur de la lignée Pietro Bologna, fut, dans un passé récent, la résidence habituelle de M. Gerald Strickland Bologna, comte Della Catena, qui l'avait reçue de sa mère en héritage. Du sang anglais coulait dans ses veines, ce qui lui valut d'être membre du parlement britannique en même temps que premier ministre de Malte. Quand il épousa l'héritière de la chaîne des publications Hulton, la villa Bologna et ses jardins connurent une nouvelle splendeur. La comtesse accompagna son seigneurial époux à Londres, pour le couronnement de Georges VI, et profita de cette occasion pour s'offrir un diamant, destiné à son diadème de cérémonie, d'un diamètre supérieur à celui d'une pièce de cinq francs!

Il faut mentionner la Casa Inguanez, à Villegaignon Street, toujours habitée par les descendants de cette famille dont les origines remontent au XIVe siècle. Il faudrait y ajouter les palais Bonici, Mangione et San Manduca. De même y figureraient la villa Preziozi (rebaptisée Francia), la villa Parisio, le palais l'Ahmar et la Casa Barbero. Qui saura jamais quels trésors ils ont recelés?

FARSONS
FARSONS

SUPERSTITIONS

Le Maltais est d'un naturel superstitieux. Tout un chacun possède son porte-bonheur, connaît ce qui lui est néfaste, sait ce qu'il peut ou ne doit pas faire. Ces croyances sont vivaces chez ceux qui vivent en dehors de la société bourgeoise, plus sophistiquée que celle des campagnes. Mais, même en ville, une mère évite de porter un vêtement vert le jour où son enfant se présente à un examen!

De nombreux étudiants vénèrent saint Jude, patron de leur fraternité (et vont jusqu'à publier, dans les petites annonces du *Times* local, quelques lignes de remerciements); d'autres implorent sainte Rita, saint Antoine ou la Vierge. Dans les églises, comme celle de Ta'Pinu à Gozo, on peut voir de petits ex-voto offerts à la suite d'un naufrage auquel un marin a échappé en demandant dans ses prières l'intercession du saint local. Dans une abside de Ta'Pinu sont exposés aussi bien des peintures naïves, œuvres de survivants de quelque catastrophe sauvés par la Vierge, que des témoignages assez macabres de guérisons miraculeuses tels que calculs biliaires dans un bocal, béquilles devenues inutiles ou autres bandages orthopédiques...

Afin d'égarer le diable qui rôde, les églises disposent souvent deux horloges sur leur clocher. L'une est vraie et donne l'heure, l'autre n'est qu'un trompe-l'œil. La tradition veut que le diable ne puisse pas lire l'heure et venir chercher une âme au seuil de la mort (certains prétendent que peu d'églises avaient les moyens de s'acheter deux pendules!).

Pour éloigner le mauvais sort, de façon plus païenne, de nombreuses maisons dans les villages exposent une paire de cornes de bœuf pointées vers l'extérieur, au sommet du toit ou au-dessus de la porte principale. Afin de ne froisser personne, on accroche à un autre endroit de la maison, dans une niche, la statuette d'un saint. Deux précautions valent mieux qu'une!

Au XVIIIe siècle, les jeunes filles de la bonne société se voyaient offrir un collier de corail destiné à les préserver du Malin et, jusqu'à une époque récente, il n'était pas rare de voir un homme avec une amulette de corail ou d'ivoire, en forme de corne, suspendue au cou par une chaînette. Perpétuant l'ancienne tradition paysanne latine, il est fréquent qu'un homme pointe l'index et l'auriculaire en repliant les autres doigts, comme des cornes, lorsqu'il se croit menacé par quelque mauvais sort ou que quelqu'un paraît lui vouloir du mal. On voit souvent les enfants faire, plus ou moins furtivement, ce même geste lorsqu'ils disputent un match et qu'ils veulent attirer la défaite sur leurs adversaires.

Pages précédentes: image pieuse sur un mur de Marsaxlokk. A gauche, reliquaire de Saint-Paul au Naufrage, à La Valette; à droite, nœud de tulle signalant un mariage.

Comme le diable ne s'attaque pas uniquement aux humains, on voit souvent les chevaux attelés à une charrette ou à un *carrozin* arborer des pompons rouges ou des plumes, attachés aux harnais ou aux rênes.

Quant aux *luzzu* ou aux *dghajsa*, ces bateaux de pêche bariolés sur lesquels les marins naviguent dans les eaux côtières depuis l'époque des Phéniciens, ils ont aussi leurs talismans. Chacun est en général baptisé d'un nom chrétien, mais il porte également, de l'autre côté de l'étrave, un œil grand ouvert, peint sur la coque, qui veille et écarte les périls de la mer.

Beaucoup de croyances remontent à la nuit des temps. C'est ainsi qu'on disait que janvier, avril et août étaient les meilleurs mois pour se marier, car ce sont les époques où le corps de l'épouse est le plus fertile ; on affirmait qu'une femme ne doit pas travailler aux champs ou cueillir des légumes lorsqu'elle est indisposée, sous peine de gâcher les récoltes ; que porter des sous-vêtements noirs favorise la conception alors que le blanc a un effet contraceptif ! On disait encore que si une femme enceinte éprouve l'envie irrésistible d'un mets particulier et qu'elle ne peut la satisfaire, son enfant en portera la marque sur la peau à la naissance !

Les jeunes mères sont particulièrement sensibles au « mauvais œil ». Le sort sera toujours jeté par une femme, même si celle-ci ne sait pas qu'elle porte en elle la malédiction. Cela se passe de la manière suivante : elle dit à la mère : *« Quel bel enfant vous avez là ! »* et, dès le lendemain, il arrive malheur au bébé ! Il est frappé par le mauvais œil, attrape un rhume, aura des taches sur la peau ou louchera. Une maman, voyant approcher d'elle une voisine jeteuse de sorts, traversera la chaussée pour être certaine qu'elle ne viendra pas admirer son rejeton et lui porter malheur (les manifestations du mauvais œil surgissent toujours après un compliment). Comme ses maléfices ne sont pas volontaires, on ne considère pas cette voisine comme une sorcière, bonne pour le bûcher ! D'ailleurs, on vous affirmera qu'il n'existe pas de sorcières à Malte, pas plus que de serpents venimeux ! La légende veut que saint Paul, mordu peu après son naufrage, ait ôté leur venin à tous les serpents de l'île. D'aucuns expliquent qu'après l'avoir enlevé aux serpents, saint Paul a instillé le venin dans la langue des femmes de Malte, d'où leur goût pour les commérages !

Une coutume plus plaisante concerne les petits enfants, la *quccija*. Pour leur premier anniversaire, la famille se réunit pour une petite fête. Là, les parents placent sur un plateau toutes sortes d'objets : une plume, un chapelet, un œuf, une pièce de monnaie, un dé à coudre, etc. Le plateau est posé devant l'enfant et l'objet qu'il prend dévoile son avenir : professeur, prêtre, fermier, banquier ou tailleur.

Un rite domestique qui rappelle le souvenir païen du retour des récoltes est entré dans le rituel catholique. Deux semaines avant Noël, on place un berceau devant l'arbre et on donne aux enfants une soucoupe ou un petit bol dans lequel ils plantent des grains de blé (*qamh*) ou de mouron (*skalora*). On enferme ce bol ou cette soucoupe dans une pièce obscure et on les arrose tous les deux jours. Dès que les premières pousses sortent de terre, les enfants les présentent à l'enfant Jésus et prient.

Car les plantes ont leurs vertus. Les herbes bouillies sont laxatives et aident à mincir. Le bouillon de laitue favorise le sommeil. Un oignon coupé en deux et frotté sur la tête arrête, comme d'ailleurs les coups de langue d'une vache, la chute des cheveux !

Chacun sait que le plus sûr moyen d'attraper un rhume est de sortir d'une pièce bien chauffée et de se promener dans le froid. Dans ces conditions, d'aucuns affirment que, pour l'éviter, il suffit de se tenir quelques instants sur le pas de la porte en frottant ses mains sur la pierre froide du mur. Le sang se refroidit et on n'a plus à craindre le coryza !

Si quelqu'un meurt dans la maison, on dépose sur le seuil une soucoupe emplie de sel et un verre d'eau. L'âme du défunt ne doit jamais quitter son foyer assoiffée et sans être munie de sel pour sa nourriture dans l'au-delà.

A gauche, ex-voto du musée de l'église de Zabbar ; à droite, les yeux peints sur les proues de bateau sont destinés à écarter le mauvais sort.

IMPERIAL EAGLE

GHAWDEX

L-SENA

ITINÉRAIRES

Situé à moins de 100 km au sud de la Sicile, serti dans l'écrin des eaux bleues de la Méditerranée, l'archipel maltais est constitué de trois îles habitées: Malte, Gozo et Comino, et de deux îlots rocheux minuscules et déserts. Sa superficie totale est de 315 km^2 et sa population de l'ordre de 350 000 habitants. Comme les îles sont basses et relativement plates, il n'est pas facile de les apercevoir de loin. Malte a la forme d'une demi-lune dont le sol s'élève doucement du sud-ouest vers l'est. La partie la plus peuplée est la région est, le long d'une côte découpée, avec des plages de rochers, des anses abritées et les principaux ports. La partie ouest est bordée d'abruptes falaises.

La Valette, la capitale, est le siège du gouvernement et le grand centre commercial. Sa population permanente est de l'ordre de 14 000 habitants, mais leur nombre décroît car les plus jeunes préfèrent habiter les quartiers de banlieue, plus modernes. Après sept heures du soir, les portes, dans la cité, se ferment et la vie nocturne s'éveille hors des remparts de la ville. La superbe architecture des monuments de La Valette est principalement l'œuvre de l'ordre de Saint-Jean, qui en posa les fondations en 1565, après le Grand Siège, lorsque les chevaliers et les Maltais eurent repoussé l'invasion des Turcs ottomans. Restaurée après des années au cours desquelles la ville fut plus ou moins laissée à l'abandon, La Valette déploie les trésors de ses splendeurs et de son histoire.

S'élevant sur un plateau au centre de l'île, Mdina, l'ancienne capitale, est l'un des plus beaux exemples d'une citadelle médiévale blottie à l'ombre de ses murailles et toujours habitée. Connue sous le nom de «la cité du silence» — car c'est bien ce qu'elle est —, elle possède de somptueuses demeures patriciennes et sa cathédrale est magnifique. Le panorama sur Mdina, lorsqu'on s'en approche par l'est ou le sud, est unique.

Sliema, principale ville résidentielle, ainsi que ses deux satellites Saint-Julians et Paceville, se sont développés rapidement. C'est le lieu de prédilection des classes moyennes, heureuses de vivre dans un cadre raffiné. On y trouve les principaux hôtels, le casino, les établissements balnéaires et les meilleurs restaurants de l'île. Plus loin au nord s'élèvent maintenant Bugibba, Qawra, la baie Saint-Paul et Mellieha, qui s'agrandissent sans cesse sous l'afflux croissant des touristes. Cependant, bien qu'on puisse penser que l'urbanisation dévore tout l'espace, on trouve encore des zones purement rurales. Au volant d'une voiture, vous pourrez tout voir en sortant des sentiers battus.

Si certains noms de lieux sont imprononçables, les Maltais, qui sont gens accueillants et serviables, se feront un plaisir de vous prêter une assistance... phonétique. Le *malti*, la langue vernaculaire, peut paraître indéchiffrable, mais la quasi totalité des habitants parle l'anglais et, très souvent, ils comprennent en outre l'italien, le français ou même l'allemand. Évidemment, il est plaisant de savoir dire *Kif int?* (Comment allez-vous?), *X'hin hu?* (Quelle heure est-il?), *Kemm?* (Combien?) ou encore *Grazzi* (Merci). Mais, dans tous les cas, l'anglais conviendra.

Pages précédentes: coucher de soleil à Dwejra; chapelle au milieu des champs; le port de Mgarr, sur l'île de Gozo. Ci-contre, vue de Marsaxlokk par une soirée d'été.

Marsalforn Bay
Zebbug
Marsalforn
Ramla Bay
San Blas Bay
Ghammar
Calypso's Cave
San Blas Tower
Gharb
Xaghra
Bin Gemma
GOZO
San Lawrenz
Inland Sea
Ggantija Temple
Ta' Cini
Gran Castello (Citadel)
Victoria
Nadur
Qala
FUNGUS ROCK
Santa Lucija
Wardija
Kercem
Xewkija
Mgarr
Ta Marsiena Temple
Munxar
Ghajnsielem
St. Mary's Battery
Xlendi Bay
Xlendi
Sannat
COMINO
Ferry
Annunciation Church
Xlendi Tower
Mgarr ix Xini Tower
Comino Tower
St. Mary's Redoubt
L'Ahrax (White) Tower
Ferry
Marfa
Cirkewwa
Paradise Bay
St. Agatha (Red) Tower
Marfa Ridge
Mellieha Bay
Ghadira
Mellieha
Ghajn Snuber Tower
Manikata
Golden Bay
Ghajn Tuffieha
Gnejna Bay
Mgarr
Fomm ir Rih Bay
Kuncizzjoni Temple

Malte, Gozo et Comino
4 km
ST. PAUL'S ISLAND
Qawra Tower
Salina Bay
Bugibba
Quawra
Ghallis Tower
St. Mark's Tower
Bur Marrad
San Pawl Tat-Targa
Mosta Fort
Gharghur
St. Julians
San Gwann
St. Julian's Bay
Sliema Point Tower
Sliema
Naxxar
Mosta
Gzira
Marsamxett Harbour
Grand Harbour
Msida
Valletta
Cumbo Tower
Balzan
Birkirkara
Ta' Qali
San Anton Palace
Fort St. Angelo
Kalkara
Fort St. Rocco
Inquisitors Palace
Pietà
Floriana
Vittoriosa
Mtarfa
Attard
Senglea
Mdina
Hamrun
Cospicua
Roman Villa Museum
MALTA
Kordin
Kordin Temples
Marsa
Rabat
Hal Muxi
Qormi
Zabbar
Paola
Zebbug
Hal Mula
Ghammieri
Fgura
Hypogeum
Marsaskala
Tarxien Temples
Luqa
Santa Lucia
Zejtun
Verdala Palace
Siggiewi
St. Thomas Bay
Ghaxaq
Luqa Airport
Mqabba
Gudja
Inquisitor's Palace
Kirkop
Ghar Dalam Cave
Marsaxlokk
Fort St. Lucian
Qrendi
Safi
Zurrieq
Birzebbuga
Marsaxlokk Bay
Fort Delimara
Hagar Qim and Mnajdra Temples
Bubagra
Nigred
Wardija Tower
Kalafrana
Fort Benghisa
Dolmen
Ghar Hasan Cave

ASTI
GUEST HOUSE

LA VALETTE

« La Valette, cité bâtie par un gentilhomme pour des gentilshommes... Notre belle capitale, par ses liaisons avec de nombreux pays, pourrait parfaitement être considérée comme digne d'être le siège d'un conseil de l'Europe. » Lorsque, en mars 1966, le premier ministre M. Borg Olivier écrivit ces lignes, il ne pouvait se douter que, vingt-trois ans plus tard, les chefs des deux plus puissantes nations du monde choisiraient Malte pour y tenir un de leurs sommets.

Il est certain que La Valette, avec son passé chargé d'histoire, serait digne de jouer ce rôle. Après le long siège de 1565, auréolés du prestige de défenseurs de la chrétienté, les habitants considérèrent que, pour s'opposer à une nouvelle invasion de l'islam, il était indispensable d'édifier une nouvelle cité, mieux protégée, sur Malte. La zone autour de Birgu n'était plus alors que décombres et nulle réparation ou reconstruction ne la rendrait sûre. De nombreux chevaliers songèrent même à abandonner l'île. Mais, si l'Ordre devait demeurer à Malte, il ne pourrait servir la chrétienté qu'à la condition d'édifier une citadelle imprenable.

Une nouvelle gloire

Cassar, qui avait à l'époque une bonne quarantaine d'années, avait œuvré avec Laparelli et, pendant le siège, alors qu'il n'était qu'un adolescent, il avait participé aux travaux de réparation des forteresses et même inventé de nouvelles armes. Il avait ensuite étudié à Rome, grâce à une bourse octroyée par l'Ordre. Lentement, la ville prit forme. Aujourd'hui, bien que masquées par une pléthore d'enseignes et de panneaux publicitaires, les façades demeurent un enchantement pour l'œil, en combinant les idées de décoration de Laparelli et l'architecture magnifique conçue par Cassar. On a beaucoup restauré, pour effacer les séquelles des bombardements de la Seconde Guerre mondiale, mais ce fut fait avec goût. Actuellement encore, les travaux destinés à rendre à La Valette son ancienne splendeur se poursuivent grâce aux crédits de l'État et avec l'aide des meilleurs urbanistes de Malte qui se sont engagés à faire renaître la capitale dans toute sa beauté.

Il est de fait que le panorama exceptionnel de la cité, avec les murailles qui l'enchâssent et ses rues rectilignes, se coupant à angle droit, marquées de distance en distance d'une coupole ou des flèches d'une église, forment un spectacle émouvant, qu'on regarde la ville de Sliema, par-dessus le port de Marsamxett, ou, de l'autre côté, depuis les hauteurs qui dominent le Grand Port. La nuit, magnifiquement illuminée, la ville prend une apparence féerique.

La Valette est une ville de palais, d'églises, de musées, avec de nombreuses galeries d'art, comme il n'en existe nulle part ailleurs. Commencez la visite par Republic Street en quittant l'agitation de la foule de l'esplanade de la gare routière où se rassemblent les autocars qui desservent l'intérieur de l'île. Laissez votre voiture sur les vastes parcs de stationnement qui s'étendent

Pages précédentes : La Valette, ceinte de remparts et d'ouvrages fortifiés. A gauche, l'étroite rue Sainte-Ursule, entrecoupée d'escaliers ; à droite, bastion avancé du fort Saint-Elme.

devant l'auberge de Castille, où sont logés les services du premier ministre.

L'auberge de Castille

Bien qu'elle ne soit pas ouverte au public, commencez la visite par l'**auberge de Castille**. Ce merveilleux bâtiment baroque fut redessiné selon les instructions du grand maître Pinto, en 1741, par Andrea Belli, architecte natif de Zejtun. Le grand porche, flanqué d'une paire de canons, s'ouvre sur une élégante volée de marches. L'extérieur est somptueusement décoré de sculptures et, à l'intérieur, le bel escalier et la cour pavée sont du plus bel effet.

Jouxtant l'auberge de Castille, dans Merchant Street, juste au coin, se trouve le **palais Parisio**, siège du ministère des Affaires étrangères. Quand Bonaparte s'empara de Malte, en route pour l'Égypte, il y établit son quartier général et l'actuel bureau du ministre comporte une alcôve dans laquelle le futur empereur des Français est réputé avoir couché.

Coupez vers **Republic Street**, principale artère de la ville, qui s'étend de l'entrée de **Republic Gate** au fort Saint-Elme, à la pointe du promontoire de La Valette. C'est la plus importante rue commerçante, où l'on trouve aussi bien des boutiques que des galeries marchandes ou des cafés. Il subsiste, près de l'entrée, un cratère de bombe. Là, jusqu'à la guerre, s'élevait l'**Opéra royal**, édifice aussi grand que gracieux.

Au carrefour de Republic Street et de l'étroite Melita Street se dresse le majestueux **Musée archéologique**, curieusement flanqué de boutiques. C'était, à l'origine, l'**auberge de Provence**, qui fut gravement endommagée pendant la guerre, puis restaurée et convertie en musée. Celui-ci abrite de superbes collections de poteries préhistoriques, de sculptures, d'ornements trouvés dans les temples mégalithiques qui jalonnent l'île. On y voit aussi des pièces de mobilier découvertes dans les tombes puniques et romaines. Le musée organise souvent des expositions de photographies ou de peintures.

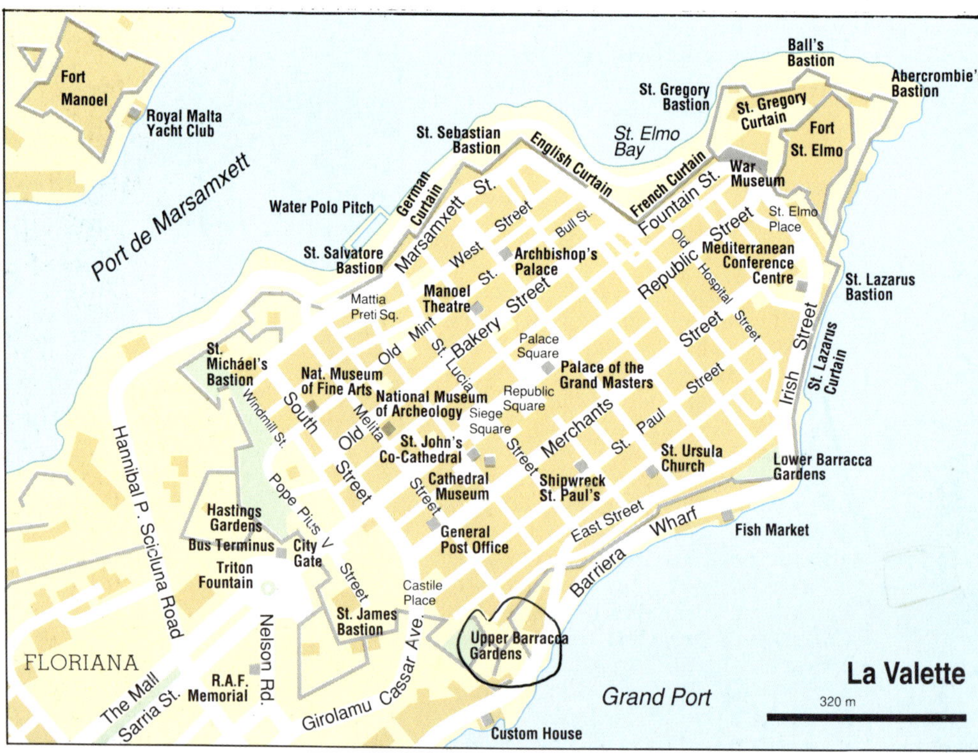

La cathédrale Saint-Jean

A droite, en continuant dans Republic Street, la **place Saint-Jean** (Saint John's Square) s'étend devant la **cathédrale Saint-Jean**, l'un des monuments les plus remarquables de l'île. Bien que la façade, dessinée par Cassar, soit très simple, l'intérieur est d'une beauté et d'une richesse à couper le souffle.

C'est certainement l'une des plus belles cathédrales de la chrétienté. Les murs intérieurs sont entièrement sculptés de hauts-reliefs, peints des plus riches couleurs de la Renaissance et, en de nombreux endroits, rehaussés de dorures. Sir Walter Scott en a dit que c'était le plus extraordinaire intérieur qu'il ait jamais vu.

Tout y est conçu pour que le regard soit attiré vers le maître-autel. Le sol est pavé de centaines de pierres tombales, en mosaïque de marbre, chacune fermant le caveau d'un chevalier de l'Ordre et portant ses armes. La fresque du plafond a été exécutée par Mattia Preti et l'**oratoire** expose deux des plus célèbres œuvres du Caravage : *la Décollation de saint Jean Baptiste* et *Saint Jérôme*.

Ce monument mérite une longue visite, au cours de laquelle le visiteur ira d'émerveillement en émerveillement.

Plus loin, à gauche, toujours dans Republic Street, s'élève le **palais de Justice** (Law Courts), bâtiment moderne dont le fronton s'orne de colonnes massives, à l'image d'un temple grec. Au-delà s'étendent deux places qui sont le cœur de la cité.

La Biblioteca

La première est la **place de la République** (Republic Square, autrefois Queen's Square), orné d'une statue de la reine Victoria, perchoir d'innombrables pigeons, entouré de terrasses de café. Le bâtiment à gauche est le **palais du Grand Maître** et, au fond de la place, la **Biblioteca**, bibliothèque nationale. On y accède en passant sous les arcades et, au-delà des hautes portes, un majestueux escalier conduit à l'immense salle du premier étage. Conçu par l'architecte

Le compositeur M. Charles Camilleri dans le théâtre Manoel.

sicilien Stefano Ittar en 1786, c'est le dernier des grands bâtiments édifiés à La Valette par l'ordre de Saint-Jean. On dit qu'elle renferme plus de 300 000 ouvrages et documents divers, y compris, dans les archives, plus de 10 000 manuscrits inestimables datant du XIIe au XIXe siècles. Parmi ces pièces,se trouvent notamment la bulle et la lettre signées de la main d'Henri VIII se proclamant chef de l'Église anglicane. Lorsque Bonaparte conquit l'île, il ordonna de détruire les archives de l'Ordre mais, fort heureusement, cet ordre ne fut pas exécuté.

Le palais

Vient ensuite, à gauche, la **place du Palais** (Palace Square) qui, de façon regrettable, sert de parc de stationnement (toujours complet!), sur lequel s'ouvre le **palais du Grand Maître** d'un côté, alors qu'en face s'élève le **Main Guard** et un immeuble élégant qui abrite le **centre culturel italien**. Le Main Guard a longtemps servi de caserne aux troupes de la garde d'honneur et était, à l'origine, la chancellerie de l'ordre de Saint-Jean. Au-dessus du portique dorique du fronton, on peut voir les armoiries de la famille royale d'Angleterre, gravées dans la pierre par les Britanniques avec une inscription, datant de 1814, qui témoigne en latin de l'alliance anglo-maltaise. Selon le plan de réhabilitation de la ville, cet ensemble est destiné à des services du gouvernement.

Le palais, dans lequel sont logés les bureaux de la présidence de la République, comprend une immense salle, assez fonctionnelle, qui fait office de chambre des Députés. On projette de transférer le parlement dans un immeuble édifié derrière l'auberge de Castille qui, elle, abrite les services du premier ministre, et de rendre à cette salle du palais, qui fut autrefois l'armurerie, les fastes de son ancienne splendeur.

Ce palais, dont certaines pièces servent dans les grandes occasions, est un joyau. On trouve les guides disponibles pour en effectuer la visite, dans la cour

Le monument commémoratif du Grand Siège, par Antonio Scibberas (1879-1947).

de Neptune, l'une des deux cours fleuries autour desquelles le palais s'étend. Au premier étage, on découvrira successivement le grand corridor, la salle du Trône, la galerie de Saint-Michel et Saint-Georges et la chambre du Souverain Conseil où sont suspendues d'admirables tapisseries de la manufacture des Gobelins.

Le théâtre Manoel

Proche du palais, dans Old Theatre Street, se trouve le **théâtre Manoel**, joyau du XVIIIe siècle, avec ses loges de bois doré disposées sur trois étages, s'élevant jusqu'au plafond couvert de peintures allégoriques. On dit de lui qu'il est le second parmi les plus vieux théâtres d'Europe encore en service.

Édifié en 1731 par le grand maître Manoel de Vilhena à l'intention du petit peuple de la capitale, en grande partie sur ses deniers personnels, il était destiné, selon ses propos, *« à l'honnête divertissement de la population »*. Il fut inauguré le 9 janvier 1732 avec une représentation de *Mérope*, tragédie classique de Scipion. Les rôles étaient tenus par des chevaliers de l'Ordre.

Son succès fut constant. Il s'y donna de mémorables soirées et, le 4 décembre 1838, trente ans après que les îles furent passées sous domination britannique, la reine Adélaïde, veuve de Guillaume IV, accueillie par des hourras, des hymnes et une garde d'honneur, assista à une représentation de *Lucie de Lammermoor* de Donizetti.

Cependant, après l'inauguration de l'Opéra royal, dessiné par E. M. Barry (qui avait conçu l'opéra de Covent Garden, à Londres), capable de recevoir un public plus nombreux, le théâtre Manoel fut délaissé. Il fut successivement transformé en asile pour mendiants, en salle de bal public et, plus récemment, en cinéma.

Afin de répondre aux vœux de la population, le théâtre fut nationalisé et, après de délicats travaux de restauration, déclaré théâtre national de Malte. On y donne des spectacles en anglais et en *malti*, ainsi que des concerts et des

La statue de la reine Victoria, place de la République.

récitals au cours desquels des virtuoses tels que Yehudi Menuhin, Rostropovitch, Vladimir Ashkenazy, Kiri Te Kanawa ou Louis Kentner se sont produits.

Le fort Saint-Elme

Quand on revient dans Republic Street, la rue descend vers la pointe de La Valette, vers le fort Saint-Elme et le **musée de la Guerre** (National War Museum).

Bâti en 1488, le **fort Saint-Elme** joua un rôle déterminant dans la défense de l'île lors du Grand Siège. Malheureusement dominé par une hauteur voisine, il fut bombardé par les Turcs, qui purent ainsi abattre ses remparts et donner l'assaut. Les chevaliers subirent de lourdes pertes. A l'exception d'une poignée de Maltais qui, traversant le port à la nage, trouvèrent refuge sur l'autre rive, tous les vaillants défenseurs de la forteresse furent massacrés.

A la fondation de La Valette, le terrain autour de Saint-Elme fut aplani; le fort fut réparé, reconstruit en étoile et intégré au réseau de bastions entourant la cité. Pendant la Seconde Guerre mondiale, on y installa la plupart des canons anti-aériens et des batteries côtières de la Royal Malta Artillery. Aujourd'hui, avec le musée de la Guerre, il fait partie du domaine des forces armées maltaises.

A quelques minutes de marche se trouve le **Centre de conférences de la Méditerranée**, titre mal choisi pour un lieu aussi fascinant. Pendant plus de deux siècles, ce bâtiment fut la **Sacra Infirmeria** de l'ordre de Saint-Jean. Elle était non seulement à la pointe du progrès médical, mais elle possédait la plus vaste salle hospitalière du monde. Jusqu'en 1666, c'était la plus grande pièce jamais bâtie.

Statue de l'ancien premier ministre M. Borg Olivier.

L'hôpital

En 1787, l'hôpital fut aménagé pour accueillir 563 lits et sa capacité pouvait même, en cas de nécessité, être portée à 914. L'infirmerie était ouverte à tout malade de sexe mâle, quel que soit son statut social, maltais ou étranger. Les patients étaient servis dans de la vaisselle d'argent. Les non-catholiques, cependant, ne pouvaient y demeurer plus de trois jours, à moins qu'ils n'acceptent de recevoir l'instruction religieuse que dispensaient les aumôniers de l'établissement.

L'**école d'anatomie et de chirurgie**, qui devait devenir l'école de médecine de l'université de Malte, fut fondée dans l'Infirmeria en 1676 par le grand maître Cottoner. Après avoir chassé l'Ordre, les Français déclarèrent que l'hôpital serait désormais réservé à leurs seules troupes et c'est ainsi qu'il devint un établissement militaire — rôle qu'il conserva au profit des forces britanniques de 1800 à 1920.

Au cours de la Seconde Guerre mondiale, il fut touché à quatre reprises, ce qui réduisit une partie du bâtiment à l'état de décombres, mais ce qui subsistait de la grande salle fut rebaptisé *Command Hall* et, en changeant d'affectation, devint une salle de récréation pour les troupes alliées. On y organisait des concerts, des bals et des séances de cinéma.

C'est seulement en 1978 que le gouvernement entreprit des démarches en vue de récupérer l'édifice et lui restituer son ancienne splendeur, pour ensuite le convertir en centre de congrès parfaitement équipé. Le centre fut inauguré en février 1979 et sa restauration lui valut le trophée Europa Nostra.

De fait, quiconque a assisté à une manifestation organisée dans ce bâtiment a pu se rendre compte que sa réhabilitation fut un chef-d'œuvre. La grande salle de garde, qui s'appelle maintenant le Dar-il-Wiri, convient parfaitement aux grands spectacles ou aux expositions, et les cinq salles supplémentaires sont capables d'accueillir jusqu'à 1 000 délégués pour un congrès.

Il y existe également un grand restaurant et, dans un amphithéâtre, on donne un spectacle audiovisuel remarquable de diapositives projetées simultanément sur plusieurs grands écrans grâce à un procédé très au point, qui retrace l'histoire de l'archipel. *The Malta Experience*, diffusé en quatre langues, est un spectacle à ne pas manquer.

Les auberges

Des huit auberges réalisées par Gerolamo Cassar pour les «langues» de l'Ordre, cinq seulement subsistent. La plus impressionnante est celle de **Castille** (hôtel du premier ministre). Les autres sont l'**auberge d'Aragon** (qu'occupe un autre ministère), place de l'Indépendance (Pjazza Independenza), l'**auberge d'Italie** (grande poste), l'**auberge de Provence** (le Musée archéologique) et l'**auberge d'Angleterre et de Bavière**, dite la Baviera, située près du fort Saint-Elme, sur la partie English Curtain de la voie d'accès au bastion, où furent logées des administrations et qui est en attente d'une nouvelle affectation.

Les trois autres auberges ont disparu. La première fut celle d'**Allemagne**, démolie en 1838 pour laisser la place à la **cathédrale anglicane Saint-Paul**, dessinée par William Scamp. La reine Adélaïde en posa la première pierre à l'occasion de son voyage officiel en 1842. Les deux autres furent détruites pendant la Seconde Guerre mondiale. Sur les

Les escaliers de la rue Saint-Jean

ruines de celle d'**Auvergne**, Republic Street, a été édifié le palais de Justice et, à l'emplacement de celle de **France**, au carrefour de South Street et d'Old Bakery Street, se trouve le siège, froid et austère, du Syndicat général des travailleurs (G.W.U.).

Toujours dans South Street s'élève le musée des Beaux-Arts, élégant palais qui, à l'origine, fut une demeure privée, mais qui devint ensuite l'Amirauté britannique. Lord Mountbatten, amiral de la Royal Navy, y avait installé son quartier général. On peut voir, dans ce musée, de beaux tableaux de peintres maltais et étrangers. Des expositions y sont organisées toute l'année.

Églises

Une promenade dans les rues de La Valette élève l'âme. Errer ici et là, voir et admirer ce merveilleux art baroque qui offre ici ses trésors, de magnifiques peintures, est un enchantement. Il faut porter son attention sur Saint-Nicolas, Sainte-Marie de Jésus, Saint-Roch, Saint-François et Saint-Paul-du-Naufrage.

Près de l'auberge de Castille, visitez **Notre-Dame-des-Victoires**, qui aurait tant besoin d'être restaurée, après avoir été la première église construite à La Valette. En face, de l'autre côté de la rue étroite, c'est **Sainte-Catherine**, qui jouxtait autrefois l'auberge d'Italie et qui, elle aussi, est mûre pour une délicate réhabilitation. Une congrégation italienne y célèbre des messes en italien. (Dans Republic Street, des messes en anglais et en allemand sont dites en l'église Sainte-Barbara.)

La chapelle grecque orthodoxe **Notre-Dame-de-Damas**, dans Archbishop Street, près du palais, a été rebâtie depuis la guerre et on peut toujours y admirer l'icône dédiée à Notre-Dame, apportée par les chevaliers lorsque, en 1530, ils quittèrent Rhodes pour s'établir à Malte. Y sont exposées 36 autres icônes, œuvres du peintre russe Gregriur Malzeff.

Plus loin, un spectacle caractéristique de La Valette: la rue en escaliers. Il en

A gauche, dans le jardin Argotti; à droite, marchand de cassettes vidéo sur le marché.

existe trois : **rue Saint-Jean**, rue **Sainte-Lucie** et **Scots Street** ; la hauteur des marches est calculée pour permettre à un homme engoncé dans son armure de monter la pente sans avoir à fournir un trop gros effort (pour gravir une marche, faute de pouvoir plier le genou, l'homme en armure balançait une jambe en arc de cercle, en pivotant sur l'autre !).

Le Grand Port

A l'extrémité, on jouit d'une vue magnifique sur le **Grand Port** (Grand Harbour). Le temps où le port était envahi de paquebots, de navires de guerre et de remorqueurs affairés est révolu depuis longtemps.

On ne voit plus se déployer cette activité bourdonnante des dizaines de *dghajsa* qui faisaient la navette entre les bateaux et les quais. Rare de nos jours, le *dghajsa* servait de taxi portuaire comme les gondoles vénitiennes. Il était propulsé par un rameur debout et on n'en voit plus guère que pendant les régates qui se disputent chaque année. Aujourd'hui, le *dghajsa* est mû par un moteur hors bord. Les eaux du Grand Port sont calmes, le trafic se réduit à quelques porte-conteneurs en escale ou au passage de certains des plus beaux paquebots de croisière qui sillonnent la Méditerranée.

Mais il n'y a pas si longtemps, il fut la cible de prédilection des bombardiers ennemis, lorsque le Grand Port était une base de la flotte de Méditerranée et un refuge pour les convois. Le meilleur point de vue se situe dans les **jardins d'Upper Barrakka**, près de l'auberge de Castille. C'est le point le plus élevé de ces remparts qu'au XVIe siècle les chevaliers édifièrent pour défendre leur cité.

De là, le panorama est incomparable. De gauche à droite, on aperçoit successivement le chenal d'accès au port avec, en face, le **fort Ricasoli**, puis **Bighi** (hôpital maritime devenu entrepôt d'État), le **fort Saint-Ange** qui se dresse, majestueux témoin de tant de hauts faits et, droit devant, la ville de **Senglea**, écrasée sous la masse des pétroliers géants qui occupent les docks des chantiers navals.

Une petite boutique de quartier.

Plus à droite encore, d'autres quais et d'autres ateliers de réparations navales ainsi qu'un gigantesque silo à grains. Juste au-dessous du point de vue se trouvent les *War Rooms*, les salles d'opérations (ouvertes au public) où s'élaborait la stratégie défensive de l'île.

Une excellente manière de visiter le Grand Port consiste à emprunter les vedettes des croisières portuaires. Ces vedettes, avec un guide à bord, quittent plusieurs fois par jour l'embarcadère du Strand à Sliema et, après un tour du port de Marsamxett, sortent en mer pour contourner le fort Saint-Elme avant d'entrer dans le spacieux bassin du Grand Port. On admire, de cette manière, les fortifications sous le même angle que les marins qui, pendant des siècles, ont abordé l'île. La Valette ne paraîtra jamais plus belle et les forts Saint-Elme et Saint-Ange avec elle.

Les rues commerçantes

Capitale politique de l'archipel, La Valette est également son principal centre d'affaires et de commerce. La ville regorge de magasins, de boutiques, et les pharmacies y vendent tous les médicaments du monde. La rue **Sainte-Lucie** est réputée pour la douzaine de joailleries qui y font commerce de l'or et de l'argent, offrant des bijoux de fabrication locale irréprochables. Dans **Merchants Street**, un marché en plein air fourmille d'étalages proposant des vêtements de tous les jours, polos, jeans ou maillots, cependant qu'au marché couvert voisin, les petites échoppes débitent poisson, viande, fruits et légumes. On y trouve de multiples occasions d'acheter des souvenirs.

De réputation douteuse, en revanche, est **Strait Street** ! Mais c'est un haut lieu dans la mémoire de ceux qui combattirent à Malte pendant la dernière guerre. Baptisée en ce temps-là le Boyau, cette longue rue étroite ne comptait que des estaminets assez louches et des boîtes de nuit aux hôtesses fort accueillantes. Elle a, par la suite, connu des jours plus honorables et une renommée moins tapageuse, lorsque les principaux établissements en ont été fermés pour céder la place à des bureaux, tandis que les survivants de l'époque héroïque, tout au bout, se sont convertis en bistrots.

Il existe une multitude de cafés, certains avec des terrasses en plein air, comme ceux de la place de la République, le long du palais. Chacun a sa clientèle d'habitués qui, pour rien au monde, n'iraient consommer ailleurs. Le **café Cordina**, ouvert sur la place, est le lieu de rencontre des hommes d'affaires et des gens de robe qui se retrouvent en fin de matinée sous les lambris peints du bar. Cordina est célèbre pour ses confiseries, ses gâteaux et ses spécialités de saison qui font des cadeaux fort appréciés. Les Maltais éprouvent une faiblesse pour les sucreries et les douceurs !

Partout en ville, les boutiques du loto sont reconnaissables à leur enseigne à cinq chiffres suspendue à l'extérieur. C'est là qu'on vient acheter les billets de la loterie nationale, dont les prix sont très importants, de même que les tickets des deux tombolas populaires tirées chaque semaine. Un pari sur trois numéros, pour le tirage du samedi, ne coûte que 20 cts (4 F).

A gauche, un « carrozin » ; à droite, l'entrée d'un bar.

SAN PAOLO NAUFRAGO
WINE & SPIRITS

LE PALAIS DU GRAND MAITRE

En l'an de grâce 1571, lorsque les murailles de La Valette furent jugés de taille à résister à toute nouvelle attaque de l'ennemi turc, l'ordre de Saint-Jean transféra son siège du fort Saint-Ange et du Borgo (Vittoriosa) à la cité nouvelle. Le successeur de Jean Parisot de la Valette, Pietro del Monte (1568-1572), pour inciter les chevaliers à abandonner leurs résidences de Vittoriosa au profit des lambris, au confort encore bien incertain, de La Valette, acheta à son neveu un petit bâtiment de construction récente, dans l'intention de le transformer en vaste édifice digne de constituer le palais magistral.

Les travaux furent entrepris en hâte l'année suivante, sous le grand maître La Cassière (1572-1581), sous les ordres de Gerolamo Cassar (1520-1592) à qui avait été confié le soin d'en dessiner les plans et d'en mener à bien la construction. Du jour où il fut terminé jusqu'au départ de l'Ordre, chassé de Malte par les Français en 1798, le palais abrita tous les grands maîtres puis, jusqu'en 1964, il fut l'hôtel des gouverneurs britanniques. Depuis 1976, les services de la présidence de la République y ont élu domicile.

De formation, Cassar était architecte militaire et il ne s'intéressa à l'architecture civile que relativement tard, surtout après sa visite de Rome et des villes italiennes en 1569. Même après, son style demeura sévère, inspiré par le caractère militaire de l'Ordre.

Pages précédentes : la statue du chef socialiste Manwel Dimech, devant l'auberge de Castille ; une galerie du palais. A gauche, l'entrée du palais ; à droite, écolières en visite dans la salle des Tapisseries.

La façade

La façade principale du palais, qui donne sur Republic Street, est dépouillée et, à la limite, assez décevante. Elle l'était plus encore avant l'ajout des seuls éléments décoratifs, les deux chapiteaux doriques et les longs balcons de bois qui furent mis en place au temps du grand maître Emanuel Pinto de Fonseca (1741-73). La longueur excessive de la façade et la disposition irrégulière des salles des deux niveaux rendirent difficile, pour Cassar et les architectes qui lui succédèrent, la tâche de faire coïncider l'espacement des fenêtres et les murs de séparation.

Les pilastres d'angle, avec leurs lourds rusticages, si caractéristiques du style général de La Valette aux XVIe et XVIIe siècles, s'élèvent jusqu'au toit, ce qui donne une impression de puissance. En même temps, ils apportent une touche de fini au bâtiment. Une corniche en saillie court tout du long, surmontée d'une haute balustrade.

La somptuosité de l'intérieur fait oublier l'aspect austère de l'extérieur. Toutes les salles de réception, comme c'était l'usage dans les grands édifices de l'époque, sont situées au premier étage (le *piano nobile*) alors que le rez-de-chaussée était occupé par les écuries, les cuisines, les logements des domestiques et les réserves de vivres.

On peut admirer, dans la plupart des pièces et des galeries, un bel ouvrage en pierre du pays, avec des voûtes d'arêtes croisées, des dômes et des coupoles que supportent des murs massifs, surtout dans la partie la plus ancienne du bâti-

ment. Une galerie ouverte encadre la cour principale. Ses arcades à balustrade, les arbres tropicaux du petit jardin fleuri agrémenté de la statue en bronze de Neptune, les dentelles de marbre et la fontaine de pierre aux armes du grand maître d'Aragon Ramon Perellos (1697-1720) en font un endroit des plus plaisants. C'est là, dans la **cour de Neptune** (Neptune Courtyard), que les guides officiels accueillent les visiteurs.

Deux vastes salles voûtées, au fond du palais, sont affectées à l'**armurerie**, qui conserve l'une des plus belles collections du monde. Logée, depuis le grand maître Pinto, dans une salle tout en longueur à l'étage supérieur, elle en fut descendue quand cette salle fut transformée en chambre des députés. Y sont exposés en permanence des armures, certaines admirablement gravées, des sabres, des épées, des dagues, des hallebardes, des piques et des lances, des fusils à pierre, des arquebuses, des pistolets d'arçon, des mortiers et de l'artillerie légère. Armes et trophées d'origine turque complètent cette somptueuse collection.

Au fond d'une autre cour, dite **du Prince Albert** en souvenir de la visite qu'effectua en 1858 le second fils de la reine Victoria, trône, dans une haute tour, une horloge qui, depuis 1745, égrène les heures. Quatre statues de bronze, figurant des esclaves mauresques armés d'un marteau, frappent tous les quarts d'heure sur trois gongs. Les quatre cadrans indiquent l'heure et les minutes, les phases de la lune, le mois et le jour.

Le premier étage

On accède au premier étage par un escalier courbe de marbre dont les marches sont anormalement basses. Des esprits malveillants disent qu'elles ont été taillées en pensant aux vieux chevaliers atteints de la goutte et aux vénérables grands maîtres... Le foyer de l'escalier est un cylindre creux percé d'ouvertures formant balustrade cependant qu'à l'autre main la rampe est sculptée en relief dans l'épaisseur du mur. Le plafond à caissons, qui suit la courbe et la pente de l'escalier, est une véritable

La salle des Tapisseries.

œuvre d'art, tout à la gloire des tailleurs de pierre de Malte.

Au pied de l'escalier, une stèle de marbre fixée au mur rappelle les noms des grands maîtres de l'ordre de Saint-Jean qui ont gouverné Malte de 1530 à 1798. Une autre plaque de marbre, au sommet de l'escalier, énumère les commissaires et les gouverneurs qui ont représenté la couronne britannique de 1800 à 1964.

Le premier étage, *piano nobile*, comprend les appartements disposés autour de la galerie qui surplombe la cour de Neptune. Il faut mentionner la **salle du Conseil**, appelée aussi **salle des Tapisseries**, la **salle du Souverain Conseil** (désignée jusqu'à ces dernières années sous le nom de **galerie de Saint-Michel et Saint-Georges**). Ces deux salles ont un plafond de bois posé sur des poutres décorées, en châtaignier de Sicile, reposant à leurs extrémités sur des arcs-boutants destinés à réduire le volant. Les barrotins, richement peints et dorés, placés à intervalles réguliers, forment un coffrage élaboré et du plus bel effet.

La salle des Tapisseries

Dans la **salle du Conseil**, les plus anciens membres de l'Ordre avaient coutume de se réunir pour discuter les questions touchant à l'administration de l'île. La tradition fut maintenue par le parlement, qui y tint ses séances de 1921, date de l'octroi de l'autonomie, à 1976, lorsqu'il emménagea dans l'ancienne armurerie.

Une série de tapisseries de la manufacture des Gobelins, offertes à l'Ordre par le grand maître Ramon Perellos en 1730, embellit cette salle. Connues sous le nom de *Tentures des Indes*, ces pièces dépeignent, en des teintes vives bien qu'elles aient légèrement passées, des paysages de forêt vierge qui commémorent des expéditions cynégétiques d'un prince germanique au Brésil, dans les Antilles, aux Indes et en Afrique tropicale, de 1636 à 1644. On y voit un cheval à la robe rayée, des éléphants, des buffles et des autruches sur un fond de végétation exotique luxuriante, avec un luxe de détails digne d'un savant ouvrage de botanique.

Carrelage en mosaïque moderne.

Au-dessus de ces tentures, sur les quatre murs, court une frise de panneaux rectangulaires enfermant des tableaux de batailles navales entre galères de l'Ordre et vaisseaux turcs. On y voit aussi des figures allégoriques représentant la Foi, la Charité, la Force, la Vertu, le Courage, la Vocation, la Providence, la Magnificence, la Victoire, l'Espoir et la Justice. A l'extrémité se dresse un grand crucifix sur lequel le grand maître et les membres du souverain conseil prêtaient serment.

Le grand maître réunissait le souverain conseil, composé des 16 chevaliers les plus anciens de l'Ordre, chaque fois qu'une décision importante, concernant tant les affaires intérieures que les relations extérieures, était à l'ordre du jour. Giambattista Tiepolo (1696-1770) a immortalisé l'une de ces réunions en un superbe tableau qui est exposé au musée civique d'Udine, en Italie.

La frise, exécutée de 1576 à 1581 par Matteo Perez d'Aleccio (1547-1628), qui fut à la fois peintre, graveur et probablement élève de Michel-Ange, dépeint de façon fidèle le Grand Siège de 1565; les scènes lui furent décrites par un témoin oculaire. On y suit les épisodes dramatiques de l'arrivée de l'armada turque en mai, du débarquement des troupes de l'envahisseur en baie de Marsaxlokk, du long siège du fort Saint-Elme et de sa chute à l'aube de la Saint-Jean. L'assaut donné au fort Saint-Michel et aux positions de Castille et d'Allemagne au Borgo, avec le grand maître Parisot de la Valette blessé à la tête de ses troupes, est représenté d'une manière puissamment évocatrice. Perez d'Aleccio a étendu cette fresque qui dépeint l'un des événements majeurs de l'histoire de Malte de manière à couvrir toute la guerre contre les infidèles, l'arrivée de la «petite», puis de la «grande relève» envoyées par Garcia de Tolède, vice-roi de Sicile, jusqu'à la déroute de l'armée turque le 7 septembre.

Ces panneaux sont séparés par des peintures de personnages allégoriques figurant la Justice, le Bonheur, la Prudence, le Courage, la Tempérance et les trois vertus théologales: la Foi, l'Espérance et la Charité. A l'extrémité de la salle, une copie du trône sur lequel prenaient place les grands maîtres puis les gouverneurs. La corbeille qui lui fait face, qui se trouvait autrefois dans la chapelle privée du grand maître et où se tenaient les chanteurs, décorée de scènes de la Genèse, passe pour avoir été apportée de Rhodes.

Galeries et salons

La **salle du Souverain Conseil** est également appelée **galerie de Saint-Michel et Saint-Georges** pour rappeler qu'à partir de 1818, lorsque l'ordre de ce nom fut fondé par le roi Georges IV dans le but d'honorer des citoyens natifs de Malte et des îles Ioniennes, les premières cérémonies d'investiture (et combien d'autres par la suite) y eurent lieu.

Adjacente à la salle du Souverain Conseil se trouve celle dite des «dîners officiels». C'est une pièce de belles proportions dans laquelle les grands maîtres et les gouverneurs donnaient des dîners d'apparat pour leurs visiteurs de marque ou les dignitaires locaux. Cette salle possédait, comme la plupart des pièces de

Détail d'une des tapisseries des Gobelins connues sous le nom de «Tentures des Indes».

réception du palais, un plafond lambrissé qui fut endommagé par les bombes et remplacé par une dalle de béton couverte de peintures copiant la décoration primitive. Les portraits de membres de la famille royale d'Angleterre ornent les murs: Georges III, sous le règne duquel Malte devint possession britannique, Georges IV, la reine Victoria, Édouard VII, la reine Alexandra, Georges VI et Élisabeth II.

De l'autre côté de la salle du Souverain Conseil se trouve le **salon d'État**, dit **salon des Ambassadeurs**, dans lequel les grands maîtres recevaient les lettres de créance des ambassadeurs accrédités auprès d'eux. Cette tradition s'est perpétuée sous la république. Le salon des Ambassadeurs est décoré d'une série de tableaux représentant des épisodes de l'histoire de l'Ordre, depuis les temps où il était établi à Saint-Jean-d'Acre, puis à Chypre, à Rhodes et à Viterbe, et d'une magnifique suite de personnages de l'Ancien Testament. Aux murs sont suspendus les portraits de souverains d'Europe: Louis XIV, Catherine II de Russie, Louis XV et Louis XVI, dans de lourds cadres de bois doré.

Voisin de ce salon, le **salon d'attente des Pages**, appelé aussi **salon jaune** (en raison de ses tentures de damas d'or). Une suite de tableaux, également œuvre de Perez d'Aleccio, illustre des événements qui ont jalonné l'histoire de l'Ordre depuis ses débuts à Jérusalem, et on peut voir aussi une série de dix beaux tableaux de figures allégoriques.

Les vastes corridors au sol de marbre qui desservent chaque salle sont ornés de plafonds à caissons, peints en 1724 par Niccolo Nasoni (mort en 1773), entre lesquels sont insérés des tableaux ovales retraçant des batailles navales entre vaisseaux de l'Ordre et ceux des Turcs. Les couloirs du palais sont de véritables galeries de peintures comprenant des portraits de grands maîtres, de souverains de royaumes d'Europe, d'infantes d'Espagne, de princes et de ducs régnants. Chaque pierre, chaque élément de décoration illustre une page d'histoire.

Dans la salle des Tapisseries, des animaux sauvages africains.

LA CATHÉDRALE SAINT-JEAN

Lorsque les chevaliers de l'ordre de Saint-Jean prirent possession de l'archipel maltais en octobre 1530, le grand maître et son état-major installèrent leur quartier général au fort Saint-Ange, près de l'entrée du Grand Port. Les chevaliers, pour leur part, s'établirent dans le Borgo, petite agglomération à l'est du fort. A l'époque, l'Ordre existait depuis plus de quatre siècles et, parmi les quelques bâtiments existant déjà sur leur nouveau domaine, ils implantèrent leurs auberges, la trésorerie, l'armurerie, l'hôpital et les services nécessaires au fonctionnement de leur gouvernement.

Mais, l'Ordre étant essentiellement une congrégation religieuse, une église conventuelle lui était indispensable. Dans le Borgo, on fit choix d'une des plus anciennes églises de l'île, deuxième en importance après la cathédrale de Mdina. Connue sous le nom de Saint-Laurent-de-la-Mer, c'était une petite chapelle construite en 1090 et agrandie en 1508. En novembre 1530, elle fut consacrée église officielle de l'Ordre et le demeura jusqu'au moment où les chevaliers transférèrent le siège de leur gouvernement dans la ville nouvelle de La Valette en mars 1571.

A ce moment-là, les fortifications de la cité étaient terminées; les chevaliers mirent tout leur cœur et consacrèrent toute leur fortune à l'édification des principaux bâtiments de la ville: demeures, palais, églises et auberges. En novembre 1573, les travaux de construction d'une cathédrale conventuelle, dédiée à saint Jean Baptiste, patron de l'ordre, furent entrepris.

Les plans et l'édification en avaient été confiés par l'Ordre à son architecte en chef, Gerolamo Cassar. A l'origine, il avait été envisagé de l'implanter dans la basse ville, près de l'hôpital, mais se rendant compte que les sonneries de cloches dérangeraient les malades, le grand maître choisit le lieu où elle s'élève aujourd'hui, au cœur de la cité

La formation première de Cassar avait été l'architecture militaire. Cela explique le caractère austère de la façade, le prolongement, en quelque sorte, des murailles de La Valette.

Pages précédentes: le maître-autel; les peintures du plafond, œuvres de Mattia Preti. A gauche, la grand-messe; à droite, le couloir latéral qui relie les chapelles.

Une façade sévère

Malgré cette sévérité, l'ouvrage respire la paix et les proportions des corps de bâtiment s'harmonisent parfaitement. Cassar bâtit la **façade** sur deux étages, faisant écran pour dissimuler les lourds contreforts de pierre aux angles.

Au-dessus s'élèvent, de part et d'autre, sur trois étages, les tours surmontées de flèches octogonales. Les **deux beffrois** de l'ouest, chose fort rare dans la Rome baroque ou de la Renaissance dont Cassar s'imprégna au cours de son tour d'Italie, préfigurent ce que sera par la suite le type de l'architecture religieuse de Malte et il n'est guère d'église, dans l'archipel, qui ne soit flanquée d'un double clocher.

Ce fronton dénudé est percé d'un portail central encadré de deux colonnes toscanes et de deux hautes niches au sommet arrondi. A l'étage supérieur

s'ouvre une loggia de cérémonie avec un balcon à balustrade. Une statue en bronze du Christ en croix, attribuée au sculpteur bolognais Alessandro Algardi, dit l'Algarde (1598-1654), orne le tympan. A l'origine, cette statue ne faisait pas partie des éléments décoratifs de la cathédrale. Elle y fut placée après avoir été enlevée, en 1853, de l'église Saint-Sauveur située dans la marina de La Valette, qui allait être démolie.

Baroque flamboyant

Mais si la façade de Saint-Jean est dépouillée, l'intérieur est, par sa luxuriance, un émerveillement. Lorsque, quittant le jardin baigné de soleil, on franchit le grand portail et qu'on pénètre dans la semi-obscurité de la cathédrale, les lignes simples, rigides du dehors se changent, comme par un coup de baguette magique, en un stupéfiant jeu de couleurs et une extraordinaire décoration qui ont fait dire à sir Walter Scott : *« C'est le lieu du monde le plus superbe que j'aie jamais contemplé de ma vie. »*

Le regard erre quelques instants dans la pénombre, descendant des hauts plafonds enrichis de peintures, glissant le long des murs sculptés d'arabesques, comme une dentelle de pierre, pour se poser sur le sol constitué, d'un bout à l'autre de l'édifice, de pierres tombales en mosaïque de marbre. Lentement, la sensation d'une céleste harmonie vous envahit, à mesure que la perception d'une beauté ordonnée, voulue, se substitue à la surprise initiale.

Une construction en force

L'édifice fut terminé en 1577, grâce aux largesses du grand maître La Cassière (1572-1581), et consacré par Mgr de Torres, archevêque de Monreale en Sicile. Des bâtiments annexes y furent ajoutés jusqu'au XVIIIe siècle. L'oratoire de la Décollation fut construit en 1603 et les sacristies l'année suivante. Les deux immeubles situés de part et d'autre, résidences du grand prieur et du vice-prieur, furent édifiés en 1667 et les longues galeries parallèles à la nef datent de 1736.

A gauche, le couloir latéral ; à droite, l'une des chapelles richement ornées.

Le plan de la cathédrale est simple : une immense nef rectangulaire avec une abside à l'est, des voûtes à ogives aiguës, à l'origine lambrissées, et des chapelles latérales qui s'ouvrent derrière de hautes arches.

Cassar, manifestement soucieux des capacités de résistance de la pierre locale, fit élever des murs exceptionnellement épais entre les chapelles des côtés afin de renforcer les lourds contreforts destinés à contenir l'énorme poussée exercée par la voûte. Des portes très étroites (percées plusieurs années après l'achèvement de la cathédrale) permettent de passer d'une chapelle à l'autre. Leur largeur a été calculée au plus juste, de façon à ne pas compromettre la solidité des murs porteurs.

La voûte est divisée en six travées par de larges portants, chacun reposant sur les pilastres entre les arches des chapelles latérales. Dans chaque travée, une fenêtre ovale éclaire le plafond et la cathédrale même, même si la lumière pénètre assez mal en raison des contreforts extérieurs.

Les pierres tombales de marbre forment le dallage.

Juste avant que la voûte soit peinte, il fut suggéré au souverain conseil de faire élargir les ouvertures, mais cette proposition fut rejetée car on craignait d'affaiblir les structures. Seule celle du tympan, qui avait à l'origine la forme d'une *croce guelfa* (une croix guelfe), fut modifiée et prit l'aspect et les dimensions qu'elle présente aujourd'hui. En l'absence de l'habituelle corniche dans la nef, les arcs-boutants de la voûte jaillissent directement d'une architrave peu profonde, ce qui renforce l'impression de hauteur et de largeur.

Les peintures du plafond

Plus de soixante-dix ans après son érection, Saint-Jean demeurait telle une immense caverne, dépourvue de toute décoration. Puis, en 1661, le grand maître Cottoner (1660-1663) chargea Mattia Preti de l'ornementation des plafonds. Surnommé *il Cavalier Calabrese*, Preti était l'un des artistes les plus célèbres du XVIIe siècle italien. Né à Taverna, en Calabre, en 1613, il avait

étudié à Rome et à Naples, où il avait subi l'influence du Caravage ainsi que des maîtres vénitiens du XVIe siècle, dont les traits caractéristiques se retrouvent dans toute son œuvre.

Preti employa des peintures à l'huile sur la pierre revêtue d'un léger enduit, ce qui devait susciter par la suite de multiples difficultés en raison de la porosité du support et de sa capacité d'absorption de l'humidité. Au XIXe siècle, comme des moisissures avaient affecté les peintures, on procéda à des essais de restauration qui donnèrent des résultats désastreux et c'est seulement en 1962 que les interventions, selon une technique moderne, de l'institut de restauration de Rome purent restituer aux œuvres de Preti leur splendeur.

Preti partagea chacune des six travées en trois sections grâce à des éléments architecturaux en trompe-l'œil, tels que balustrades et corniches, ménageant 18 cadres à l'intérieur desquels il peignit les épisodes de la vie de saint Jean-Baptiste. De sublimes effets d'optique, une extraordinaire combinaison de couleurs et surtout un exceptionnel sens du dessin font de la décoration de Saint-Jean une splendeur.

Les frères Cottoner, les grands maîtres Rafael (1660-1663) et Nicolas (1663-1680), sous lesquels la décoration fut réalisée, figurent à la place d'honneur dans le vitrail de la grande fenêtre ouverte au-dessus du portail principal, en une scène qui exalte la vocation des chevaliers de Malte : être tout ensemble hospitaliers et défenseurs de la foi.

Les scènes du plafond des voûtes retracent l'histoire de saint Jean, telle qu'elle est rapportée par la Bible, de l'entrée de Zacharie au Temple à la naissance de Jean, puis sa rencontre avec le Christ dans le désert, le baptême du Christ, les prédications dans le désert, la scène des reproches à Hérode, la danse des sept voiles de Salomé et l'épisode final de la décollation. Les portraits des saints et des héros de l'Ordre qui encadrent chaque fenêtre ovale sont considérés comme des chefs-d'œuvre de Preti.

Preti acheva cette composition en moins de cinq ans, alors que, dans le

Détail d'une pierre tombale.

même temps, il exécutait les esquisses des **sculptures** qui devaient orner la nef et les absides. La surface lisse des pilastres, des murs, des arches et des plafonds des chapelles, merveilleux matériau pour le ciseau des sculpteurs, fut transformée en profusion dorée et exubérante de fleurs, de coquillages, de volutes, d'angelots aux ailes déployées et d'écussons — tous motifs ornementaux qui sont si caractéristiques de la décoration baroque.

Les huit chapelles

Chacune des langues possédait sa propre chapelle où ses chevaliers venaient se recueillir et entendre la messe. La **chapelle Saint-Jacques**, la plus proche de l'entrée, à droite, était celle de la langue de Castille, de Léon et du Portugal. Le retable et les lunettes latérales, représentant des épisodes de la vie de ce saint, datent de la première époque de Preti. Les grands maîtres portugais Antonio Manoel de Vilhena (1722-1736) et Manoel Pinto de Fonseca (1741- 1773) figurent en deux splendides monuments de marbre et de bronze.

La **chapelle Saint-Georges**, la suivante, était celle de la langue d'Aragon, de Catalogne et de Navarre. Son autel et les tableaux qui la décorent sont également de Preti. Elle renferme deux des plus beaux mausolées consacrés à des grands maîtres, exemples remarquables de la sculpture baroque italienne : celui de Nicolas Cottoner (1663-1680) et celui de Ramon Perellos (1697-1720). Ici, comme dans les autres chapelles, on peut admirer des chefs-d'œuvre de marbre et de bronze : panoplies, armures, bannières et pièces d'artillerie ; statues fièrement couronnées ; armoiries portées par des chérubins ou des esclaves enchaînés.

Vient ensuite la **chapelle d'Auvergne**, avec un autel et des tableaux évoquant la vie de saint Sébastien. Elle renferme, comme la chapelle d'Italie, le plus ancien antependium (revêtement d'autel) de la cathédrale, encadré de deux minces colonnes torsadées typiques du baroque italien. Un monument commémore le souvenir du grand maître de

Détail du décor d'un mur.

Chattes Gessan (1660) qui mourut quatre mois après son élection.

A l'extrémité de la contre-nef à droite, fermée par une grille d'argent massif, est la **chapelle du Saint-Sacrement**, d'abord baptisée Notre-Dame de Philermos, du nom de l'icône que l'Ordre avait apportée de Rhodes et exposée dans cette chapelle. Ce tableau fut enlevé par les chevaliers lorsqu'ils furent chassés de l'île en 1798 et remis à Paul Ier de Russie quand il fut élu grand maître. Il fut remplacé, en 1954, par l'effigie de Notre-Dame de Carafa qui était auparavant suspendue dans la chapelle d'Italie.

Le **transept** et le **chœur**, et en réalité toute la nef de Saint-Jean, sont dominés par le monument de marbre figurant *le Baptême du Christ* de Giuseppe Mazzuoli (1644-1725) avec, en arrière-plan, dans le chœur, la gloria dorée, œuvre de Giovanni Giardini (1646-1721), sculpteur et orfèvre italien. Le **maître-autel** est fait de marbres précieux et de lapis-lazuli et orné d'un bas-relief figurant *la Sainte Cène* en bronze doré, au centre.

Dans la contre-nef de gauche se trouve la **chapelle des Saintes Reliques**, dont l'autel est dédié à saint Charles Borromée, qui fut rebaptisée chapelle de la langue anglo-bavaroise en 1794. Juste à côté, la **chapelle de Provence** abrite une copie moderne du *Saint Michel* de Guido Reni et les mausolées de deux grands maîtres provençaux, Antoine de Paule (1623-1636) et Jean Lascaris Castellar (1636-1657).

La **chapelle de France**, la suivante, est consacrée à saint Paul. Dans les années 1840, un mouvement iconoclaste qui avait éclaté à Malte lui enleva sa décoration sculptée due au ciseau de Preti. Elle fut remplacée par une série de motifs représentant la couronne royale britannique, la fleur de lys de France et la croix à huit pointes de l'Ordre. Le mausolée du grand maître de Rohan (1775-1797), qui fut aussi sévèrement endommagé, et celui d'Adrien de Wignacourt (1690-1697) ornent la chapelle. Un autre remarquable monument commémore le souvenir du vicomte de Beaujolais, qui mourut à Malte en 1808.

Les murs sont sculptés et dorés.

Ce monument fut érigé sur l'ordre de son frère, le roi Louis-Philippe, en 1843.

Contiguë à la chapelle de France, la **chapelle d'Italie** se distingue par son autel qui illustre *le Mariage mystique de sainte Catherine*, l'un des chefs-d'œuvre de Preti. Elle contient le monument élevé à la mémoire du grand maître Carafa (1680-1690), et l'une des faces est constituée d'un haut-relief illustrant la bataille des Dardanelles de 1656, remportée par les galères de l'Ordre sous le commandement de Carafa.

La dernière chapelle est celle des **Trois Rois** de la **langue de Germanie**, avec le mausolée de marbre et de bronze du grand maître Zondadari (1720-1722).

À certaines dates du calendrier liturgique, un ensemble de 14 tapisseries est suspendu dans la nef de la cathédrale. Offertes par le grand maître Perellos, œuvre du lissier flamand De Vos, d'après des cartons de Rubens et de Poussin, elles figurent des scènes de la vie du Christ et des allégories religieuses.

La Décollation de saint Jean-Baptiste, du Caravage (1573-1610), dans l'oratoire, a marqué un tournant dans l'histoire de l'art européen. Ce fut l'une des dernières peintures du Caravage et certainement la plus achevée.

L'histoire de l'Ordre est écrite sur les pierres tombales de marbre qui pavent le sol de la nef, des absides et de l'oratoire. Les inscriptions latines, gravées dans la pierre sous des écussons armoriés, évoquent les hauts faits sur terre et sur mer, et on y retrouve la fleur des familles aristocratiques. D'autres serviteurs de l'Ordre, à la gloire plus discrète, sont aussi inhumés près de leurs frères en religion.

William Makepeace Thackeray écrivait en 1846, à propos de Saint-Jean : *« L'édifice, en lui-même, est d'une grande simplicité mais les détails y sont splendides. Il m'est apparu que c'était un lieu digne de cette cohorte fortunée d'aristocrates guerriers qui pratiquaient les rites de leur religion comme s'ils étaient à la parade et qui, même lorsqu'ils s'agenouillaient, n'auraient jamais oublié qu'ils portaient à l'épaule leurs quartiers de noblesse. »*

Dans l'oratoire, « la Décollation de saint Jean-Baptiste », par le Caravage.

MDINA

Les Romains appelèrent leur ville Melita, les Arabes Medina et, au début de l'époque des chevaliers, elle était connue sous le nom de Citta Notabile. Quand l'Ordre eut terminé la construction de la ville nouvelle de La Valette, l'ancienne capitale fut rebaptisée Citta Vecchia (la Vieille Cité) pour la différencier de la nouvelle. Les Maltais, en déformant son nom arabe, préféraient dire Mdina et ce nom lui est resté. C'est l'un des plus beaux exemples au monde de citadelle médiévale toujours habitée.

Pages précédentes : la cueillette des oranges à Buskett; Mdina et sa cathédrale au crépuscule; la Grande Porte de l'ancienne capitale. Ci-contre, Mdina sertie dans ses murailles.

En raison de sa position stratégique, sur la crête d'une hauteur qui traverse tout le sud-ouest de l'île, ce site a été habité dès l'âge du bronze. S'élevant à une altitude de 150 m, la place est facile à défendre; au-dessous, elle est entourée de champs qui produisent assez de fruits et de légumes pour nourrir une population sans cesse croissante. En 60, c'est là que Publius recueillit saint Paul, qui se rendait à Rome, après son naufrage. En 870, après l'invasion de Malte par la dynastie arabe des Aghlabites, ceux-ci repoussèrent le périmètre défensif jusqu'au plateau sommital afin d'y inclure un faubourg nommé Rabat.

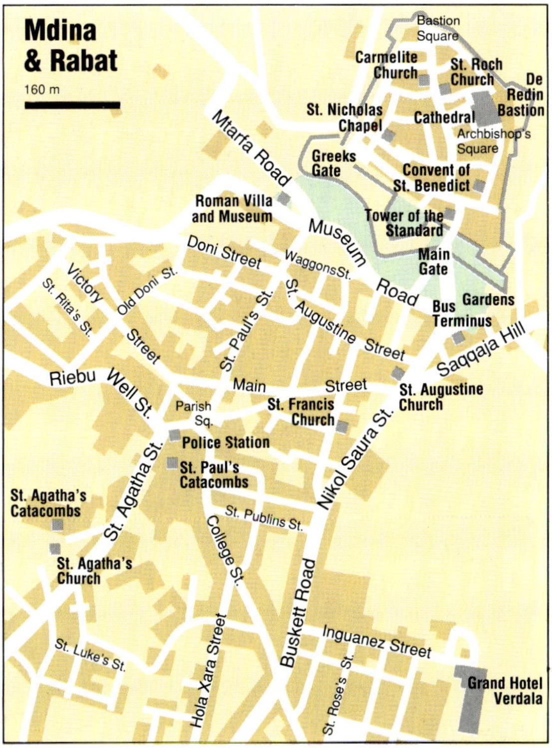

C'est après que Roger le Normand, comte de Sicile, eut en 1090 conquis l'archipel au nom de la chrétienté, que la décision fut prise d'édifier une cathédrale. A mesure que s'écoulaient les années, et bien que Malte fût passée de main en main, la cité devenait florissante. De somptueux palais lui donnèrent un air patricien. En 1429, quand les Sarrasins tentèrent de conquérir l'île, Mdina résista car, selon la légende, saint Paul apparut aux défenseurs, campé sur un destrier, brandissant une épée flamboyante. Galvanisée, la cité ne tomba pas. En témoignage de cette bravoure, Alphonse V d'Aragon, au pouvoir de qui l'île passa peu après, ordonna qu'on rebaptise la ville. Ce nouveau nom, déclara-t-il, serait une marque d'honneur: Citta Notabile. Ensuite, pendant le Grand Siège, la ville se montra digne de son passé et son intervention changea le sort de l'ordre de Saint-Jean. Sa cavalerie chargea le camp turc alors que la victoire était à portée de main de l'ennemi. L'impétuosité de l'attaque contraignit les Ottomans à s'enfuir.

La cité du silence

Capitale de l'archipel, Mdina fut le siège des autorités ecclésiastiques, civiles et militaires. Elle fut surtout (et elle reste) la ville des plus anciennes familles de Malte. On trouve, à l'intérieur de ses remparts, nombre de palais, de monastères, d'églises, une cathédrale et un musée d'une exceptionnelle richesse. Pendant de longues années, elle répondit au nom de «cité du silence» car ses rues sont trop étroites pour permettre la circulation automobile et elle était alors exclusivement résidentielle. De nos jours, seuls les citadins sont autorisés à emprunter en voiture les rues à sens unique et il a été permis d'ouvrir, dans certains bâtiments historiques, des cafés, des bars ou des restaurants.

Les rues ont été tracées volontairement étroites et sinueuses afin d'utiliser au mieux l'espace disponible et que les courants d'air apportent un peu de douceur par temps de canicule. Les hauts immeubles se portent l'un sur l'autre de l'ombre et, même en plein été, il règne dans la ville une température clémente.

Le fortifications

Les fortifications qui ceignent la cité furent améliorées après le Grand Siège. En même temps qu'il s'attaquait à l'édification de La Valette, l'Ordre renforça les défenses de Mdina et les remparts sont restés tels qu'ils furent reconstruits. Il existe trois entrées dans la citadelle : la Grande Porte, la porte Grecque et le « Trou dans le mur ». La **Grande Porte** s'ouvre sur les jardins de Rabat, hors les murs. La **porte Grecque** donne, au-dessous, sur les larges douves et tire son nom de la colonie d'émigrés grecs qui vivaient dans les parages immédiats. Quant au **Trou dans le mur**, il porte bien son nom : il fut percé lors de l'ouverture d'une ligne de chemin de fer, à la demande des habitants qui souhaitaient disposer d'un accès facile à la gare située en contrebas, sur la route de Mtarfa.

La **Grande Porte** fut ouverte en 1724, sur l'ordre du grand maître de Vilhena. Un arc de triomphe baroque, encadré de colonnes massives ornées de bas-reliefs et surmonté d'un linteau richement décoré, permet de franchir, par un pont-levis, les fossés asséchés. Ce portail prit la place d'un autre, plus ancien et plus dépouillé, dont on voit encore l'encadrement dans la face extérieure du rempart, à droite. Sur la face intérieure se trouvent les armoiries d'Antonio de Inguanez que les Français, pendant leur occupation de 1798, enlevèrent et remplacèrent par une statue de la Liberté. L'écusson actuel fut remis en place sur ordre du gouverneur sir Linton Simmons en 1886.

En entrant, à gauche, s'élève la **tour du Vieil-Étendard**, actuellement occupée par un poste de police, bâtie au XVIe siècle. C'est au sommet de cette tour qu'étaient allumés les feux destinés à alerter la population en cas de débarquement de pirates sur les côtes de l'île.

Un « carrozin » garé devant la cathédrale.

Palais et hôtels

En face de la tour se dresse le palais magistral, le **palais Vilhena**, dont les plans furent dessinés par l'architecte maltais Giovanni Barbara en 1733, l'année de sa mort. C'est actuellement le **musée d'Histoire naturelle**. Les services gouvernementaux, l'Universita, y tinrent leurs bureaux, jusqu'au jour de 1693 où le bâtiment fut jeté à bas par un tremblement de terre.

Lorsqu'il fit percer la nouvelle porte, quarante ans plus tard, le grand maître de Vilhena profita de l'occasion pour déménager ces services du palais tout neuf qu'il venait de se faire construire.

Face à l'entrée, le quatrième côté de cette petite **place** dédiée à saint Publius est occupé par le **couvent Sainte-Bénédicte**, fondé en 1418 mais presque entièrement reconstruit en 1625. Les nonnes obéissent à des règles si sévères que, jusqu'à une époque récente, elles ne pouvaient plus, sous aucun prétexte, franchir les murs du couvent, et devaient être inhumées à l'intérieur. Nul homme ne pouvait en franchir le seuil, à l'exception du médecin à condition toutefois qu'il y fût autorisé par l'évêque.

Sur la gauche s'ouvre l'artère principale de Mdina : la **rue Villegaignon**, qui conduit à la **place du Bastion**, petite place surélevée d'où l'on a une vue panoramique sur les alentours, de Mtarfa à gauche à La Valette à droite. A mi-course, on remarquera l'église connue sous le nom de **dôme de Mosta**. De nuit, le spectacle est féerique, avec les milliers de lumières de Malte dans.

Jouxtant le couvent se trouvent les **chapelles Saint-Pierre** et **Sainte-Agathe**. Le maître-autel de Saint Pierre, œuvre de Mattia Preti, est revêtu d'une décoration, comme bien d'autres à Malte, représentant la Madone en compagnie de saint Pierre, de sainte Bénédicte et de sainte Scholastique. L'église Sainte-Agathe fut construite en 1417 puis remaniée par Lorenzo Gafa en 1694. Son maître-autel est dû au génie de Giuseppe d'Arena.

La rue Villegaignon est bordée, sur toute sa longueur, des plus belles mai-

Une rue étroite et ombreuse de la « cité du silence ».

sons particulières de Malte. Celles-ci ont été entretenues par les vieilles familles qui les ont habitées des siècles durant. Nombreuses sont celles qui recèlent des trésors. Au n° 6, la **Casa Inguanez** date de 1350 et la famille Inganez, la plus ancienne de Mdina, ne l'a jamais quittée. L'île fut gouvernée par les Inguanez jusqu'au jour où ils furent supplantés par l'ordre de Saint-Jean en 1530.

A l'angle de la Casa Inguanez s'ouvre Mesquita Street, qui conduit à Gatto Murina Street, où s'élève le **palais Gatto Murina**, bâtiment plein de grâce typique du style architectural du XIVe siècle.

C'est d'une fenêtre de l'immeuble sis au n° 11, la **maison du Notaire Bezzina**, que le capitaine Masson, commandant la garnison française de Mdina en 1798, fut précipité dans la rue par la foule déchaînée, lors du soulèvement qui fut le prélude de la révolte de Malte. A l'occasion de l'expédition d'Égypte, les conquérants français avaient enlevé Malte à l'ordre de Saint-Jean. Mais, en quelques semaines, ils se rendirent si impopulaires que l'insurrection devint inéluctable.

Cette défenestration intervint à la suite de la vente publique des tapisseries dont les Français avaient dépouillé l'église des Carmélites proche. Les gens de Mdina appelèrent les Maltais des environs à se joindre à eux pour donner l'assaut contre les Français dont la garnison fut pratiquement exterminée. Ce fut aussi le prétexte de l'appel lancé à l'Angleterre, l'invitant à placer l'archipel sous la protection de son drapeau.

Au coin de la **place Saint-Paul**, vaste parvis de la **cathédrale** où se trouve la **Banca Giuratale**, bâtie par le grand maître de Vilhena afin de loger l'Universita lorsqu'il en reprit le palais dévasté de Main Street pour y édifier le sien.

Un peu plus loin, le **palais Sainte-Sophie**, au carrefour de Holy Cross Street, passe pour le plus vieil édifice de Mdina. Le rez-de-chaussée date du XIIIe siècle (et le premier étage... de 1938).

Quelques pas plus loin, le **palais Falzon** n'avait à l'origine qu'un rez-de-chaussée. Bâti au XIVe siècle, ce palais, baptisé **Norman House**, est l'un des rares bâtiments privés ouverts au public.

Les catacombes Saint-Paul, à Rabat.

Édifices religieux

Il existe une petite **chapelle**, dédiée à saint Roch, qui fut construite en 1728. Autrefois, **Saint-Roch** faisait partie de la chapelle Santa Maria della Porta, à l'entrée de la ville. Quand le grand maître de Vilhena dessina le plan de reconstruction de la cité, il changea l'emplacement de la vieille porte et la chapelle fut rebâtie un peu plus loin. Désignée par les habitants sous le nom de Madonna tad-Dawl (la Madone de la Lumière), elle contient un autel dont les antependiums ont été peints par le Portugais Emmanuel Pereira.

Nettement plus vaste, l'**église des Carmélites** est dotée d'un charmant prieuré. L'ordre mendiant des Carmélites débarqua de Sicile en 1370 et installa ses premiers quartiers à Rabat. En 1659, il se transporta à Mdina et, en 1680, le bâtiment qu'on voit aujourd'hui fut achevé. L'église compte quatre chapelles latérales et sept autels avec, au-dessus du maître-autel, une *Annonciation* peinte par Stefano Erardi. Les tableaux du XIXe siècle, représentant saint Simon et saint Élie, sont du peintre maltais Michele Bellanti.

La plupart des trésors qui ont échappé au pillage des troupes françaises sont exposés au **musée de la Cathédrale**, dans l'ancien grand séminaire de Mdina, construit en 1733.

Au carrefour des rues Inguanez et Saint-Paul se dresse le **pavillon du Héraut**, d'où étaient lues les proclamations du conseil de la ville, et la **Corte Capitanale**, qui fait partie maintenant du palais Vilhena, mais qui abritait autrefois le palais de justice. Au-dessous se trouvent cachots et cellules. Une légende veut qu'un passage souterrain le relie au **palais épiscopal** qui jouxte la cathédrale. L'édifice voisin, qui fut la résidence d'une vieille famille puis un hôtel assez excentrique appelé le **palais Xara**, attend un nouveau nom de baptême.

Le centre commerçant

Au-delà des remparts de Mdina s'étend l'agglomération de **Rabat**, en pleine

Sol en mosaïque du musée des Antiquités romaines de Rabat.

expansion, nettement séparée de la citadelle à laquelle, au temps des Romains, elle était étroitement liée. Ce furent les Arabes qui opérèrent cette séparation afin d'améliorer la situation stratégique de la cité. C'est là que toute la richesse de l'île était rassemblée. Ils creusèrent un fossé dans le plateau pierreux et en modelèrent le glacis de telle sorte que l'escalade en devienne périlleuse.

Des siècles plus tard, les chevaliers creusèrent les douves et dressèrent des murailles, faisant de la ville une forteresse imprenable. Ils ne laissèrent que deux porches d'accès.

Rabat est le centre commerçant de la partie ouest de l'île. On y trouve aussi bien des banques et des bureaux que des boutiques ou des restaurants modestes, et il s'y tient un beau marché de primeurs.

Églises et catacombes

Plusieurs ordres religieux ont installé, dans de grands immeubles, leurs monastères, prieurés ou couvents. Cette implantation est sans doute due au fait que la place manquait, tant à La Valette qu'à Mdina et, de toute façon, l'isolement de Rabat était propice à la méditation. Le bâtiment à visiter est le **prieuré Saint-Dominique**, donnant sur la place du même nom; il possède une jolie chapelle baroque du XVIe siècle et un cloître.

Pendant l'occupation française, le futur Napoléon Ier déclara que, dorénavant, les ordres religieux ne seraient autorisés à posséder qu'un seul immeuble chacun, si bien que ce prieuré fut converti en hôpital. Aujourd'hui, seule l'église est ouverte au public. Rue Nicolo Saura se trouve l'**hôpital du Saint-Esprit**, le premier construit à Malte. Il existait déjà en 1370. Il n'a fermé ses portes qu'en 1968.

La délicieuse **église Sainte-Agathe** est consacrée à cette jeune femme qui, en 249, s'enfuit de Sicile et se réfugia à Malte plutôt que d'épouser Quintanus, gouverneur de Catane. Elle vécut cachée dans les catacombes de Rabat mais, par la suite, elle revint sur sa terre natale où elle fut livrée aux bourreaux de celui

Le palais Verdala vu des vergers de Buskett.

auquel son père l'avait promise et subit le martyre pour avoir refusé cette union. Les **catacombes** où elle vécut s'étendent sous l'église et sont ornées de fresques dont l'une date de l'époque 395-870, alors que l'archipel était sous la domination de Byzance. A l'époque romaine, les dépouilles des morts étaient incinérées car il n'était pas permis de les enterrer. Mais les juifs de Palestine, qui refusaient la crémation, creusèrent de profonds tombeaux voûtés, et les chrétiens les imitèrent. Les catacombes servirent aussi de refuge contre les persécutions et de lieu de culte.

On est à peu près certain qu'il existe à Malte de nombreuses églises souterraines et d'autres catacombes. Certaines sont enterrées sous des immeubles bâtis par la suite et d'autres, avec leur sol de brique et leurs murs passés à la chaux, tiennent lieu de cave ou de cellier à des maisons particulières. A Rabat, deux **catacombes** débouchant dans Agatha Street sont ouvertes au public, celles de **Saint-Paul** et de **Sainte-Agathe**. Toutes deux sont de longs couloirs voûtés, avec des tombes creusées dans la pierre, des niches, des reposoirs et la table des «agapes» sur laquelle étaient disposées les nourritures que les chrétiens partageaient en célébrant la Cène.

L'**église Saint-Paul** est réputée la première église paroissiale de l'archipel. Juste au-dessous s'ouvre la **grotte** dans laquelle l'apôtre aurait vécu après son naufrage. La légende dit que ses murs ont un pouvoir miraculeux et que les éclats de la pierre guérissent les malades cloués au lit. Pendant des siècles, les pèlerins ont ainsi gratté et arraché des écailles des murs et pourtant (est-ce là le miracle ?) la grotte a conservé les mêmes dimensions ! L'église fut bâtie grâce à la générosité d'une noble dame, Cosmana Navarra. Au-dessus du maître-autel, un tableau de Stefano Erardi représente le naufrage de saint Paul.

L'église voisine **Saint-Publius** fut édifiée par Giovanni Beneguas, aristocrate espagnol qui vécut quelque temps en ermite dans la grotte. La crypte renferme une statue en marbre de saint Paul et on y voit encore des traces des fresques

Champs en terrasses au-dessus des falaises de Dingli.

qui l'ornaient. Dans la sacristie trône une belle statue de marbre offerte par le grand maître Pinto, ainsi que des lampes données par le pape Paul VI. Il subsiste enfin un temple primitif chrétien avec sa table des «agapes».

En bordure du boulevard périphérique qui sépare Rabat de Mdina s'élèvent les ruines romaines les plus importantes de la région, la **Villa Romana**, ancienne demeure d'un riche marchand. Ses fondations ne furent découvertes qu'en 1881. Au-dessus du sol pavé de mosaïques, un petit musée a été ouvert. On y admire une intéressante collection d'objets et des statues trouvés aux alentours. Sur la belle route côtière qui va de Mgarr à Ghajn Tuffieha, il subsiste aussi des vestiges d'un établissement de **bains romain**.

A proximité de Rabat, en direction des magnifiques falaises de Dingli, s'élève le **palais Verdala**, château perdu dans le silence des oliviers et des sapins, dominant l'oasis des **vergers de Buskett**. Ce lieu de rêve est frais l'été et l'air, à la saison froide, y semble réchauffé par le parfum des orangers. C'est la plus vaste étendue boisée de l'île. Édifié selon les plans de Gerolamo Cassar en 1586 pour le grand maître Hugues de Verdale, le palais Verdala est un château médiéval planté sur une élévation entourée de forêts. Il ne fut pas conçu pour résister à une attaque, mais ses quatre tours d'angle sont percées de meurtrières judicieusement disposées. Il fut agrandi et embelli au cours des siècles — notamment par les Anglais qui, dans les derniers temps de leur occupation, le dotèrent de l'eau courante et de sanitaires, afin d'héberger le gouverneur et sa famille en été. Il donne une impression de paix et de grandeur, avec les fresques du grand salon qui retracent les étapes de la vie du grand maître de Verdale. Un bel escalier en spirale grimpe jusqu'aux combles, d'où l'on jouit d'une vue sur toute l'île. Dans l'épaisseur de la muraille a été creusée une prison secrète.

A l'ombre du château, la **chapelle Saint-Antoine-l'Abbé** fut construite au XVIe siècle. En la contemplant des **vergers de Buskett**, au-dessous, on aperçoit les fenêtres peintes en trompe-l'œil afin de donner une impression de symétrie.

Buskett est le lieu de prédilection des amateurs de pique-nique, et depuis plus de trois cents ans s'y tient le 29 juin de chaque année l'une des *festi* les plus populaires: Mnarja, fête de saints Pierre et Paul. Son nom vient du mot latin *illuminaria*, que les prêtres employaient pour évoquer l'illumination des églises de Mdina et de Rabat en l'honneur de ces deux saints. Ce grand jour débute par des courses de chevaux et de mulets sur la route qui va du pied de la colline de Saqqija à Rabat. Là, on voit encore le balcon de pierre où les grands maîtres, puis les gouverneurs britanniques prenaient place pour observer les courses et, à l'arrivée, remettre leur bannière aux vainqueurs, qui les rapportaient à leur village où elles servaient de nappes d'autel. Aujourd'hui, la foule des pique-niqueurs envahit les vergers de Buskett et passe la journée à faire rôtir le *fenek*, à boire du vin, à jouer à la *tombla* et à chanter jusque tard dans la nuit.

Non loin de là se trouve **Dingli**, petit village dominé par le point culminant de

A gauche, l'escalier ovale du palais Verdala; à droite, le plafond de l'église des Carmélites.

Malte, les **falaises de Dingli**, célèbre par les sillons énigmatiques tracés dans le sol (à Clapham Junction) et par la route de crête qui conduit aux **temples mégalithiques de Hagar Qim** et de **Mnajdra**.

Sur la route, en s'éloignant de Buskett, on atteint le **palais d'été de l'Inquisiteur**, construit en 1625 par Horatius Visconti. Curieusement, le bâtiment n'a que la profondeur d'une pièce et toutes les salles sont reliées par le même corridor. Une petite **chapelle** s'élève à l'extrémité, et sous le tablier de la terrasse s'ouvrent les **grottes** dans lesquelles les serviteurs de l'inquisiteur auraient été logés. Pendant des années, ce palais fut laissé à l'abandon et livré au pillage. Il serait récemment devenu propriété privée et il n'est pas ouvert au public.

La cathédrale Saint-Paul

Les dernières années du XVIIIe siècle ont été le temps d'un renouveau architectural. Le style baroque, d'abord imprégné d'art italien et sicilien, prit son caractère propre. La cathédrale de Mdina est le plus bel exemple d'une expression artistique authentiquement maltaise. Le site de la cathédrale et des monuments qui l'ont précédée est celui de la maison de Publius, légat romain gouverneur de l'île qui, ainsi qu'il est rapporté aux Actes des Apôtres, fut guéri par saint Paul d'une fièvre pernicieuse. Il fut le premier Maltais à se convertir et devint le premier évêque de Malte. Une *Vierge à l'Enfant* qu'on dit peinte par saint Luc lorsque, en 60, il séjourna à Malte, est exposée dans la **chapelle du Saint-Sacrement**.

On sait qu'il a existé d'autres églises avant celle-ci, mais les premières informations précises concernant la cathédrale remontent à la fin du XIIe siècle ou au début du XIIIe. Sa première représentation figure sur deux fresques de Matteo Perez d'Aleccio dans le palais des Grands Maîtres; elle était alors bâtie dans le style roman d'Italie du Sud, avec une nef unique, un toit de bois à forte pente et un beffroi trapu sur le côté.

La façade de la cathédrale Saint-Paul, œuvre de Lorenzo Gafa.

En janvier 1693, l'ancienne cathédrale fut détruite par le tremblement de terre qui secoua le bassin de la Méditerranée centrale et causa la ruine de nombreuses localités en Sicile et dans l'archipel de Malte. Seule l'**abside** demeura debout, ce qui est à l'honneur de l'architecte maltais Lorenzo Gafa (1639-1702) qui, en la reconstruisant quelques années plus tôt, en 1681, en avait renforcé les structures. Gafa fut de nouveau désigné pour dessiner les plans et surveiller la reconstruction de la cathédrale, et il entreprit ses travaux en 1697. Il avait alors cinquante-huit ans et, tirant profit des connaissances acquises sur place qui s'ajoutaient à sa science personnelle de l'architecture religieuse, il se trouvait en pleine possession de son génie. Il parvint à un équilibre entre la légèreté aérienne des églises qu'il avait bâties jusque-là et la nécessité d'une solidité à toute épreuve. Il conçut ainsi un édifice qui a inspiré toutes les autres églises de Malte.

La **façade** monumentale, avec son quadrillage équilibré de lignes verticales et horizontales, dans le plus pur esprit du baroque romain, superpose deux styles, le corinthien en bas et le composite au-dessus. Cette combinaison paraît élargir l'édifice. Le tympan central est largement en avant des portails latéraux et son beau **porche** à angles droits est encadré de hauts-reliefs. Il est couronné par un arc brisé supportant les armoiries de l'évêque de l'époque et l'emblème de Malte. De part et d'autre, les armes du grand maître Perellos (1697-1720) et celles de l'évêque Palmieri (1684-1713). Les deux **portails latéraux** sont encadrés de moulures dépouillées surmontées d'un arc et de colonnes qui remplissent presque la largeur des murs autour du porche central. La fenêtre du milieu, qui rappelle les ouvertures rondes et ovales de l'ancienne église, éclaire la façade et forme, entre le portail et l'entablement supérieur, un ensemble harmonieux.

Les gâbles en retrait portent deux tours aux **clochers** richement ornés qui abritent six cloches, dont la plus ancienne fut fondue à Venise en 1370. La position des deux cadrans d'horloge est assez curieuse en ce qu'elle rompt l'entable-

Une chapelle latérale richement ornée.

ment et touche la corniche. Cette disposition fut certainement voulue afin de donner une impression de plus grande hauteur aux clochers assez trapus.

La cathédrale a la forme d'une croix latine, avec une nef centrale voûtée et une aile de part et d'autre, abritant des chapelles latérales. Le **transept**, le **cancel** et le **chœur** sont de belles proportions, alors que les absides, toutes petites, sont par leur décoration des joyaux.

Le sol est constitué d'une mosaïque de plaques de marbre de toutes les couleurs, certaines d'inspiration macabre, d'autres plus légères. Elles commémorent d'éminents évêques, abbés, prélats, chanoines maltais, ainsi que des notables laïcs, dont la plupart appartenaient aux familles aristocratiques de l'île.

Le somptueux **plafond** de la nef, peint en 1794 par deux frères originaires de Sicile, Antonio et Vincenzo Manno, représente des scènes de la vie de saint Paul. Les peintures du dôme ont été exécutées par Mario Caffaro Rore en 1955.

Mattia Preti (1613-1699), à qui Malte doit une part de sa gloire, fut l'auteur du **maître-autel**, de l'abside supérieure et des deux panneaux latéraux. Leur décoration évoque divers épisodes de la vie de saint Paul. Les armoiries de la famille royale d'Espagne, au centre de l'arche qui couronne l'abside, témoignent de la munificence de Charles Quint.

Deux vestiges du tremblement de terre qui ravagea la première cathédrale sont les **fonts baptismaux** (1495) et la porte de la **sacristie** en chêne d'Irlande, dont la gravure est une merveille. Tous deux portent l'écusson rouge et blanc de Malte, ce qui démontre combien ces armoiries sont anciennes.

Le chef-d'œuvre de Gafa, celui qui marque l'apogée de son génie, est le **dôme** baroque. Majestueux et léger, plus sculptural qu'architectural, il jaillit, quand on l'aperçoit à quelque distance, au-dessus de la colline de Mdina et domine les alentours.

Les deux canons qui montent la garde sur le parvis datent du XVIIIe siècle. Ils avaient été emmenés au musée de Woolwich mais, en 1898, ils ont repris leur place, sur ordre du gouverneur de Malte.

Saint Pierre et saint Paul veillent sur la cathédrale.

GOOD FUN CRUISES

Sliema
et Saint Julians
500 m
St. George's Bay
Malta Casino
Dragonara Point
Cresta Quay
Dragonara Hotel
Dragonara Swimming Pool
PACEVILLE
Il-Qaliet
St. Augustine St.
St. George's Rd.
St. Andrew's Rd.
Church Street
Road
Malta Hilton Hotel
Lido
Sliema Regional Road
Garden Street
Street
Spinola Road
Palm St.
Mensija
St. Julian's Bay
St. Julian's Point
Grenfell Street
St. Julians Church
ST. JULIANS
Carmel St.
St. Julian's Tower
Tower Road
Windsor Terrace
Balluta Bay
SLIEMA
Waterpolo Pitch
St. Patrick's Church
Balluta Hotel
Main St.
Main St.
Plaza
Carmelite Church
St. Francis St.
Guze Howard St.
Dingli Street
Amery Street
Tower Road
Sliema Point
New St.
Preluna Hotel
St. Gregory's Church
Manuel Dimech Road
Saint Helena St.
Birkirkara Hill
Imperial Hotel
Birkirkara Road
Mrabat St.
St. Henry St.
Savoy Bus Depot
Street
Stella Maris Church
Qui-Si-Sana Place
Union Club
Sacred Heart Ave.
Police Station and Post Office
St. Mary St.
Locker St.
Rodolphe
Holy Trinity, Anglican
Holiday Inn
Viani St.
Sliema Hotel
Ferry Bus Terminus
Pace Street
GZIRA
Rue D'argens
The Strand
Sliema Creek
Saint Albert Street
Fleet Street
Fortina Hotel
Tigne Fort
Stuart Street
The Strand
Sliema Road
Street
Shipyard
Yacht Slipways
Manoel St.
Fort Manoel Road
MANOEL ISLAND
University of Malta
Briffa
Yacht Marina Office
Fort Manoel
St. George's St.
Yacht Berths
Luqa
Lazzaretto Creek
Royal Malta Yacht Club
Sliema Regional Road
Msida Road
Gerry Zammit St.
Rigord St.
Ta'Xbier Sea Front
Testaferrata Street
Marsamxett Harbour
TA'XBIEX
Old Mint St.
St. Michael's Bastion
MSIDA
Abate
Rue D'argens
Front
South Street
Hannibal P. Scicluna Rd.
Yacht Berths
St. Louis St.
Ta 'Xbier Sea
Msida Yacht Marina
City Gate
Misrah G. Ellul Mercer Square
Street
Msida Bastion
Beltissebh
Triton Fountain
Msida Sea Front
Marina
Gozo Ferry
Clarence Street
PIETÀ
St. Luke's Hospital
FLORIANA
Sa Maison Bastion

SLIEMA ET SES CITÉS SATELLITES

Les principales zones résidentielles de Malte s'étendent autour de Sliema, de Bugibba et, dans une moindre mesure, de Mellieha. L'urbanisation s'est développée le long de la côte est qui, dans cette partie de l'île, est découpée de multiples baies et de plages aux eaux calmes et sûres. C'est là que les gens aisés viennent vivre, là que les enfants peuvent circuler sans crainte dans les rues, même la nuit, et que viennent dîner, chez **Standa Stefanel**, au **Body Shop** ou au **Saint Michael**, les habitants du quartier bien plus que les touristes. Il existe plusieurs excellents hôtels et restaurants, mais la vocation du quartier demeure résidentielle.

Une ville élégante

La ville s'est organisée d'abord comme un lieu de villégiature pour les habitants de La Valette. Avec une côte frangée de petites anses et de plages de rochers blancs face à une mer toujours bleue, Sliema était l'endroit où l'on venait, en été, nager et respirer l'air du large. Il existait alors une petite communauté de pêcheurs, quelques petites exploitations agricoles et un poste militaire au **fort Tigne**, bâti en 1761 par le grand maître Pinto, pour garder et défendre, avec le **fort Saint-Elme** en face, l'entrée du **port de Marsamxett**.

A mesure que le nombre et la richesse des habitants de La Valette augmentaient, Sliema prit son essor. Des familles quittèrent la capitale pour s'installer dans des villas et des maisons confortables. Des terrains furent aménagés, des commerçants ouvrirent boutique et l'endroit devint le quartier à la mode.

Au début du siècle, une architecture marquée par la couleur crème de la pierre donnait à Sliema grâce et élégance. Au point que, si La Valette demeurait la capitale et le centre nerveux du pays, les Valetains dont les familles ne s'étaient pas déjà installées dans l'un des «trois villages», **Lija**, **Attard** ou **Balzan** (où l'on goûte plus la campagne qui entoure le **palais San Anton** et ses somptueux jardins que les embruns de la mer), vinrent s'établir à Sliema.

Les limites de l'agglomération absorbèrent bientôt **Balluta** et **Saint Julians**. Plus tard, elles dépassèrent **Spinola** et **Saint Andrews**, où les troupes britanniques avaient leurs casernements.

La plupart des constructions sont destinées aux Maltais fortunés ainsi qu'aux touristes. Mais aujourd'hui, comme les nombreux enfants des vieilles familles qui se marient cherchent un toit hors de la maison paternelle, les nouvelles générations ont commencé à installer leurs pénates dans les villages proches des faubourgs de Sliema, à **Naxxar** ou à **Gharghur**, par exemple. Ils y disposent de plus d'espace et de tranquillité. Les jeunes classes ne peuvent pas se permettre de payer un nouvel appartement aux prix qui sont demandés pour les immeubles en bordure de Tower Road, le front de mer de Sliema qui domine les plages, ou pour une villa sur High Ridge ou à Maddliena, deux artères de prestige, juste au-delà de Saint Andrews. Ils

Pages précédentes : vue aérienne de l'île Manoel, entre La Valette et Sliema; le quartier de Ta'Xbiex et son port de plaisance. A droite, partie de «bocci» à Pieta.

ne voudraient pas plus des quartiers surpeuplés du voisinage immédiat.

Mais, pour une personne qui souhaite vivre hors de la ville, il s'en trouve toujours au moins deux qui entendent à tout prix se rapprocher du centre. La ville jouit d'un énorme prestige et ce n'est pas sans quelque raison que les habitants du sud de l'île appellent ceux de Sliema des *tal pepe*, c'est-à-dire des snobs!

Quand un promoteur immobilier vient courtiser les propriétaires d'une vieille maison de famille en leur proposant beaucoup d'argent avec, en prime, un ou deux appartements modernes et parfaitement fonctionnels, il est bien difficile de lui résister. Sliema, comme tout un chacun vous le confirmera, n'est plus ce qu'elle était. Au cours de ces dernières années, tout ce qui faisait le charme du front de mer, avec ses belles villas et ses promenades agréables le long des plages, a disparu. Grâce aux vues dont les riverains disposaient, le terrain a pris une valeur considérable. A la place de cette Riviera, on trouve maintenant des tours de béton et de grands hôtels. Même les rues en retrait, autrefois tranquilles, ne sont pas préservées de cette fièvre de construction : immeubles collectifs, hôtels et restaurants s'y installent.

Bien entendu, rien de tout cela ne saute aux yeux de ceux qui débarquent. Sur le **Strand**, par exemple, d'où partent les bateaux de croisière sur lesquels on fait le tour des ports ou le circuit de visite des îles de Comino et de Gozo, la vie bourdonne. C'est ici que Sliema commence. Sur l'eau, les vedettes et les voiliers de plaisance sont innombrables; avec La Valette en magnifique arrière-plan, on voit passer les yachts qui vont rejoindre leur mouillage aux marinas proches de **Msida** ou de **Ta'Xbiex**.

On trouve partout des cafés, des bistrots qui servent *pastizzi* et *timpana*, gâteaux et glaces, boissons non alcoolisées ou *cappuccini*. Il existe deux restaurants de très bon niveau : le **Carriage** et le **Galleone**. On trouve aussi des magasins tels que Square Deal pour des articles de mode à bon marché ou Saint Michael pour des produits importés de Grande-Bretagne. Près du parc de sta-

La baie de Saint Julians est bordée de cafés et de restaurants.

tionnement, devant les jardins, les autobus s'arrêtent, permettant de se rendre à La Valette ou, dans l'autre sens, à Saint Julians ou à Paceville. C'est là qu'autrefois les bacs à vapeur s'amarraient pour embarquer, moyennant un péage de quelques centimes, les passagers à destination de La Valette.

Tower Road et la **rue Bisazza** se rejoignent au sommet de la colline. Ce sont les deux rues commerçantes les plus actives, dans lesquelles on trouve des banques, des pharmacies, des bureaux de change, des boucheries, un supermarché, des bijouteries et même des officines de presse où, dès six heures du matin, les quotidiens britanniques et italiens sont en vente. C'est là que les vrais habitants de Sliema font leurs courses.

A droite, c'est le quartier paisible de **Tigne**, avec les **hôtels Holiday Inn**, **Fortina**, **Tigne Court** et **Plevna**. Le long du front de mer de **Quisi-Sana** (ce nom signifie : « Ici on se porte bien » !), il existe des plages privées avec piscines, des bars et même des bureaux de change. De nombreux immeubles d'habitation de luxe y ont été construits, de même qu'une usine de désalinisation de l'eau de mer qui assure l'alimentation en eau de Sliema. Une grande partie du **fort Tigne** a été transformée en locaux administratifs.

Les plages, autour de Sliema, sont surtout rocheuses.

Puis, tout au long du **Front**, ainsi que les gens du cru appellent cette portion de Tower Road, se succèdent hôtels, restaurants, plages publiques sur les rochers où les touristes et les habitants de Sliema viennent se baigner (ces derniers préfèrent les plages rocheuses, bien qu'il existe de nombreuses plages de sable). Le soir, quand la chaleur est tombée, la promenade est envahie par la foule. Des générations de Maltais ont pris grand plaisir à cette *passegiata*, marchant lentement, bavardant, faisant des civilités. On y vend des glaces, des boissons douces, des vendeurs ambulants proposent à pleins paniers amandes, noisettes ou cacahuètes.

Plus loin, contournant la **baie de Balluta** où l'une des plus célèbres équipes de water-polo de l'île, les Neptunes, possède son club et sa piscine

d'entraînement, où l'on peut voir le samedi soir se disputer des compétitions, l'avenue atteint le carrefour le plus actif: **Saint Julians** (San Giljan).

Ce n'est pas l'endroit habituel où faire ses courses. Autrefois, ce n'était qu'un simple et paisible quartier résidentiel, assez pittoresque, où les pêcheurs débarquaient leurs prises à leur retour à terre, le soir — et certains le font encore. C'est devenu un lieu bruissant d'activité, avec une promenade bordée de toute une série de restaurants, et c'est certainement le carrefour le plus encombré de l'île. **San Giuliano** et **Dolce Vita** comptent parmi les plus fameux restaurants de poisson de Malte. On trouve aussi de petits bistrots qui servent des cuisines exotiques: japonaise ou chinoise, sans parler des pizzerias.

Juste après le sommet de la colline, on entre dans **Paceville**, quartier assez clinquant de restaurants bon marché, de bars et de boîtes de nuit. Pendant les nuits d'été, les rues grouillent d'un monde cosmopolite. Parfois, à la fin de la nuit, l'endroit peut devenir «chaud».

Dans un quartier plus calme sont groupés les grands hôtels: **Hilton** et **Sheraton**, avec leurs piscines et leurs plages privées. Au bout du promontoire, c'est le **Casino** avec son club de plage et son école de plongée sous-marine. Installé dans une ancienne résidence d'été, c'est le seul établissement de jeux de l'archipel. Les amateurs y trouveront des tables de roulette, de baccara et de black-jack. Il dirigé de main de maître et ses croupiers sont de remarquables professionnels. Un modique droit d'accès est perçu à l'entrée et il est indispensable d'arborer une tenue correcte.

A quelques minutes de marche, on passe devant les boîtes de nuit: le **Styx** et l'**Acsis**. Elles donnent le parfait exemple de la manière dont ce genre d'établissement, où qu'il soit dans le monde, doit fonctionner pour réussir. Un peu plus, on parvient à un «lido» où est ouverte une autre école de plongée.

En continuant le long de la côte, vers Saint Andrews et Saint George, on dépasse l'ancien camp militaire britannique, avec ses baraquements d'un style

Le casino de Malte, à Dragonara.

inattendu. L'histoire veut que les plans sur lesquels ils sont bâtis aient été ceux d'un casernement des Indes mais qu'à la suite d'une erreur d'un commis aux écritures, ils aient échoué à Malte. Aujourd'hui, alors que l'armée britannique a, depuis longtemps, quitté ces quartiers, les baraques, après une reconversion fort décousue, abritent des entreprises commerciales et des bureaux administratifs.

La route qui serpente le long de la côte passe devant les rochers blancs et le **parc d'attraction de Bahar-ic-Caghaq** avant d'atteindre la **baie de Salina**, avec son grand hôtel et ses marais salants. A droite, de l'autre côté de la baie, c'est la ville de **Qawra**, écrasée par la masse de l'**hôtel Suncrest**, et la route qui se dirige sur Bugibba, lieu de villégiature qui connaît un développement rapide. Plus loin encore, la **baie Saint-Paul** fait face à un écueil, l'**île Saint-Paul**, sur lequel l'apôtre aurait fait naufrage.

Les restaurants de Saint Julians restent ouverts tard dans la nuit.

Les Maltais prisent cette route de bord de mer. Le samedi ou le dimanche, ils n'hésitent pas à faire des kilomètres pour trouver une place où stationner afin d'aller pique-niquer sur la plage. La route devient un long ruban d'automobiles en stationnement, d'un bout à l'autre. Ils restent là jusque tard dans la soirée. La nuit tombée, le samedi et le dimanche, il faut s'attendre à d'interminables embouteillages.

Distractions familiales

L'arrondissement de Sliema reste le cadre d'une vie quotidienne dans laquelle la famille est reine, y compris sur le plan religieux. Il existe un grand nombre de paroisses et les clochers des églises se découpent sur le ciel parmi les immeubles. Leurs carillons rythment les heures. Cela entraîne, en été, une floraison de *festi*, presque chaque semaine, et les rues sont alors tendues de banderoles, cependant que les orphéons accompagnent la procession qui promène à travers la ville la statue du saint patron. La foule bon enfant grouille, bavarde, discute, s'amuse, déambule, assiste aux feux d'artifice.

Bien que n'étant pas la commune la plus importante, **Saint Julians** organise au mois d'août une *festa* qui remporte un franc succès. Les restaurants du bord de mer installent leurs tables face à la baie et les joyeux dîneurs viennent admirer le feu d'artifice qu'on tire pour clore les festivités. Les meilleures places sont réservées des mois à l'avance.

Les bains de mer sont prisés tout au long de la corniche de Sliema, de l'extrémité du **Strand**, en passant par la plage de l'**hôtel Fortina**, à la piscine de Baharic-Caghaq (prononcer: Bahhar-i-Tchark). Sur ces rivages, on se baigne dans les rochers, mais ils sont en général propres et lisses. Le mieux est d'observer où vont les gens du cru: ils connaissent les bons coins, les endroits où il est facile d'entrer dans l'eau et surtout d'en sortir sans égratignure! Ceux qui aiment plonger seront enchantés car l'eau est d'une telle clarté qu'on aperçoit les moindres détails. Seuls les plongeurs trop audacieux risquent de heurter le fond. Les débutants, équipés d'un masque et de palmes, passeront des heures à observer la faune et la flore dans les rochers, à quelques mètres sous la surface.

Les plaisirs de la danse, à Malte, se partagent selon une ligne de démarcation assez subtile. Démarcation sociale ou plutôt géographique! La jeunesse de Sliema et de ses environs immédiats est très différente de celle qui vit dans les villes et les villages plus éloignés.

La plupart des boîtes de nuit ouvrent à six heures du soir, le samedi et le dimanche, et tous les jours de la semaine pendant les vacances d'été. En effet, les premiers à fouler la piste de danse sont les adolescents venus des villes éloignées de l'intérieur, car les derniers autocars quittent Sliema à dix heures du soir. Il est d'ailleurs fréquent que la direction des boîtes de nuit les plus fréquentées organise un service d'autocars qui ramassent leurs jeunes clients et les ramènent chez eux.

Après les enfants, ce sont les touristes qui débarquent. Les gens de Sliema ne daignent venir danser que vers minuit.

La piste de danse de la boîte de nuit Styx, l'une des plus fréquentées.

OMMIL KOTTO NERA
1990

MARSA

LES TROIS CITÉS

Quand Charles Quint fit don de Malte à l'ordre de Saint-Jean, l'île ne parut pas aux chevaliers une place de premier ordre. La noblesse maltaise, à Mdina, ne se montra guère accueillante, aussi les chevaliers s'installèrent-ils au Borgo. Au moins ses baies pourraient-elles servir de refuge à leurs vaisseaux. Le Borgo était habité par une petite communauté aisée et solidement implantée, en sécurité, au fond du port en face duquel, après avoir repoussé les invasions des Turcs, les chevaliers allaient bâtir La Valette.

Ce site était constitué de deux promontoires enserrant une langue de terre assez plane, **Birgu** (aujourd'hui Vittoriosa) et **Isola** (devenue Senglea) de part et d'autre de **Bormla** (Cospicua) au centre. Se dressant au-dessus de Vittoriosa, le fort Saint-Ange assurait la défense de la place. Les Maltais de la région continuent de parler des «trois cités» sous leur nom de Birgu, d'Isola et de Bormla. Les panneaux indicateurs les mentionnent également.

L'Ordre consacra des fortunes à édifier les bâtiments indispensables et l'agglomération fut ceinte de fortifications semblables à celles qui, par la suite, entoureraient La Valette. Plus tard encore, les Anglais les améliorèrent. Mais il en subsiste bien peu. C'était en effet le lieu où s'activaient les célèbres chantiers navals de Malte, qui devinrent la principale cible des bombardements pendant la dernière guerre. Cospicua et Senglea subirent de terribles dommages. Bien entendu, tout le secteur a été rebâti mais les rares monuments présentant un intérêt historique ou architectural sont maintenant perdus au milieu de ces constructions d'après-guerre. Ils sont souvent négligés et auraient besoin de la restauration dont La Valette a bénéficié.

Cospicua a subi le plus gros des bombardements et la ville est devenue, en renaissant de ses cendres, un centre commercial qui bourdonne au-delà des grilles des chantiers navals ressuscités. L'**église de l'Immaculée Conception**, édifiée en 1637, a échappé par miracle à l'anéantissement.

Pages précédentes : l'église Saint-Laurent, à Vittiriosa, vue du fort Saint-Ange. A gauche, entraînement pour une régate de « dghajsa » à Senglea; à droite, beaucoup de maisons sont munies d'une petite « gallerija ».

Senglea

Senglea (Isola), du nom du grand maître de la Sengle qui avait fortifié le promontoire et fait naître l'agglomération en 1554 en distribuant gratuitement des lots de terrains à bâtir, a retrouvé, malgré les destructions qui l'avaient rendue à peu près inhabitable, son charme pittoresque. Lors de l'essor que Malte a connu au cours de la décennie 1970, on pensa qu'elle allait devenir un centre artistique car de nombreux étrangers, peintres, écrivains ou sculpteurs, étaient venus s'installer dans les immeubles surplombant le port. Mais il ne reste plus qu'une poignée de ces artistes et Senglea est retournée à la vie bourgeoise et familiale.

L'attrait de Senglea provient, pour une grande part, de la vue dont on jouit sur le Grand Port. Sans doute le port n'est-il plus aussi actif qu'autrefois, mais depuis le lanterneau de la vigie, dans les jardins, au sommet du promontoire, le coup d'œil sur La Valette et le fort Saint-Ange est superbe, en particulier la nuit, quand

la ville est illuminée. Il n'est pas surprenant que Senglea se prépare à être le théâtre d'un spectacle son et lumière.

Cospicua

Au-dessous, contournant tout Senglea par le bord de mer, une belle promenade permet de gagner **Cospicua** (Bormla). Dans la douceur du soir, les eaux calmes de la baie ressemblent à un lagon océanien. L'église paroissiale, **Notre-Dame-de-la-Victoire**, fut construite après la guerre. Elle renferme deux statues qui sont l'objet d'une vénération générale : *le Rédempteur* et *Notre-Dame de la Victoire*. Cette dernière est promenée en procession à l'occasion de la *festa* de Senglea, le 8 septembre, jour anniversaire de la victoire sur les Turcs en 1565.

Vittoriosa

On entre ensuite dans **Vittoriosa** (Birgu). On ne trouve dans ce gros bourg, qui fut moins endommagé que ses voisins, ni cafés ni restaurants, mais seulement de rares boutiques achalandées par les habitants du quartier. Pourtant, il faut y visiter le palais de l'Inquisiteur, la majestueuse église Saint-Laurent et admirer le fort Saint-Ange.

Le **palais de l'Inquisiteur** (en cours de restauration) est un *palazzo* du XVIe siècle dans lequel étaient logés le tribunal et la prison en même temps que les appartements de ce juge très particulier. En qualité de délégué du pape, l'inquisiteur se devait d'être luxueusement installé. Bien que son rôle dût se limiter à extirper l'hérésie et à faire respecter la pureté de la foi catholique, l'Inquisition n'était pas aussi dogmatique que le fut, à son origine, la *Sanctissima Hermandad* espagnole. Deux grands inquisiteurs de Malte furent élus au trône de saint Pierre, Alexandre VII (1655-1667) et Innocent XII (1676-1689).

La restauration de l'intérieur, vide de tout mobilier, n'est pas terminée et l'extérieur paraît austère. Toutefois, l'ensemble donne une impression de majesté. On y voit de belles peintures murales et, sculptées dans le plafond de

Les remparts de Senglea, de l'autre côté de la baie de Cospicua.

bois de la grande salle, les armoiries des 62 grands inquisiteurs qui se sont succédés dans ce palais. Il subsiste aussi la cellule dans laquelle le prisonnier attendait de comparaître devant ses juges, dans la salle d'audience. La porte de communication est très basse afin de contraindre l'accusé à s'incliner devant le tribunal.

Saint-Laurent (San Lawrenz), sur le front de mer en face de Senglea, était à l'origine l'église conventuelle de l'ordre et elle contient encore de nombreuses reliques des chevaliers. Bâtie en 1723 à la place d'une église plus petite édifiée par Roger de Sicile, ce temple magnifique s'élève dans un environnement agréable. En face, un petit mémorial fut érigé en 1979 pour commémorer le départ des troupes britanniques.

Le **fort Saint-Ange** est fermé au public, mais on espère que cette situation changera bientôt car c'est l'un des monuments les plus intéressants de Malte. Du temps des Anglais, c'était le siège de l'amirauté, ce qui lui valut d'être parfaitement entretenu. Depuis, il a été laissé plus ou moins à l'abandon.

Les premières fortifications auraient été élevées en 828 par les Arabes sur le site d'un temple phénicien qui avait été remplacé par un temple dédié à Junon. En 1090, quand Roger de Sicile chassa les Arabes au nom de la chrétienté, une petite chapelle consacrée à la Vierge fut bâtie sur les ruines du temple romain. Vers 1430, une communauté florissante y vivait et la riche famile de Nava s'était fait construire un **palais** qui porte son nom, agrémenté d'une petite **chapelle** dédiée à sainte Anne. Les deux bâtiments existent toujours.

En 1530, le grand maître de Villiers de l'Isle-Adam s'installa dans le palais De Nava et entreprit de fortifier le site. Pendant le Grand Siège, le fort Saint-Ange fut à la pointe de tous les combats. En 1912, cette forteresse devint le *H.M.S. Saint Angelo*, « navire amiral » de la marine royale. L'amiral commandant la flotte de Méditerranée occupait le palais De Nava. D'autres constructions furent entreprises pour abriter certains services de la marine et une base de sous-marins.

Ci-dessous à gauche, cour du palais de l'Inquisiteur (Vittoriosa); à droite, la Vedette de Senglea, poste de guet dominant le Grand Port.

A proximité, on parvient au charmant petit port de **Kalkara** qui a tous les atouts pour devenir un excellent port de plaisance. Actuellement, c'est une baie tranquille dans laquelle de nombreuses embarcations locales viennent se faire réparer ou passer l'hiver, tirées au sec, non loin des quelques charpentiers de marine qui savent encore fabriquer, selon les méthodes ancestrales, les *dghajsa*.

A l'extrémité de la baie de Kalkara s'élève **Bighi**, résidence patricienne transformée par les Anglais, au XIXe siècle, en hôpital. Depuis le départ des troupes britanniques, on y a tracé quelques allées pour y loger une école commerciale et des services administratifs.

Au-delà, avec son brise-lames pointant sur La Valette, on aperçoit le **fort Ricasoli**, édifié en 1670, face à la mer, pour garder l'accès du Grand Port. A l'époque de l'Ordre, 2000 soldats y tenaient garnison. Au cours de la dernière guerre, il fut sérieusement endommagé et, depuis le départ de la Royal Navy, il n'est occupé que par une équipe de techniciens civils, spécialistes du dégazage et du nettoyage des cales des pétroliers.

Également face à la mer, un peu plus loin, se dresse le **fort Saint-Roch**, l'un des nombreux bastions avancés que les chevaliers destinaient à la défense côtière. Ils complétaient le réseau de 13 tours de guet qui jalonnaient les rivages de l'île. Situées à portée de vue l'une de l'autre, leurs vigies transmettaient leurs messages jusqu'à la garnison centrale.

A côté du fort, dans les **studios de la Mediterranean Films**, les sociétés de production du monde entier viennent tourner les prises de vues sous-marines. En plein été, il n'est pas rare de voir flotter sur les vagues un iceberg factice ou un galion chargé de pirates prêts à l'abordage! Les deux énormes bassins, juste au-dessus de la mer, sont placés de telle sorte que les caméras de tournage puissent filmer le ciel en arrière-plan. L'un est spécialement conçu pour les scènes sous-marines à grande profondeur.

Ci-dessous, les chantiers navals peuvent recevoir les plus grands bâtiments du monde; à droite, marchand des quatre saisons.

LES MARCHÉS FORAINS

Ici, à l'image des îles, les marchés sont petits mais c'est le lieu par excellence où l'on échange potins et nouvelles pendant qu'on fait ses emplettes. Presque chaque village, chaque petite ville a son marché certains jours de la semaine, même s'il se cache sur une place habituellement calme ou dans une rue écartée, même s'il replie ses étalages vers onze heures du matin. Les meilleures denrées partent vite, en général après la première messe.

Le lundi, par exemple, comme peu de paysans travaillent le dimanche, l'approvisionnement du marché du lendemain sera assez maigre et les éventaires des marchands des quatre saisons peu fournis. Le samedi, ce n'est guère mieux et si un vendeur déploie ses tréteaux, il ne présentera guère que des produits de deuxième choix, parce que les meilleurs auront été achetés le vendredi, jour habituel de grand marché.

Peu de marchands forains disposent d'un entrepôt frigorifique et, comme les produits locaux ne bénéficient que de peu d'engrais et d'agents conservateurs, leur conservation naturelle est limitée à un jour ou deux. Ce qui n'est pas vendu aussitôt après la cueillette risque fort de se gâter. Dans ces conditions, les meilleurs jours pour faire son marché sont le mardi et le vendredi.

Une fois par semaine, un grand marché bloque parfois toute une rue — à Cospicua ou à Marsa, par exemple. Sinon, comme à Pawla, le marché se tient sur une place et dure du jeudi au samedi. Les tables, posées sur des tréteaux, s'alignent en longues rangées. A une extrémité, ce sont les légumes de saison: choux-fleurs géants, carottes, choux et oranges en hiver; tomates, poivrons, aubergines et figues en été. Un peu plus loin, ce sont les étals de poisson tout frais pêché. A l'autre bout, on trouve des étalages entiers de tapis, de vêtements, de rouleaux de tissus.

Au centre, c'est le domaine de l'épicerie, des plantes en pot, des articles de ménage, de la vaisselle aux figurines de porcelaine pour la décoration. Les vêtements sont les mêmes que ceux qui s'amoncellent sur les tréteaux de Merchants' Street, derrière la cathédrale Saint-Jean à La Valette, ou qui pendent aux devantures des boutiques du front de mer dans les localités touristiques. Ils sont, en majorité, fabriqués sur place et destinés à l'exportation.

A de nombreux endroits, on voit souvent des vendeurs faire du porte-à-porte, poussant devant eux une sorte de pirogue montée sur roues, chargée à ras bord des produits de leur jardin ou de leur verger. Ce peut aussi être un antique camion, décoré de peintures naïves, le capot marqué du nom de quelque héros populaire, qui stationne, trois ou quatre fois par semaine, à un carrefour. En été, lorsque le soir apporte un peu de fraîcheur, ils parcourent les villes de la côte, de Sliema à Mellieha.

Les acheteurs ne se contentent pas de faire sagement la queue devant l'étalage ou la plateforme du camion. Ils interpellent le vendeur ambulant pour passer commande. Il est habituel de faire son choix de légumes ou de fruits puis de le faire peser par le vendeur avant de payer (cela ne se fait pas, cependant, lorsqu'il s'agit de fruits fragiles, pêches ou abricots).

Les règlements exigent que les prix soient affichés, mais ils ne sont pas toujours respectés. Et, pour un touriste, il est fréquent qu'ils soient majorés de quelques cents! Jusqu'à l'introduction du système métrique, l'unité de poids était le ratal (28 onces, 790 g), ou bien l'on se servait du système anglais, l'impérial. Mais les Maltais se sont vite habitués au calcul décimal.

A La Valette se tient un beau marché couvert qui donne sur Merchants' Street, derrière le palais du Grand Maître, réservé aux produits alimentaires. C'est un vieux bâtiment récemment restauré et on y trouve, de nos jours, des denrées de tout premier choix. Un étage est affecté à la viandes, aux volailles, au poisson et à la charcuterie; l'autre aux fruits et légumes.

A Gozo, le haut lieu de ce commerce est la place du marché d'It-Tokk, au pied de la citadelle de Victoria. Le malheur est qu'il est menacé d'être transformé en parc de stationnement. En attendant ce triste jour, ses stalles regorgent de vêtements, d'articles de maison alors que, le long des allées étroites qui le bordent, on vend les produits du cru ou de la mer.

LES ÉGLISES DE VILLAGE

Aux quatre coins du paysage se découpent sur le ciel les églises dont les coupoles, rouge profond ou argent selon l'éclairage du soleil, et les doubles clochers, comme des sentinelles, dominent chaque agglomération. Il n'en est pas deux identiques et toutes méritent au moins une brève visite. A un degré moindre, les églises dominent également les grandes villes, La Valette ou Sliema. Des immeubles ont modifié la silhouette urbaine et c'est pourquoi la vue de Mdina demeure exceptionnelle. La cathédrale, avec son dôme qui s'intègre si bien au-dessus des remparts, offre un spectacle unique et pourtant changeant, suivant l'angle sous lequel on l'approche. Si les églises de La Valette, comme la cathédrale de Mdina, renferment des trésors avec lesquels aucun village ne peut rivaliser, presque tous peuvent s'enorgueillir d'une église majestueuse dont aucune n'est dépourvue de charme ou de grandeur. Nombreuses sont celles qui offrent de parfaits exemples de l'art baroque.

Il faut garder en mémoire qu'à Malte, il n'existe que deux «cités»: La Valette et Mdina, et les «trois cités»: Vittoriosa, Cospicua et Senglea. Sliema et Rabat sont des villes. Toutes les autres agglomérations sont des villages. Cette terminologie est un héritage du temps où il n'existait que des villages et où le faible nombre d'habitants ne posait guère de difficulté.

Le dôme de Mosta

L'église la plus marquante est celle située au carrefour des rues principales de **Mosta**. Consacré à la Vierge, le **dôme de Mosta** se voit d'à peu près partout. Les villageois sont fiers de sa taille — il est le quatrième dôme autoportant du monde, après ceux de Saint-Pierre de Rome, de Sainte-Sophie à Istamboul et

Pages précédentes: le dôme de l'église de Mosta. Ci-contre, l'église paroissiale et la place du village de Gharb.

(bien que ce dépassement ne leur fasse aucun plaisir) celui de la nouvelle église Saint-Jean de Xewkija à Gozo.

L'église est, en tout cas, remarquable par sa décoration intérieure. Elle fut édifiée, sur les plans de Giorgio Grognet de Vasse, grâce aux bras et aux deniers de ses paroissiens qui œuvrèrent bénévolement. La première pierre fut posée en 1833 et le bâtiment principal fut achevé vingt-sept ans plus tard. Ses dimensions exceptionnelles tiennent au fait qu'elle fut construite autour et au-dessus d'une chapelle devenue trop petite et qu'on ne pouvait démolir avant qu'un autre lieu de culte fût disponible. Durant la dernière guerre, une bombe creva le dôme et percuta le sol sans exploser. Rendue inerte, elle est aujourd'hui exposée dans l'église en témoignage du miracle.

Les trois villages

On parle souvent de Lija, d'Attard et de Balzan comme des « trois villages » (où le prix des terrains a toujours été élevé) où l'on trouve certaines des plus belles demeures, dont quelques-unes datent du XVIIIe siècle. C'est là que de nombreuses familles fortunées s'installèrent lorsque la paix revint dans l'île, alors que La Valette devenait (déjà) surpeuplée.

Les « trois villages » se sont développés au point que leurs frontières ne sont plus perceptibles et seuls les résidents de longue date les connaissent encore. Le siège de la présidence de la République, le **palais San Anton**, est à **Attard**. C'est un vaste palais élégant dont seuls les superbes jardins sont ouverts au public.

La *festa* de **Lija**, le 8 août, a lieu sur le parvis de l'**église Saint-Sauveur**, dessinée par Giovanni Barbara en 1694. Elle est renommée pour la beauté de ses feux d'artifice.

Les premières grandes églises élevées pour faire face à l'accroissement démographique des paroisses furent **Saint-Georges** à **Qormi** et **Saint-Philippe** à **Zebbug**, édifiées pour témoigner, non sans quelque ostentation, de la richesse des habitants. Mais c'est surtout celle d'**Attard**, consacrée comme bien d'autres à la Vierge, qui annonce les

Scène de baptême en l'église de Mosta.

Ci-dessous à gauche, le sanctuaire marial de Ta'Pinu, lieu de pèlerinage; à droite, sous la protection de saint Thaddée.

temps de la splendeur: la Renaissance et surtout l'art baroque. Elle fut bâtie par Tommaso Dingli, à partir de 1613.

Cet architecte prolifique conçut aussi les églises de Birkirkara, de Naxxar, de Gharghur, de Gudja et de Zabbar. Elles ne sont pas restées, comme celle d'Attard, en leur état premier. Certaines se révélaient trop petites, pour des ouailles de plus en plus nombreuses, avant même leur achèvement.

C'est ainsi que l'**église Sainte-Marie** de **Birkirkara**, triomphe de l'art sculptural local, magnifique exemple de la Renaissance maltaise, ne fut jamais terminée. De même **Notre-Dame-de-Grâces**, à **Zabbar**, fut non seulement agrandie, mais encore dotée d'un nouveau dôme, bien plus tard, après que celui d'origine se fut écroulé sous le coup d'un obus tiré par l'artillerie française retranchée dans Cottonera, en 1800, lors de la révolte des Maltais. Cette escarmouche eut pour conséquence l'appel lancé aux Anglais.

L'**église Saint-Bartholomée** de **Gharghur**, due également au génie de Dingli, renferme une statue réalisée en plâtre enveloppant un authentique squelette — comme d'ailleurs bien d'autres dans l'archipel.

L'église que Dingli construisit encore à **Gudja** est toute proche de la délicieuse **chapelle de Birmiftuh**, bâtie en 1436. Consacrée aussi à la Vierge, ce fut une des premières églises paroissiales de l'île; elle accueillait la population des hameaux des alentours jusqu'au jour où ceux-ci étaient assez développés pour constituer une paroisse. Le terrain qu'enclot son parapet d'origine fut déclaré lieu saint et quiconque s'y réfugiait bénéficiait du droit d'asile. Ce droit disparut lorsque les chevaliers prirent le gouvernement de l'archipel. Le clocher, ajout plus récent, date de 1578.

La **cathédrale de Mdina** et celle de **Victoria** (c'est-à-dire celle de Rabat à Gozo) furent conçues par Lorenzo Gafa, à qui l'on doit en outre trois églises baroques: **Saint-Nicolas** à **Siggiewi**, **Saint-Laurent** à **Vittoriosa** et **Sainte-Catherine** à **Zejtun**. Toutes trois ont subi des transformations, mais on voit encore

la marque de cet architecte de génie. Près de Sainte-Catherine, à Zejtun, se trouve la charmante quoique très simple **église Saint-Grégoire**, l'une des plus anciennes de l'île, édifiée en 1436.

L'exemple le plus achevé de l'architecture religieuse locale est sans doute l'**église Sainte-Hélène**, qui se cache au cœur d'un dédale de rues sans intérêt particulier à Birkirkara, au centre de l'île. Elle est considérée comme l'archétype du baroque maltais. Elle a remplacé celle que Dingli avait dessinée. Conçue par Domenico Cachia (qui n'avait alors que vingt-sept ans et qui dressa par la suite les plans de l'auberge de Castille à La Valette), elle est de proportions magnifiques et l'intérieur est richement décoré de fresques, de peintures et de sculptures.

Chapelles au bord du chemin

Le cœur des Maltais demeure attaché aux nombreuses chapelles qui paraissent n'avoir été élevées que dans des lieux émouvants : au carrefour de deux rues étroites ou, au contraire, en pleine campagne. Autrefois, ces « chapelles au bord du chemin » permettaient aux habitants des fermes isolées de se réunir autour d'un prêtre qui passait alors quelque temps auprès d'eux et leur apportait les secours de la religion. Ce sont des constructions rustiques, souvent d'une architecture soignée, comportant seulement une nef carrée en pierre de taille, avec parfois des contreforts extérieurs et un clocher en façade. Elles ne sont généralement pas ouvertes aux touristes, ni même aux fidèles, du moins suivant un calendrier régulier.

La première fut construite vers 1436, quand l'évêque de Malte constitua dix nouvelles paroisses afin de soulager celles des agglomérations principales de La Valette, de Mdina et du Borgo. Jusque-là, comme la population de Malte était éparpillée dans la campagne, les églises en dehors des bourgs étaient troglodytes, taillées à même la roche ou dans des grottes, et les chrétiens s'y réfugiaient à l'abri des corsaires.

L'église paroissiale du village de Nadur, richement décorée.

LES TEMPLES

Lié à celui de l'ordre de Saint-Jean, le nom de Malte est également célèbre pour ses monuments préhistoriques. Ici, en des temps mal déterminés, des hommes ont excavé le sol à l'aide d'outils primitifs et élevé vers le ciel d'énormes monolithes. Eût-elle été réalisée avec des moyens évolués que cette œuvre ferait encore impression. Nul ne peut expliquer d'où étaient venus ces hommes ni ce qu'il en est advenu par la suite. A certaines époques, ils ont dû habiter en grand nombre les îles car les ouvrages qu'ils ont édifiés ont dû exiger une main-d'œuvre abondante. A d'autres époques, l'archipel paraît, au contraire, avoir été déserté.

La chronologie des temps préhistoriques reste un sujet de discussion. Les hommes de l'art sont d'avis que plusieurs civilisations préhistoriques se superposent à Malte et qu'elles seraient encore plus anciennes qu'on ne le croit. Certains sites ont pu être datés avec précision; en tout cas, les avis convergent à leur propos. De l'âge de pierre, ce sont Ghar Dalam (plus de 3600 av. J.-C.) et Skorba (3600 av. J.-C.). De l'âge du cuivre, Xemxija (3000 av. J.-C.), Mgarr, Kordin, Mnajdra, Hagar Qim, Ggantija et Xaghra (2800 av. J.-C.) et l'hypogée de Paola (2400 av. J.-C.). De l'âge du bronze, Tarxien et Borg-in-Nadur (2000 av. J.-C.), ainsi que les «sillons» qui datent de 1800 avant notre ère.

Ghar Dalam, la «grotte de l'Obscurité», est sur la route qui conduit à Birzebbuga. C'est une excavation naturelle dans laquelle, outre les traces laissées par l'homme de l'âge de pierre, on a trouvé des ossements d'animaux préhistoriques. Ceux-ci, principalement des éléphants nains et des hippopotames, ont conforté l'opinion selon laquelle l'archipel faisait partie d'un isthme qui reliait les continents européen et africain, entre la Sicile et la Libye ou la Tunisie. Cette théorie retient qu'un séisme majeur a englouti cet isthme en provoquant d'épouvantables raz de marée.

Les traces de vie humaine donnent à penser que Ghar Dalam fut habitée encore à l'âge du bronze, puis par les Phéniciens, lorsqu'ils prirent pied dans l'île vers 800 avant notre ère.

Le site de **Skorba**, premier gisement néolithique découvert sur le sol de Malte, se trouve au bord de la route de Ghajn Tuffieha à Zebbieh, non loin du village de Mgarr. On y voit les restes de deux temples et de nombreuses habitations, preuve qu'il existait une colonie humaine qui tirait sa subsistance de l'agriculture et de la pêche. Deux sortes de poteries ont été exhumées, l'une grise, l'autre rouge. Il semble que Skorba ait été une localité active pendant plus de mille ans, même à l'âge du bronze. Un grand nombre d'articles ont été publiés dans des revues spécialisées sur les populations qui y vécurent. D'aucuns pensent que cet établissement serait même antérieur à 3800 av. J.-C.

Les **tombes de Xemxija** sont situées sur une colline qui domine la baie Saint-Paul, sur la route de Mellieha. Bien que ce ne soit pas un site préhistorique majeur, la nécropole est caractéristique car les morts y étaient inhumés dans des

Pages précédentes : les temples de Hagar Qim. A gauche, Mnajdra, en vue de l'îlot de Filfla; à droite, les mégalithes de Ggantija.

caveaux en forme de matrice humaine, forme qui suggère l'idée d'un retour au sein de la terre mère.

Les **temples de Mgarr** ne présentent d'intérêt réel que pour les amateurs éclairés. Leurs frontons monumentaux sont plus anciens que ceux, plus spectaculaires, des temples néolithiques de Ggantija, de Hagar Qim et de Mnajdra.

Tous trois datent de la même époque et méritent une visite. Ce sont les plus anciennes constructions jamais élevées par l'homme, sans doute plus vieilles encore que la première pyramide d'Égypte. Bien que les formes des temples, la disposition des autels et des «chapelles» laissent deviner l'usage auquel ils étaient destinés, on trouve sur place des guides qui rendent la visite encore plus enrichissante.

Ggantija, Hagar Qim et Mnajdra

Souvent considéré comme le plus représentatif, le site préhistorique de **Ggantija**, près du village de Xaghra à Gozo, est situé à flanc de coteau et s'ouvre vers l'intérieur de l'île. De nombreux blocs mesurent plus de six mètres et pèsent plusieurs tonnes. Ces mégalithes auraient été roulés sur des cylindres de pierre, mais quel procédé a-t-on employé pour les dresser en position verticale ? La question reste posée. Ggantija est composé de deux temples unis par un même atrium. L'un compte cinq salles ; l'autre, plus petit, seulement trois. Des alcôves, des niches et des autels servaient aux cérémonies rituelles. Les fragments de plâtre et les éclats de couleur rouge qu'on a exhumés indiquent que l'intérieur des salles était recouvert d'un enduit bariolé.

Dans l'île de Malte, les **temples de Hagar Qim** et de **Mnajdra**, aux abords de Qrendi, sont implantés sur un terrain en pente douce face à l'**îlot de Filfla**. Celui-ci servait de cible aux écoles à feu de l'artillerie de marine britannique et l'on dit que des lézards à double queue vivent encore au milieu des obus non explosés. Filfla a été déclaré réserve naturelle, mais des braconniers croisent devant les rochers pour tirer les oiseaux

Les chambres du temple de Hagar Qim.

migrateurs qui y font halte. L'aspect particulier du rocher jailli de la mer et les teintes assez extraordinaires qu'il prend au coucher du soleil donnent à penser que cet îlot faisait partie du décor des rites célébrés dans les temples et c'est peut-être la raison de leur orientation insolite dans sa direction.

Hagar Qim est au sommet de la colline alors que Mnajdra se blottit dans la combe, au-dessous. Comme Ggantija à Gozo, ces temples étaient des lieux de sacrifices au cours desquels du lait et du sang étaient répandus sur les autels des divinités. Ils étaient dédiés à la terre mère, au sein de laquelle retournaient les âmes des morts à condition que ces sacrifices leur aient été offerts. Dans les «chapelles», on voit encore des pierres revêtues d'une décoration simpliste, des autels pour les libations et les trous où étaient enfoncées les tringles supportant les rideaux derrière lesquels les prêtresses se dissimulaient au regard des fidèles. Hagar Qim et Mnajdra sont à l'écart des routes qu'empruntent les transports en commun.

L'avantage de la voiture est de pouvoir atteindre ensuite, à proximité, la toute petite baie rocheuse de **Weid-iz-Zurrieq**. Là, de nombreux *luzzu* sont au mouillage ou tirés au sec, sur le rivage, cependant que les pêcheurs ravivent les couleurs de leur décoration. La route de Weid-iz-Zurrieq qui longe le bord de la falaise est particulièrement belle. Depuis la jetée, au-delà des cafés et des boutiques de souvenirs qui bordent la plage, des embarcations sont proposées aux touristes pour les emmener jusqu'à la **grotte Bleue** (Blue Grotto). Tôt le matin, les rayons du soleil se reflètent sur l'eau et pénètrent dans la grotte. Il vaut mieux discuter le prix de la promenade avant d'embarquer.

De l'autre côté des temples, en direction de Dingli et des vergers de Buskett, la route longe **Ghar Lapsi**. Il ne s'y passe rien d'extraordinaire, mais c'est un merveilleux but de promenade, surtout en hiver et au printemps. L'été, on peut s'y baigner, mais ce sont les amateurs de plongée qui y découvriront un monde sous-marin d'une richesse exceptionnel-

Ggantija, en lisière du village de Xaghra.

le. Le bistrot de plage peut servir, outre les habituels œufs sur le plat et frites, du poisson frais, des spaghettis et le *fenek*. Sur un des versants de la vallée, au-dessous d'une carrière, on a construit une usine de désalinisation d'eau de mer.

Hal Saflieni

Le temple le plus fascinant est l'**hypogée de Hal Saflieni** à **Paola**. A la différence des autres, il s'agit d'un temple troglodyte, taillé en profondeur dans la roche tendre. Il fut découvert par pur hasard en 1902 par des terrassiers. L'hypogée fut creusé dans le sol aux environs de 2400 av. J.-C. avec pour seuls outils des instruments en pierre dure. Tout un labyrinthe de couloirs et de salles, sur trois niveaux, a été ouvert. L'étage le plus bas semble avoir servi d'entrepôt secret pour les grains; on l'atteint par sept marches inégales formant un angle aigu sur la droite, cependant que, sur la gauche, une trappe était destinée aux pillards qui se seraient aventurés dans l'obscurité.

L'hypogée était autant un lieu de prière qu'une nécropole. A sa découverte, il était empli d'ossements et de fragments de poteries brisés, dont seule une petite partie a pu être conservée. On estime que 7 000 corps y ont été inhumés. Les salles sont soignées et bien proportionnées. Le saint des saints possède des piliers et des linteaux qui témoignent d'un sens architectural aigu. Il servait sans doute aux sacrifices d'animaux. Les parois portent des quadrillages et des symboles et, dans la salle de l'oracle, une niche carrée fut taillée dans le mur afin de diffuser la voix du prêtre dans tout le temple, seules les voix d'hommes se répercutent alentour! Deux figurines, représentant des femmes endormies, furent découvertes dans les salles centrales et elles sont exposées aujourd'hui, avec nombre d'autres objets, au **Musée archéologique** de La Valette.

Tarxien

A quelque distance se trouvent les **temples de Tarxien**, découverts en 1915,

« Sillons » préhistoriques à proximité de Dingli.

qui ont donné lieu à des fouilles minutieuses. Dans ce groupe de quatre temples, admirables par la qualité de leurs gravures rupestres, on peut voir, outre des spirales décoratives, des frises représentant des animaux domestiques, notamment un taureau et une truie allaitant ses petits, symboles de virilité et de fécondité. L'énorme piédestal d'une statue monumentale de la Terre Mère démontre que ce peuple primitif avait érigé la première effigie d'une déesse tenant sur ses jambes (intacte, elle devait mesurer près de 2,5 m de haut).

Certaines parois et parties du sol sont teintées d'une curieuse patine sombre que les experts attribuent à l'imprégnation des cendres des bûchers funéraires que dressait le peuple ayant occupé ces temples à la fin de l'âge du bronze. Celui-ci avait coutume d'incinérer ses morts, alors que les habitants antérieurs du pays ne pratiquaient pas ce rite.

Dans le sol de Malte et de Gozo, on peut voir à certains endroits d'étranges sillons parallèles profonds, datant de l'âge du bronze. Toujours situés sur les terres les plus hautes, ils ont pourtant été creusés à la main dans la surface dénudée du roc, à un endroit où n'existait aucune culture. Ils constituaient sans doute des chemins de roulage, pour faciliter le mouvement des chariots, alors que les extrémités des brancards frottaient sur le sol. Bien qu'ils ne soient pas spécialement signalés, on peut en voir à Mtarfa, à San Pawl-tat-Targa, à Bingemma et près de **Dingli** où tant de ces pistes se recoupent qu'on a donné à ce lieu le nom d'une fameuse gare de triage londonienne : **Clapham Junction**. A Gozo, les «sillons» les plus nets sont taillés dans les falaises près de l'hôtel Ta'Cenc à **Sannat**. Ces «sillons» de char étaient sans doute une voie utilisée pour des transports mais on n'a pas pu déterminer jusqu'où ils allaient ni pourquoi. En certains lieux, ils sont courbes; ailleurs, ils courent tout droit et s'arrêtent brusquement au bord de la falaise. Ils viennent ainsi, en quelque sorte graphiquement, renforcer la théorie selon laquelle Malte et Gozo étaient autrefois reliés à la terre ferme, l'Europe.

Travail de la pierre dans un temple de Tarxien.

STORE

GS

LES PLAGES

Les côtes de l'archipel sont découpées en une multitude de rades, de baies et de criques. Les eaux qui les baignent sont les plus claires, les plus propres et les plus bleues de toute la Méditerranée. Au mois d'août, l'eau peut même être franchement chaude. Il n'existe pas de vraies marées, pas de courants redoutables ni d'animaux marins dangereux.

Il faut reconnaître qu'il n'existe que peu de plages de sable: onze à Malte, deux à Gozo et deux à Comino. Aucune n'est particulièrement grande ni spécialement aménagée. Mais il y a d'agréables plages de rochers sur lesquels les enfants peuvent jouer et se baigner en toute sécurité. De toute façon, les Maltais préfèrent se baigner dans les rochers car on ne s'y blesse pas les pieds et les fonds sont chatoyants.

Il existe au bord des plages des cafés qui offrent chaises longues et parasols, douches, équipement de ski nautique, planches à voile, pédalos, canoës ou même petits voiliers. Dans des endroits comme **Mellieha Bay**, on peut pratiquer le parachute ascensionnel, à la remorque d'un canot à moteur.

Les plages de sable sont principalement situées sur la côte nord, les plages de rochers sur la côte ouest. Cela explique la prolifération des villégiatures sur cette partie de l'île. La côte est se distingue par ses falaises abruptes, mais il reste possible de se baigner à **Weid-iz-Zurrieq**, près de Zurrieq, ou à **Ghar Lapsi**, près de Siggiewi. Ces deux lieux de baignade sont particulièrement fréquentés par les amateurs de plongée sous-marine, qui apprécient les fonds rocheux grouillant de vie.

A Malte et à Gozo, on a le sentiment qu'il serait possible de se rendre à pied en tout lieu. En fait, ce n'est pas à envisager, surtout aux heures chaudes. S'il est facile d'emprunter un service de transports en commun, il est encore plus simple et combien plus pratique de disposer d'une voiture, en particulier pour atteindre les plages.

En parcourant les rivages, on tombe parfois sur une petite crique dont le fond est tapissé de quelques mètres carrés de sable. En hiver, il arrive qu'avec le mauvais temps en Méditerranée les vagues emportent le sable. Sur la plupart des plages, il revient au bout de quelque temps, dans toute sa splendeur, après avoir été balayé par une tempête. Heureusement, la nature fait bien les choses, les éléments connaissent les bonnes manières et le sable est toujours de retour avant la saison d'été, même s'il apporte avec lui quelque galet à demi enfoui sous le tapis doré.

Les plages les plus fréquentées de Malte sont celles situées près de **Ghajn Tuffieha** et à **Golden Bay**. Toutes deux s'étendent au pied de falaises de rochers d'un beau brun doré et leur sable est doux et fin. Il peut se produire qu'un pavillon rouge soit hissé sur l'ancienne tour de guet des chevaliers, au bout du promontoire qui sépare les deux plages. Ce drapeau signifie que la baie est parcourue de courants sous-marins qui pourraient vous entraîner vers le large.

Golden Bay est facilement accessible et un vaste parc de stationnement a été

Pages précédentes : Golden Bay; le sable rouge de Ramla; bain de soleil dans les rochers. A gauche, un dimanche à Golden Bay; à droite, le fier patron d'un canot.

aménagé aux abords de la plage. L'**hôtel Golden Sands** propose à ses clients, même occasionnels, outre des jeux de plage, des boissons fraîches et des sandwichs, la location de planches à voile, de pédalos ou de canoës. La plage est nettoyée chaque jour.

Ghajn Tuffieha, la plus jolie des deux, dans un cadre mieux préservé, n'était accessible, jusqu'à une époque récente, que par un très long escalier qui descend de la haute colline qui la surplombe. Depuis peu, le portail qui en barrait l'accès a été abattu et, à moins qu'on ne l'ait réparé entre-temps, on peut descendre en voiture jusqu'à la mer par une assez mauvaise piste qui se termine en parc de stationnement au bord de l'eau. L'ouverture de cette piste a modifié les lieux qui n'étaient autrefois que le versant d'un coteau couvert de tamaris et d'acacias où, pendant des siècles, s'aventuraient seulement des troupeaux de chèvres et de moutons. L'endroit reste délicieux. Les amateurs de modèles réduits y font voler leurs engins télécommandés depuis le sommet.

Tout près de cette pointe s'élève une haute crête d'argile grise assez traîtresse, étroite, avec, au-dessous, un promontoire rocheux de couleur crème qui s'avance vers le large. Il est assez risqué de l'escalader car la paroi est instable mais, malgré le danger, on y voit souvent des grimpeurs s'y entraîner. D'autres préfèrent marcher depuis Gnejna, de l'autre côté. C'est un lieu de rencontres pour les nageurs.

Entre Ghajn Tuffieha et Golden Bay, un complexe touristique, le **Hal Ferh Tourist Village**, s'est ouvert dans un camp militaire britannique désaffecté. Quand les troupes britanniques stationnaient dans l'île, c'était le lieu de villégiature des familles des militaires. Les autocars de la ligne 47 A, en provenance de La Valette, s'arrêtent tout près. Ce moyen de transport n'est pas cher mais il est souvent bondé et il est prudent d'en vérifier les horaires car ceux-ci changent selon les saisons et selon les caprices des chauffeurs !

Gnejna est accessible en traversant le village de Mgarr puis les champs qui

La plage de Ghadira.

l'entourent. Quelle que soit l'heure ou la saison, on a l'impression que les paysans ne cessent jamais d'y travailler. Après avoir dépassé l'église au dôme argenté, une route en lacet mène à une colline escarpée puis descend vers la plage. Le parc de stationnement est juste au bord du sable. La ligne d'autobus 46 ne va que jusqu'à Mgarr; ensuite il faut marcher un bon quart d'heure... à moins qu'un automobiliste compatissant ne vous prenne à son bord. Le sable de Gnejna dissimule des galets et la plage se prolonge d'une étroite bande de rochers blancs. Sur la gauche de la baie, des hangars à bateaux ont été creusés dans la roche de la falaise. Les commodités de la plage (ici uniquement des boissons fraîches et des sandwichs) sont en vente dans des kiosques mobiles ou des camionnettes qui stationnent en bord de mer.

L'agglomération la plus septentrionale de Malte est **Mellieha**, à dix minutes de voiture de Cirkewwa, l'embarcadère du ferry qui dessert Gozo. Dans ce village perché sur une ligne de crête, avec son église bâtie sur un éperon, on trouve des restaurants très convenables et des commerces d'alimentation destinés aussi bien aux villageois qu'aux occupants des résidences luxueuses des alentours, ou aux touristes. Nombreux, parmi ces derniers, sont ceux qui louent un appartement meublé dans les immeubles résidentiels proches. Comme la rue très étroite qui se faufile à travers Mellieha peut être, à tout moment, paralysée par une voiture mal garée, la police patrouille en permanence pour délivrer des tickets de stationnement.

Au pied de la longue ligne de collines s'étend **Ghadira**, la plus longue plage de sable de Malte. On l'appelle aussi parfois Mellieha Bay. Ghadira, très fréquentée, s'améliore d'année en année. On y trouve des cafés, des établissements balnéaires, et il est possible de louer des planches à voile ou des canoës, de faire du ski nautique ou de se livrer aux joies du parachute ascensionnel. La plage est envahie le samedi et le dimanche; les familles y arrivent très tôt pour pouvoir planter leurs parasols au meilleur

La baie de Mellieha.

endroit. Sur un côté s'élève l'**hôtel Mellieha Bay**, très fréquenté par les touristes qui voyagent en groupes. La ligne d'autobus 44 s'arrête au bord de la plage. Comme Ghadira est relativement loin du village et que le revêtement de la route de Mellieha n'est guère propice à la marche à pied, ceux qui ne disposent pas d'une voiture seront bien inspirés de prendre l'autocar.

Au nord de Ghadira, on parvient à **Marfa Ridge**, langue de terre d'une certaine hauteur qui, sur une carte, paraît former la queue du poisson auquel la topographie de Malte fait penser. C'est de **Cirkewwa**, sur la rive ouest de cette langue rocailleuse, que partent les bacs qui desservent Mgarr, dans l'île de Gozo. C'est aussi le port d'attache des vedettes de l'hôtel de Comino. Cette ligne de collines est assez charmante, avec ses entablements rocheux au milieu de champs verdoyants, de bosquets d'acacias, ses baignades accueillantes. Deux hôtels y ont été installés.

La petite baie attrayante de **Ramla** est dominée par un grand hôtel renommé pour ses équipements sportifs et sa plage privée (elle est ouverte aux non-résidents, clients du bar ou du restaurant). A proximité s'étend une langue sablonneuse très recherchée par les familles pour leurs pique-niques.

Paradise Bay est également un endroit fort plaisant, peut-être moins que Ramla, mais qui offre une plage à laquelle on accède par un escalier étroit. On trouve dans le sable beaucoup de galets roulés par les vagues. Elle est très prisée des Maltais qui en font un but de promenade et elle peut être noire de monde le samedi et le dimanche. Des kiosques débitent des rafraîchissements.

Armier et **Little Armier** sont aussi de petites baies sablonneuses, face à Comino. Ce ne sont pas des endroits chic, mais ils sont très courus. On y trouve de modestes estaminets. Ce sont des baignades chères aux familles car les enfants peuvent y jouer en toute liberté.

Slug Bay, un peu plus loin sur la mauvaise piste qui longe la rive est de Marfa Ridge, fait face à Mellieha et non pas au détroit de Gozo. Pour y descendre, il

Marché du dimanche matin à Marsaxlokk.

n'existe qu'un chemin qui serpente et dont l'entrée est à demi-cachée par le parc de stationnement et l'aire de pique-nique, au milieu des acacias et des eucalyptus. Les gens avisés garent leur voiture à un endroit où ils peuvent la surveiller du regard, sans se préoccuper de savoir si elle est à l'ombre. En effet, c'est un endroit que les voleurs et les amateurs de pièces détachées affectionnent ! La plage est belle mais étroite. Beaucoup préfèrent nager au-delà, jusqu'aux rochers plats de la passe, bien que ceux-ci soient déchiquetés et qu'il ne soit pas facile d'y aborder, grâce à quoi ce coin n'est jamais envahi par la foule.

Plus près de Ghadira, sur la route de Mellieha, un carrefour signalé permet d'atteindre **Anchor Bay**. Ce nom inattendu vient des temps où de nombreuses ancres abandonnées furent découvertes enfouies dans le sable. Les décors du film *Popeye*, tourné en 1980, sont toujours en place et se visitent.

Près de l'extrémité méridionale de Malte se trouve **Pretty Bay**, la plage de **Birzebbuga**. Ce modeste village fut longtemps le lieu de résidence des familles de la garnison britannique. La plage s'étend le long de la route, mais cette appellation est assez impropre. En effet, Birzebbuga est dans la **baie de Marsaxlokk**, près du pittoresque village de pêcheurs de **Marsaxlokk**, mais plus près encore du nouveau port franc dont les installations se développent rapidement.

C'est à Gozo qu'on trouve les plus belles plages de sable de l'archipel. La plus agréable est celle de **Ramla**, la meilleure, qu'on atteint par la route qui traverse **Nadur** (sur la ligne d'autobus 31 au départ de Victoria). Son nom signifie «sable» et là, celui-ci forme une longue étendue rouge sertie entre une mer bleue et une végétation luxuriante. C'est un lieu de pique-nique tout au long de l'année. L'été, la plage est nettoyée chaque jour. Des kiosques mobiles proposent boissons fraîches et collations.

Ouvrant sur la mer, dans le flanc nord de la falaise, on accède à la **grotte de Calypso**, dans laquelle Ulysse a vécu sept ans dans les bras de la nymphe avant de faire voile subrepticement pour retourner auprès de la fidèle Pénélope, patiemment assise devant sa tapisserie sans cesse recommencée. Sous l'entrée de la grotte subsistent les vestiges d'une villa romaine et, au bord de l'eau, une redoute. Au beau milieu de la plage de sable rouge s'élève une statue très simple de la Vierge, patronne de Gozo.

San Blas est un joyau, minuscule plage dans une toute petite baie, cachée aux regards, enchâssée au pied de champs verdoyants en terrasses dans une végétation abondante. De Nadur, la route étroite serpente puis s'arrête au pied d'une colline abrupte à partir de laquelle il faut marcher. Cette courte promenade est superbe car on descend par une combe couverte de vergers et de champs clos de haies vives de bambou qui protègent les récoltes de la brise marine qui s'engouffre dans ces creux. La place est rare, mais c'est certainement la plage la plus agréable et la plus sûre.

Comino est un îlot (260 ha) brûlé de soleil, à mi-chemin entre Malte et Gozo. Ce rocher dénudé ne porte que de rares champs en terrasses, on y trouve un complexe hôtelier en pleine expansion,

Le restaurant Christopher, à Marsascala.

une porcherie modèle et surtout, le séparant d'un autre îlot rocheux, **Cominotto**, le **Blue Lagoon**.

Toute l'année, des vedettes au départ du Strand de Sliema permettent de passer quelques heures dans le Blue Lagoon; elles font escale en été à Bugibba et au port de Mgarr. A l'embarcadère, chaque marin interpelle les clients en criant plus fort que son voisin. Les vedettes des particuliers préfèrent attendre la fin de la journée, quand les bateaux d'excursionnistes ont regagné leur port d'attache. Si vous désirez goûter les plaisirs de l'hôtel et des plages de **Santa Marija** et de **San Niklaw**, des vedettes de l'**hôtel Comino** viendront vous chercher sur réservation. Il est facile d'en profiter, de même que des équipements sportifs, si on y prend un repas.

Quant aux plages de rochers, il en existe un peu partout. Certaines regorgent de monde, d'autres cachent leurs charmes. Il faut voir que si un endroit est fréquenté, si les baigneurs sont installés sur les rochers, c'est parce qu'il est agréable de s'y baigner, que les cailloux ne blessent pas les pieds et qu'il est aisé de sortir de l'eau. A de nombreux endroits, on a même taillé des marches dans la pierre ou installé des échelles métalliques. Si vous hésitez, renseignez-vous auprès des gens du cru et ils vous diront où ne pas aller, soit à cause de fonds trop hauts, soit à cause des oursins qui nichent dans les trous et dont le contact est douloureux, mais pas réellement dangereux.

Les villes touristiques ont poussé autour des endroits où les bains de mer sont possibles; de Sliema à la baie Saint-Georges ou du majestueux hôtel Sun Crest de Qawra à Bugibba. Mais certains sites plus éloignés des villes offrent aussi d'agréables baignades. Au sud de l'île, par exemple, les magnifiques **baies de Delimara**, de **Saint Peter's Pool** et d'**Island Bay**, bien qu'une nouvelle centrale électrique installée tout près risque de gâcher le site.

A **Gozo**, les plages les plus recherchées sont celles de **Marsalforn**, de **Dahlet Qorrot**, de **Hondoq-ir-Rummien** et la crique de **Fungus Rock**, à **Dwejra**.

Ci-dessous, un pêcheur parmi les nasses; à droite, la baie de Marsamxett.

A LA VOILE

Avec près de 500 postes d'amarrage, tous proches de La Valette, Malte se taille une place de choix parmi les centres de navigation à voile; d'autant plus que l'archipel est relié, par l'aéroport de Luqa, à la plupart des grandes villes européennes.

La première tranche du nouveau centre de navigation à voile de la marina de Msida, conçue pour offrir 274 postes sur un réseau de pontons flottants, s'est ouverte en 1979. La seconde tranche sera terminée en 1992. Une liste d'attente s'allonge déjà et des informations à jour sont disponibles auprès du secrétariat du Yachting Centres Management Comittee.

L'île de Malte compte 200 km de côtes dont les eaux sont libres. De nombreuses baies et anses peuvent offrir un mouillage sûr pour la nuit. L'interdiction de mouiller hors de deux ports a été levée. Pendant les jours calmes des mois d'été, les voiliers viennent jeter l'ancre dans les baies abritées aux eaux transparentes. Le Blue Lagoon de Comino, ainsi appelé à cause de la teinte turquoise de son eau, est si apprécié des marins qu'il est souvent encombré. Mais, en dehors de la période des vacances, c'est un endroit paradisiaque.

Les événements marquants de la saison nautique sont les deux courses: Malte-Syracuse et Rimini-Malte et retour. Les adeptes de la planche à voile ont également leur régate: c'est la plus longue course en solitaire, entre Malte et la Sicile; le record est de 5 h 56 min). Le Yacht Club de La Valette, sur l'île Manoel (tél. 621839), organise aussi des régates et, une fois l'an, il patronne la course en solitaire autour de Malte.

Pendant les mois d'hiver, le vent souffle en général du nord-est (on l'appelle en *malti* le *grigal*) et il lève souvent une grosse houle, avec des tempêtes qui durent en moyenne trois jours. Le pire est en janvier. Le vent dominant souffle du nord-ouest (le *majjistra*, du français «mistral») et il peut atteindre la force 9. Au printemps et en automne, les vents viennent plutôt du sud et apportent un air humide (*xlokk*: le sirocco).

Malte est une excellente base où faire hiverner un voilier. Les amarrages sont abrités et il est possible de vivre à bord, même par les plus mauvais temps. Il existe de nombreux chantiers navals réputés, des slips de hissage sur l'île Manoel et les bateaux peuvent être mis au sec tout l'hiver. Il se compte aussi de multiples sociétés d'avitaillement. De plus, ce secteur est bien desservi par les lignes d'autobus en direction de Sliema ou de La Valette.

Un service spécial est organisé pour le courrier, en particulier la poste restante. Les bureaux de la Grande Poste rassemblent toutes les lettres destinées aux navigateurs et le Yacht Club les distribue. Les équipages qui ne disposent pas de commodités peuvent utiliser les douches et les toilettes municipales, dont les tarifs sont tout à fait abordables.

L'eau douce et l'électricité, dans la marina de Msida, sont fournies moyennant un forfait hebdomadaire de 7 cents par mètre de longueur sur les bateaux non habités en permanence et de 25 cents par mètre pour ceux qui le sont. Partout ailleurs, un propriétaire de yacht paiera 50 cents hebdomadaires par mètre de longueur pour un mouillage entièrement équipé et 33 cents pour un mouillage simple. Les catamarans et trimarans paient, dans tous les cas, une fois et demie le tarif de base. L'eau douce est fournie moyennant 5 £ pour environ 4 m^3; l'électricité, livrée sous tension de 240 ou 120 V en courant monophasé, est distribuée sous une caution remboursable de 40 £.

Les bateaux en provenance de la haute mer, hors des eaux territoriales, doivent arborer le pavillon «Q» et se diriger directement vers le port de Marsamxett. Après avoir annoncé leur arrivée au contrôle portuaire de La Valette (sur la fréquence 12 V.H.F.) pour demander l'autorisation de toucher terre, ils doivent se diriger sur le mouillage prescrit. Le livre de bord et les passeports doivent être présentés au service des douanes et de l'immigration. Le Yachting Centre leur affectera ensuite un poste particulier.

Avant de lever l'ancre, le manifeste de l'équipage et des passagers, établi sur un formulaire spécial, doit être présenté aux mêmes services (douane et immigration). Les achats faits à terre hors taxes doivent être mis à bord et scellés sous contrôle douanier. Il est interdit de briser les scellés aussi longtemps que le bateau se trouve dans les eaux territoriales.

GOZO CHANNEL LINE

GOZO

La légende veut que l'île qu'on appelle aujourd'hui Gozo soit celle qu'Homère baptisait Ogygie, où la nymphe Calypso retint dans ses rets Ulysse pendant sept longues années. D'autres lieux aspirent à cet honneur mais, déjà au IIIe siècle av. J.-C., l'auteur grec Callimaque écrivait que c'était là le royaume de cette nymphe — et, dans cette partie du monde, les écrits de Callimaque étaient parole d'Évangile. Il est de fait que l'île est nimbée d'un certain mystère. Elle paraît préservée du monde et cependant les choses bougent: l'eau potable coule au robinet et il est aussi facile d'acheter une bouteille de champagne que les merveilleux légumes qui poussent sur son sol ou que l'huile de ses olives.

Correspondant, par sa superficie, au tiers de Malte, Gozo est plus verdoyante, plus bucolique, et combien plus soignée. C'est une terre de paysans et de pêcheurs, avec la solidité, l'assurance propres à ceux qui vivent en étroite communion avec la nature. Sur 67 km², on compte 25 000 habitants. Pourtant, il est possible de marcher pendant des heures sur les chemins et les sentiers de chèvres et de n'apercevoir qu'un berger accompagnant son troupeau ou qu'un fermier labourant son champ.

Edward Lear, dans ses *Poèmes sans rimes ni raison*, fut tellement transporté par la beauté des sites qu'il les qualifia de *«splendiscinants»* et *«supernifiques»*. De douces collines au sommet aplati s'élèvent au-dessus de vallons fleuris, des murs de pierre sèche encerclent les vergers et les dômes des églises se découpent sur le ciel. Les endroits où la roche apparaît forment une immense palette où toutes les couleurs de l'arc-en-ciel, du gris foncé à l'or éclatant, s'offrent aux regards émerveillés.

Au printemps, c'est un damier où toutes les teintes rivalisent. Le vert tendre du blé en herbe et de l'orge le dispute aux prairies de marguerites éclatantes et aux fleurs pourpres des champs de luzerne. Des tapis de minuscules fleurs sauvages recouvrent les rocs les plus arides, le thym et et l'aneth embaument et, aussi loin que le regard se porte, le bleu cobalt de la mer se fond dans l'azur plus léger du ciel. L'été, quand le soleil brûle tout ce qui n'est pas arrosé, la scène se fait biblique et les ombres virent au pourpre.

Les noms changent

Les turbulences de l'histoire de l'île se traduisent par les changements du nom auquel elle a répondu au cours des siècles. Selon un historien local, le père Joseph Bezzina, elle s'appelait, au temps des Phéniciens, Gawl, sans doute parce que sa forme générale rappelait grossièrement celle de leurs navires à coque ventrue. Les Grecs la nommèrent Gaulos (qui est le même mot) et les Romains Gaulus. Sous la domination byzantine, elle devint Gaudes, que les Arabes transcrivirent en Ghawdex et que les prêtres du Moyen Age latinisèrent en Gaudisium qui, à leurs oreilles, signifiait «joie». Quand les Espagnols prirent le pouvoir, ils traduirent cette «joie» en castillan... et ainsi naquit

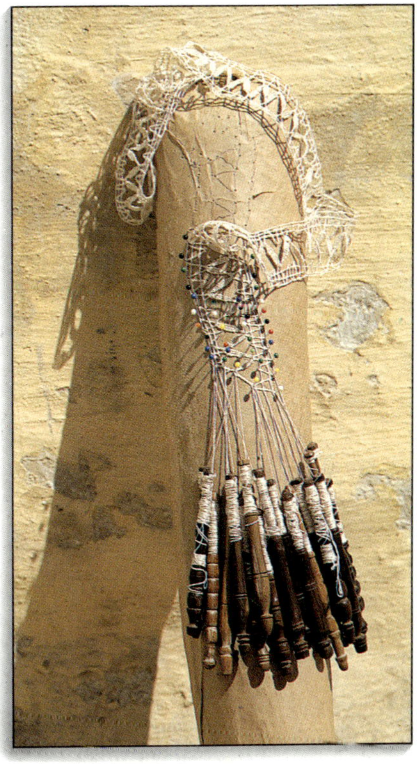

Pages précédentes: le ferry de Gozo, au départ de Cirkewwa; la silhouette de la citadelle de Victoria; le retour des pâturages. A gauche et à droite, le travail de la dentelle.

Gozo. Redevenus indépendants, les habitants de la ville «maltisèrent» le nom en Gawdex, auquel ils sont restés fidèles.

Un peuple énergique

Les villages concentrés sur les hauteurs et les petites fermes fortifiées rappellent les temps des invasions, celles des Turcs toujours en maraude et surtout les razzias des pirates barbaresques. En 1546, les habitants réussirent à capturer l'un de ces pirates et le livrèrent aux flammes du bûcher. Le sort voulut que ce prisonnier supplicié fût le frère du plus redoutable corsaire de tous les temps, Dragut, lequel, en 1551, appuyé par la flotte de Sinan Pacha, débarqua sur l'île pour assouvir sa vengeance. Il dévasta Gozo, détruisit de fond en comble la citadelle et emmena la quasi-totalité de la population, soit près de 5 000 personnes.

Quelques centaines de Gozitains échappèrent aux poursuites. Quelques-uns s'évadèrent des galères ottomanes à la faveur de la cohue. D'autres enfin revinrent de captivité, si bien qu'un siècle plus tard, la population s'était à demi reconstituée. Dragut devait d'ailleurs se heurter à ces Gozitains lorsque, quatorze années plus tard, il vint mettre le siège devant Malte.

Malgré la cruauté de l'histoire à leur égard, les gens de Gozo cultivent un certain art de vivre. C'est un peuple fort, énergique, industrieux qui, longtemps, s'est tenu volontairement et de façon assez déconcertante à l'écart des allées du pouvoir. Pourtant, il y eut plus de présidents, d'archevêques ou de hauts magistrats originaires de Gozo que les Maltais ne veulent l'admettre!

Bien qu'ils soient fiers d'être maintenant leurs propres maîtres, ils sont accueillants, dans la plus pure tradition gozitaine de l'hospitalité. On y fait preuve de la plus large compréhension, de la plus grande indulgence vis-à-vis des goûts et des habitudes des nouveaux venus. Ceux-ci, d'ailleurs, se fondent vite dans le creuset et s'adaptent sans mal aux mœurs et aux coutumes des îliens.

L'île de Gozo avec, loin à l'ouest, le phare qu'on aperçoit.

VICTORIA

Capitale de Gozo, Victoria est à tous égards le cœur de l'île. Elle est située au centre géographique et, de là, rayonnent toutes les routes principales. Son activité culmine le matin ou tard dans l'après-midi. Le dimanche soir, en été, les jeunes envahissent les grandes artères, déambulant en groupes compacts.

La reine Victoria a donné son nom à cette agglomération et, pour marquer son jubilé d'or, en 1887, elle lui conféra le statut de cité. Poliment, les Gozitains lui dédièrent une fontaine et lui élevèrent une stèle commémorative place de la Cathédrale... puis ils continuèrent d'appeler leur ville Rabat (ce qui signifie «faubourg»). Comme son homonyme de Malte, Rabat de Gozo se blottit sous les murailles de la citadelle.

La crête sur laquelle est implanté le cœur de la ville est habitée au moins depuis l'âge du bronze. Les Carthaginois ont laissé une inscription en caractères puniques remerciant le peuple de Gozo de les avoir aidés à reconstruire leurs trois temples. Sous la domination romaine, l'agglomération fut fortifiée une première fois. Le carrefour de **Triq Putirjal** (Main Gate Street) et trois élégantes croix de pierre marquent les limites des anciens murs. Il semble que les Arabes aient dédaigné la ville pour la hauteur, plus facile à défendre. Au Moyen Age, la ville et la citadelle formaient une étroite communauté fort active. Il ne reste guère de bâtiments de l'époque médiévale, mais on en retrouve le tracé dans les venelles et les rues étroites.

Triq Repubblika (Republic Street, autrefois Racecourse Street) est l'artère principale où se côtoient boutiques et maisons bourgeoises à étages, agrémentées de balcons ouvragés. Elle traverse la ville de part en part, d'est en ouest. On y trouve banques, bureau de poste, commissariat de police, deux opéras et le palais de l'évêque, qui date du XIXe siècle. Dans les grandes occasions, elle retrouve ses fastes de jadis. Pendant les fêtes de l'Assomption et de saint Georges (troisième dimanche de juillet), la moitié de l'île se rassemble pour assister à des courses de trot de poneys ou des courses de mules qui s'élancent au galop vers le sommet de la colline.

Pages précédentes : la cathédrale de Victoria; la vie dans la rue. A gauche, la ville et sa citadelle; à droite, l'intérieur de la cathédrale.

Les **jardins de Rundle** (Gnien Rundle), au pied de la colline, accueillent le jour de l'Assomption un comice agricole et une exposition industrielle qui font la joie des badauds et des marchands de moutons... et d'oignons.

A un jet de pierre s'élève le plus vieil hôtel de l'île, ouvert en 1881, baptisé le **Duke of Edinburgh** en hommage au fils de la reine Victoria, et non pas à l'actuel duc qui, en compagnie de la future Élisabeth II, y a cependant pris le thé à l'occasion d'une visite officielle.

Les deux opéras

Le fait que Victoria compte deux opéras est typique du caractère gozitain. L'esprit de compétition, s'ajoutant au génie des gens du cru toujours prompts à échafauder les rêves les plus ambitieux (sous réserve de réussir à collecter les fonds pour en faire une réalité), a porté ici des fruits inattendus : l'affaire a com-

mencé de façon anodine, voilà un siècle, lors de la fondation des cercles musicaux au sein desquels se constituait l'orchestre accompagnant la procession des saints patrons des deux principales églises. Une rivalité s'instaura entre les deux formations. Lorsque, dans les années soixante, le club de Saint-Georges, l'Astra, se fit bâtir un théâtre, le club de la cathédrale, l'Aurora, déménagea afin d'en faire autant. Depuis, la jalousie se manifeste chaque fois que l'un d'eux organise un bal ou monte un spectacle. Mais, comme les Gozitains n'ont que rarement les moyens de présenter un opéra avec des artistes qui déplaceraient les foules, ces deux salles servent principalement de cinémas!

La place principale est la **place de l'Indépendance** (Pjazza Independenza). Entourée de hauts ficus taillés avec soin, bordée de petites boutiques et de cafés, elle répond communément au nom d'**It-Tokk** depuis l'époque lointaine où les Gozitains avaient commencé d'appeler leur île Ghawdex. Ce mot signifie «lieu de rencontres», et c'est le mot juste.

Elle est agrémentée, à droite, par la **Banca Giuratale**, construction baroque semi-circulaire bâtie en 1733 pour servir de chambre du conseil aux jurats de Gozo. Aujourd'hui, elle abrite des services administratifs. A gauche, la petite **église Saint-Jacques-l'Apôtre**, qui date de 1740, est en pleine reconstruction après l'effondrement de ses fondations dans les années quatre-vingt. On dit que c'est pour se venger de l'usage des cloches pour couvrir la voix des orateurs, lors de réunions politiques sur la place, qu'un retard considérable a été apporté, par une administration politisée et rancunière, à sa restauration. L'église plus ancienne qui s'élevait au même emplacement avait été rasée par Dragut en 1551.

La **place Saint-Georges** (Pjazza San Georg), située juste derrière la grand-place, est dominée par la **basilique Saint-Georges**. L'édifice actuel date de 1678; il a depuis été agrandi et sa façade refaite en 1818. La décoration intérieure montre que l'art baroque était encore vivace à Gozo dans les années soixante. Les peintures du plafond doré et du

Dans l'attente du client.

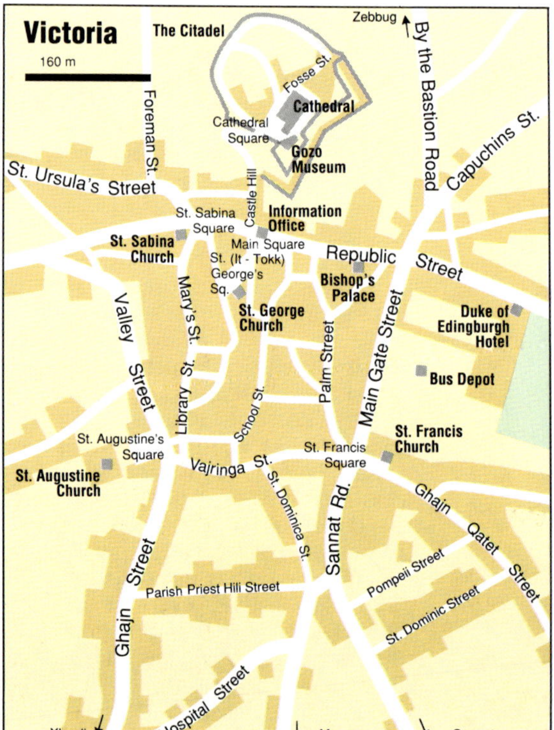

dôme ont été exécutées entre 1949 et 1964. Le dais de bronze qui surplombe l'extraordinaire maître-autel (1967) est la réplique de celui du Bernin à Saint-Pierre de Rome. Pour aiguiser la jalousie des fidèles de la cathédrale, la basilique s'est dotée d'un tableau, derrière l'autel, qui attire tous les regards : un *Saint Georges* peint par Mattia Preti.

Derrière Saint-Georges s'étend la **vieille ville** (le Borgo ou Bourg), dédale de ruelles destiné à égarer les envahisseurs et à briser les tirs de flèches ou de balles. Les balcons de pierre et les niches des statues valent qu'on les observe avec attention. La plupart des boutiques n'ont pas d'enseigne ; les boulangeries se repèrent uniquement aux bonnes odeurs de pain chaud qui s'en échappent, et le cordonnier aux bottes qui pendent au-dessus de la porte de son échoppe.

Le temps des deux grandes *festi* de la ville, les petites filles paradent en robe d'organdi ; croulant sous leurs bijoux, les mères en grand apparat veillent sur leur progéniture ; les paysans, pour une fois tête nue, arborent des calvities blêmes au-dessus d'un visage tanné. Les éventaires des vendeurs de nougat, sur lesquels trônent d'énormes balances de cuivre, s'alignent le long de la place. Statues et bannières défilent dans Triq Repubblica. Des feux d'artifice crèvent la nuit et les torches illuminent d'une lumière mouvante les festivités. Pendant le carnaval, à la veille du Carême, des concours de danses en costume sont organisés place de l'Indépendance et des orchestres de masques défilent dans les rues. La rivalité entre Saint-Georges et la cathédrale s'exprime de façon éclatante à ces occasions. Pourtant, à Pâques, une trêve se conclut : la cathédrale et la basilique organisent la procession du Vendredi saint une année sur deux.

La citadelle

Les bastions dont la pierre dorée domine toute la ville datent des premières années du XVIIIe siècle. On pense que Francesco Laparelli, ingénieur du pape, architecte de La Valette et élève de Michel-Ange, en dressa les plans dès

Le marché quotidien, à Rabat.

1567, deux ans après le Grand Siège, mais trente-deux ans s'écoulèrent avant le début des travaux. Philippe II d'Espagne apporta une contribution de 40 000 écus et les Gozitains fournirent le reste. A l'achèvement de ces fortifications, Soliman le Magnifique était mort et les Turcs avaient été chassés de Méditerranée occidentale. Pendant des années, la loi obligea cependant les Gozitains à rentrer coucher dans la ville haute. Quand cette mesure fut levée, en 1637, la population essaima vers des demeures plus spacieuses et plus confortables, dans Victoria même ou à la campagne. En 1693, un séisme dévasta une grande partie des bâtiments, laissés depuis à l'abandon. Aujourd'hui, les colossales fortifications font l'objet d'une restauration et on réhabilite aussi ce qui subsiste de la vieille ville. Il faut un effort d'imagination pour se représenter l'aspect de ces lieux au Moyen Age, mais ils méritent qu'on y flâne.

L'ancienne entrée de la cité, avec son pont-levis, est le petit porche couvert sur la route d'accès. L'autre arche fut percée dans les remparts en 1956 pour permettre le passage, à l'occasion des cérémonies religieuses, des orchestres, des dignitaires de l'église et des statues portées sur des palanquins par les processionnaires. Le ministre qui autorisa ce percement était Mlle Agatha Barbara (qui devint président de la République), ce qui permit de remettre au goût du jour un dicton latin : *« Quod non fecerunt barbari, fecit Barbara »*. Cependant, ce « trou dans le mur » donne une belle vue sur la cathédrale et la puissante volée d'escaliers qui y mène.

La cathédrale

Bâtie à la fin du XVIIIe siècle à la place de deux ou trois églises plus anciennes, d'un temple romain de Junon et, vraisemblablement, d'un temple punique dédié à Astarté, la **cathédrale** est l'œuvre de Lorenzo Gafa, à qui l'on doit la cathédrale de Mdina. Elle en a la grâce, la légèreté, bien que le dôme qui devait la couronner n'ait jamais été construit. Cette absence est compensée, à l'inté-

Un marchand d'articles de piété.

rieur, par un extraordinaire trompe-l'œil dû au pinceau d'Antonio Manuele, peintre de Messine, qui le réalisa en 1739. Vu de la nef, le dôme fictif paraît s'élever vers le ciel avec une parfaite symétrie; du maître-autel, l'illusion est absolue, au point qu'on lui trouve des perspectives troublantes. Le sol de la cathédrale est pavé de pierres tombales d'hommes d'Église, en marbre de toutes les couleurs, portant des armoiries et, souvent, un grimaçant squelette.

La **place de la Cathédrale** (Pjazza Katidral), vue du porche d'entrée, est bordée à gauche par le **palais du Gouverneur** de Gozo, édifié au début du XVIIIe siècle. Ses moulures épaisses sont typiques de l'architecture maltaise de l'époque et marquent la différence d'avec celle du siècle précédent. Le bâtiment fait maintenant partie du **palais de justice** qui occupe l'immeuble voisin.

A droite s'élève le **palais épiscopal** et le mur du **chapitre**, construit en 1899. Les maisons qui encombraient la place ont été démolies dans les années 1860.

Les musées

Tous les musées, petits et charmants, sont regroupés dans la ville haute, dans des immeubles qui font partie du décor par leur style. Le **Musée archéologique** est situé dans le dernier palais privé de la forteresse. Le balcon, somptueusement orné, qui le décore, fut reconstitué à partir des restes dispersés de l'original. Parmi les objets exposés, qui vont du néolithique au Moyen Age, on notera le tombeau de Maïmouna, jeune femme musulmane, qui date du XIIe siècle.

Les trois corps de bâtiment qui forment le **Musée folklorique** (XVIe siècle) forment un ensemble unique dans l'archipel. On admirera la délicatesse et la simplicité de la décoration sculptée et les fenêtres «normandes». Ne soyez pas rebuté par le mot «folklore», ce musée est un enchantement.

Au haut d'un mur, un peu plus loin vers le sommet, une inscription signale la maison d'un soldat sicilien héros du siège de 1551. Préférant la mort à l'esclavage, il tua sa femme et ses deux enfants au moment de l'assaut final, au cours duquel il défit de nombreux Ottomans avant d'être mortellement blessé.

Le **musée d'Histoire naturelle** est logé dans les anciens entrepôts et dortoirs des chevaliers (1614), qui furent plus tard transformés en prison. Il est question de transférer dans d'autres locaux les collections de coquillages, d'oiseaux naturalisés et d'objets de l'artisanat local.

L'**armurerie** se trouve dans une galerie du XVIIIe siècle constituée d'un curieux entrelacs d'arcs-boutants volants — manière ingénieuse de se passer de bois de charpente dont Malte manquait. Cette galerie servit de caserne aux troupes britanniques au XIXe siècle et pendant la Seconde Guerre mondiale.

Le **musée de la Cathédrale**, installé dans une partie de la sacristie, abrite les colonnes ioniques du temple de Junon (Ier siècle av. J.-C.), un landau ayant appartenu à un évêque, datant des années 1860, des objets ecclésiastiques d'argent et bien d'autres curiosités.

La vue, du haut des remparts, est un panorama de douces vallées, de collines curieusement décapitées, avec Malte au-delà de la ligne bleue de la mer.

Dans les rues étroites de Rabat.

A TRAVERS GOZO

Le bateau est le seul moyen d'accéder à Gozo. Il faut compter un trajet de 25 min au départ de Cirkewwa, à l'extrémité nord de Malte, ou un autre, plus long, au départ de Sa Maison, près de La Valette. L'été, de petits hydroglisseurs assurent l'aller et le retour des piétons. En chemin, quelque soit le bateau, on longe nécessairement **Comino**, troisième île, par la taille, de l'archipel maltais.

Mgarr

L'entrée dans le **port de Mgarr**, le seul de Gozo, offre un panorama où l'on retrouve tout ce qui fait le caractère de l'île : une chapelle, la flèche d'une église et une forteresse dont les silhouettes se découpent sur le ciel; des maisons aux toits plats, de petits champs vert tendre bordés de murets de pierre sèche et, sur le rivage, décorés de couleurs gaies, des bateaux de pêche ornés de symboles chrétiens sur la coque et de l'œil d'Osiris sur la proue, destiné à éloigner les mauvais génies. Seule l'architecture faussement gothique manque de réalisme...

La construction de l'**église**, aux prétentions de cathédrale, fut entreprise en 1924 puis, faute d'argent, interrompue... jusqu'en 1970, lorsque le curé de la paroisse gagna le gros lot à la loterie !

Le **fort Chambray** fut également édifié grâce à des deniers mal acquis, mais il s'agissait là du produit des rapines perpétrées par le dernier grand amiral de l'ordre de Saint-Jean, Jacques de Chambray. Ayant quitté le service actif en 1749, écœuré par l'apathie de l'Ordre en temps de paix, ce vieux loup de mer, nommé gouverneur de Gozo, consacra ses dernières années et son trésor de guerre à reconstruire les fortifications de Mgarr. Cinquante ans plus tard, quand les troupes de Bonaparte débarquèrent dans l'île, les remparts relevés par ce valeureux militaire, défendus par les chevaliers de Saint-Jean et les hommes de Gozo, donnèrent aux Français du fil à retordre. Après cet unique intermède guerrier, le fort abrita une garnison et servit d'hôpital psychiatrique. Il est en passe d'être converti en hôtel de grand luxe.

La grand-route de Mgarr à Victoria traverse **Ghajnsielem** (l'Œil de la Paix), village de fondation récente, aux maisons dispersées autour d'une église dotée d'une très haute flèche et, tout au bout, à 2,4 km du port, on parvient à une jolie ferme ancienne baptisée **Gozo Heritage**. L'exposition y survole cinq mille ans d'histoire illustrée par des mannequins et accompagnée d'un texte enregistré.

Xewkija

Au virage suivant, la grande **église circulaire de Xewkija** (la Rotunda) se dresse par-delà les champs, sur la gauche. Quatrième agglomération de l'île, Xewkija a fait pâlir d'envie toutes les autres paroisses en édifiant, et de loin, la plus grande église de l'archipel. Le dôme est réputé le troisième par la taille de toute l'Europe. Mais ce qui est, sur place, beaucoup plus important, si c'est vrai (mais nul ne s'amusera à soulever la

Pages précédentes : mosaïque de champs sur la côte est de Gozo; marais salants à Qbajjar. A gauche, la côte de Qbajjar au crépuscule du soir; à droite, la jeunesse de Gozo.

controverse), c'est qu'il serait plus grand que celui de Mosta ! Reprenant les plans de Santa Maria della Salute à Venise, les travaux furent entrepris en 1952 et ils ne sont toujours pas achevés… Un nouveau clocher doit encore y être ajouté ! Cette entreprise fut entièrement financée par les contributions des 3 000 habitants et par les dons de Xewkijains émigrés. Les travaux furent exécutés par des volontaires locaux bénévoles.

Une partie de l'église précédente du XVIIIe siècle, que la Rotunda remplace, sert de chapelle absidiale. On dit que les sculptures, assez extraordinaires, sont l'œuvre d'un renégat d'origine italienne qui se réfugia dans l'île pour échapper à la justice de son pays.

Temples et grottes

Au sommet d'une colline, à 3 km au nord, s'élève l'ancien village de **Xaghra**, sur le territoire duquel se trouve un monument beaucoup plus ancien et infiniment plus impressionnant que la Rotunda, ce sont les **temples de Ggantija**, qui remontent à l'âge de la pierre. De même que pour les autres temples de Malte, l'endroit est charmant.

Les **grottes de Xerri** et de **Ninu**, qui débouchent dans les rues étroites qui partent de la place centrale de Xaghra, livrent à l'admiration une merveille naturelle : des stalactites et stalagmites étranges au fond d'une caverne dont l'entrée se fait par les maisons particulières !

La **grotte de Calypso**, creusée haut dans la falaise, à l'angle nord-est du plateau de Xaghra, est réputée être un labyrinthe qui débouche en mer par plusieurs ouvertures. A la suite de la chute d'un rocher, il n'est plus possible de l'explorer, mais du haut du plateau, on jouit d'une belle vue sur les domaines de la nymphe : rochers surplombant une large et fertile vallée avec, au bout, la **baie de Ramla** au sable rouge orangé.

Un Romain fortuné s'est fait bâtir une villa dans les dunes, en retrait de la plage. Depuis, le site a été déclaré non constructible. A l'exception de cases de bambou dans lesquelles on sert en été

Réparation d'une nasse à langoustes.

des boissons et des sandwichs, le site est telle que Calypso est supposée l'avoir connu. Toutefois, la nudité n'est plus tolérée de nos jours, comme des écriteaux aux murs des cafés et des boutiques le rappellent.

Marsalforn, un peu plus loin à l'ouest sur la côte nord, est le second complexe balnéaire de l'île. Cette localité vivante et chaleureuse accueille tant les Gozitains et les Maltais que les touristes. Les dimanches d'été, dans la soirée, des familles entières se promènent le long du front de mer. L'**hôtel Calypso** dispose d'une piste de danse en terrasse et d'une boîte de nuit climatisée au-dessus. Le village compte plusieurs hôtels plus petits, des restaurants sans nombre et des bars, sans parler des boutiques où s'entassent les maillots tricotés à la main, héritage du temps où les dentellières faisaient la renommée de Gozo. Au fond de la baie, un petit port de pêche se blottit sur le côté d'une petite plage de rochers, de galets et de sable.

Des **marais salants**, exploités depuis l'époque romaine, font briller au soleil, en retrait du rivage, leurs damiers et les réservoirs taillés dans les saillies de la pierre dorée. Les plus remarquables, juste au-delà de **Qbajjar**, sur la route de Marsalforn à Zebbug, donnent l'occasion d'embrassser un joli panorama.

Sur la côte sud-ouest, **Xlendi**, au fond de son fjord minuscule creusé dans la falaise de pierre grise, mérite un coup d'œil, avec la tour de guet qui en protège l'accès et les bateaux de pêche colorés ancrés devant la plage étroite.

Sur la route du retour, vers Victoria, on passe devant un lavoir public, installé au XVIIIe siècle dans une caverne. Il est plus utilisé aujourd'hui par les gens qui viennent y laver leur voiture que par les lavandières. Sur la droite, les arbres de la vallée arrosée par une source furent plantés par les chevaliers de Saint-Jean afin de constituer une réserve de chasse à leur usage. Sur la dernière ligne droite, avant la mer, on trouve le lieu public le plus fréquenté de l'été : **la Grotta**, bal en plein air disposé dans un jardin somptueux avec des allées bordées de fleurs, des petites terrasses discrètes derrière

Un entrepôt de matériel de pêche.

les arbustes et bouquets de bambou illuminés, dans la gorge en contrebas.

A Xlendi ont été construits, ces dernières années, de vastes immeubles, mais l'endroit a réussi à garder ce qui faisait son charme : les tamaris et les maisons aux teintes pastel qui bordent la promenade, et l'on trouve, ici aussi, bistrots et boutiques de souvenirs. Le seul hôtel en bord de mer, le **Saint Patrick**, donne l'impression d'un désordre génial... mais ses clients lui sont fidèles, année après année. La nuit, c'est le dernier client encore sobre qui tient le bar ! L'été, chaque ville, chaque village organise à son tour sa *festa*. Xlendi propose, pour sa part, un concours d'escalade d'un poteau enduit de suif !

Vers l'ouest

Dans l'ouest de l'île, le temps semble ne plus compter. Le paysage y est plus doux, les hameaux plus petits et disséminés dans une campagne plus verdoyante. Ce panorama bucolique constitue l'aimable environnement de ce qui est la gloire nationale de Malte : **Ta'Pinu**. Ce sanctuaire s'élève sur un plateau à l'écart de la route de Victoria à Gharb et son nom provient de Pinu Gauci, qui veillait sur une petite chapelle bâtie au XVIIIe siècle.

C'est là qu'en 1883 une paysanne nommée Karmela Grima, s'en revenant des champs, s'entendit appeler par une voix céleste. Un de ses amis, Frangisk Portelli, lui révéla qu'il avait également entendu cette voix et tous deux tombèrent à genoux, priant pour la mère de Portelli, gravement malade. Celle-ci recouvra la santé. Depuis lors, les guérisons miraculeuses se sont multipliées et la chapelle est devenue un lieu de pèlerinage. Dans les années vingt, on édifia à proximité une immense église néoromane. Sur un côté du maître-autel s'ouvre une galerie où sont déposés des ex-voto assez macabres, tels que béquilles et autres appareils orthopédiques. Plus loin, au bord de la route de Gharb, la **maison de Karmela Grima**, marquée d'une plaque discrète, est devenue un pittoresque musée.

Le hameau de pêcheurs de Xlendi dominé par des immeubles récents.

Juste avant le carrefour de la route de San Lawrenz, on parvient à la **verrerie de Gozo** où l'on peut voir les fours en pleine action et les souffleurs de verre.

Gharb (qui signifie, fort à propos, «ouest») est le terminus du circuit des églises de l'île. L'église baroque flamboyant du XVIIIe siècle est un monument unique. Elle fut construite d'après les idées de Francesco Borromini, qui a donné son nom à ce style, dont le premier exemple est à Rome, place Navone. Le bourg possède également de beaux balcons de pierre sculptée.

Vers San Lawrenz

En revenant sur la grand-route en direction de San Lawrenz, on atteint le village artisanal de **Ta' Dbiegi**. Cet ancien casernement de l'armée britannique a été converti en centre commercial de l'artisanat local et on y trouve des articles de tricot, des dentelles, des ouvrages de cuir, des poteries, des objets de verre soufflé ou gravé et des pierres taillées.

A partir de la place de l'église de **San Lawrenz**, une route orientée vers le sud conduit à Dwejra, site remarquable pour ses étranges formations géologiques.

Fungus Rock, à gauche, qui garde l'entrée de la **baie de Dwejra**, était un endroit que surveillaient les chevaliers de Saint-Jean car il y poussait, au sommet, de curieux champignons rouges qui avaient la réputation de guérir les affections sanguines et d'étancher les plaies ouvertes. De plus, leur forme phallique les rendait, disait-on, propices... à d'autres traitements! Les chevaliers décrétèrent alors que ce rocher serait leur réserve; ils en rasèrent les abords; enfin ils installèrent un poste de garde avec un pont-levis. Parfois, ils daignaient offrir quelques-uns de ces champignons (qui, en fait, n'en sont pas véritablement) à quelque seigneur européen, et c'était là un présent de choix!

A droite de la route, on peut admirer l'étonnante **Azure Window**, arche naturelle de pierre dont un pied plonge dans la mer. On dirait le porche d'un temple mégalithique. Au-delà de cette arche

La falaise à pic de Ta'Cenc.

s'étend la **mer intérieure**, ancien cratère dont le fond est pavé de galets. La mer y pénètre par une fissure caverneuse de la falaise. C'est un excellent solarium, abrité à la saison des grands vents. Des embarcations se pressent à travers la passe pour faire visiter ces deux merveilles naturelles.

Sannat, au sud de Victoria, est bâtie au bord de magnifiques falaises, hautes de plus de 150 m, qui plongent à pic dans la mer. C'est l'habitat d'innombrables oiseaux et de plantes rares qui ont germé après avoir été apportées par le vent. On y trouve aussi des vestiges de l'âge de la pierre et le plus discret des hôtels de grand luxe de l'archipel, **Ta'Cenc**.

Sur la crête, à gauche derrière l'hôtel, il subsiste une **nécropole néolithique** d'où l'on pouvait voir les temples de Ggantija, sur l'autre versant de la vallée, avant que la Rotunda de Xewkija ne vienne s'interposer. Seul un dolmen est encore debout, mais on peut voir les traces de plusieurs autres monuments et aussi des sillons, comme à Malte, mais ici encore plus mystérieux car ils ne mènent nulle part !

Sur la côte nord-est, à laquelle on parvient au-delà de Nadur, se trouve **San Blas** avec sa ravissante plage de sable bordée de tamaris, au pied d'une colline aux versants couverts de citronniers. Il faut être prudent sur le sentier vertigineux qui ramène à la route. **Hondoq-ir-Rummien** (la vallée des Grenades, bien qu'il n'y en ait plus guère) est accessible en traversant **Qala**. Là, la mer est aussi limpide que dans le Blue Lagoon qui miroite de l'autre côté du bras de mer, à Comino.

Circuler en voiture à Gozo est parfois difficile. Les routes sont tantôt excellentes, tantôt défoncées et les mœurs locales, en matière de conduite automobile, sont, comme beaucoup d'autres habitudes des îliens, particulières ! Cependant, la signalisation est bonne et il ne faut guère plus de 20 min pour traverser l'île. De fait, le royaume de Calypso ne dévoile toute sa magie qu'à ceux qui vont à pied.

Azure Window, fenêtre naturelle ouverte sur la pureté du ciel et de la mer.

COMINO

Ce rocher, apparemment dénudé, vaste de seulement 2,6 km², possède un beau fort, construit en 1618. A part cela, il ne s'y trouve qu'une porcherie modèle, un ensemble de deux hôtels et surtout le plus magnifique plan d'eau de l'archipel: le **Blue Lagoon**. On n'y recense que quatre habitants permanents, inscrits bien entendu sur l'unique liste électorale de l'île!

Poissons et baigneurs

Autrefois repaire de pirates, cette île minuscule est de nos jours peuplée d'amateurs de pêche sous-marine et de bains de soleil, sans parler de la sirène qui a élu domicile sur ses rivages. Pas d'automobile, et seulement deux hôtels qui en sont restés à l'ambiance et au style de décoration qui prévalaient dans les années soixante. On dit que le principal d'entre eux devrait laisser place en 1992 à un village de vacances. Un tel projet aboutira à donner aux lieux un caractère plus authentiquement maltais.

Comino offre certaines des plus belles baignades de toute la Méditerranée et un choix incomparable de sports nautiques. Les marsouins aiment jouer dans les vagues et les eaux profondes du détroit entre les îles. Malte s'honore de posséder les eaux les plus pures de la Méditerranée et, autour de Comino, la vue plonge dans une transparence et une vivacité de couleurs qui laissent pantois. La haute mer déploie tous les camaïeux, de l'indigo au bleu marine: au bord des plages de sable dominent le bleu céleste, le turquoise qui deviennent azur et émeraude dans le célèbre Blue Lagoon, dans le **détroit de Fliegu**, entre Comino et sa petite sœur **Cominotto**.

En 1960, les championnats internationaux de pêche sous-marine se sont déroulés à Comino. Grâce au calme relatif et en l'absence de vedettes bruyantes, les poissons de toutes tailles abondaient dans chaque anfractuosité du rocher, mais les choses ont changé. La nouvelle jetée construite dans le Blue Lagoon permet le débarquement de bateaux de croisière et de canots chargés d'excursionnistes. Il ne faut alors pas s'étonner que les merveilleux poissons qui évoluaient librement se cachent et deviennent farouches.

Mais l'île est trop petite pour que s'y développe un tourisme de masse. A mi-chemin de Malte et de Gozo, elle ne pourra jamais être autre chose que ce qu'elle a toujours été: un rocher sauvage bordé de falaises entrecoupées seulement de deux petites plages de sable, avec de charmantes criques et anses, des arches de pierre, des tunnels percés dans la roche par les vagues et le somptueux Blue Lagoon.

Le lieu le plus proche de Comino est le port de pêche de **Mgarr**, à Gozo, distant de 3 km. Les Gozitains ont toujours considéré Comino comme leur fief. Les gens de Malte, qui estiment pour leur part que Gozo fait partie de leur domaine, n'ont jamais élevé d'objection à cette appropriation.

Dans les temps anciens, Ptolémée nommait l'île Cosyra, mais Comino, le nom qui lui est resté, vient du mot

Pages précédentes: Fungus Rock, gardé jalousement par les chevaliers; un pêcheur prépare ses lignes. A gauche, les eaux pures de Comino; à droite, une sirène (elles sont censées hanter les eaux de Comino).

«cumin», cet épice qui y était cultivé en abondance. Il continue de pousser, à l'état sauvage, dans les bosquets. Cependant, l'air embaume plutôt le thym, avec ses floraisons roses ou mauves qui attirent le regard, spécialement au printemps, lorsque butinent les abeilles qui fournissent le meilleur miel de la région.

On dit que lorsque les chevaliers de Saint-Jean arrivèrent, l'île grouillait de sangliers et de lièvres. La maigre végétation abritait des pélicans et des cailles. Les grands maîtres firent alors de Comino leur réserve personnelle de chasse. Ils ne plaisantaient pas sur ce sujet. En 1695, Adrien de Wignacourt, neveu d'Aloph, promulgua un édit en des termes qui ne souffrent pas d'interprétation: *«Il est formellement interdit à Nos sujets, de toutes conditions, de mettre pied dans l'île avec une arme, à feu ou blanche, un chien, un furet, un filet ou tout autre objet destiné à la chasse. Ceci sous peine de trois années de galère, sans paie, si le délinquant est une personne ordinaire; sous peine d'une amende de quarante onces d'or, si c'est un clerc ou un membre d'une profession libérale; sous peine de bannissement des domaines du prince, aussi longtemps qu'il plaira à Son Altesse, si c'est un mineur.»*

Grâce au romancier italien Umberto Eco, Comino possède aujourd'hui un nouveau titre de gloire: Abraham ben Samuel Abulafia, qui y vécut. Ce kabbaliste non conformiste, dont parle le roman d'Umberto Eco *le Pendule de Foucault*, y débarqua au XIIIe siècle, fuyant la colère du pape et celle des juifs de Sicile. Né en 1240 à Saragosse en Espagne, Abulafia s'était taillé une réputation de philosophe dans les milieux israélites du Moyen Age. A dix-huit ans, il s'était embarqué pour la Terre sainte dans le but d'identifier le cours de la Samation et de retrouver en Palestine la trace des dix tribus perdues. Revenu en Espagne après trois années de recherches, il se mit à prêcher et à écrire. Son ambition suprême était de réconcilier juifs, chrétiens... et musulmans. En 1280, il tenta même de conver-

Comino compte un seul ensemble hôtelier...

tir le pape Nicolas III au judaïsme, ce qui lui valut d'être aussitôt condamné par les Italiens à périr sur le bûcher.

Le décès inopiné du pape sauva notre héros messianique. Il s'enfuit vers le sud et, en 1285, il put mettre pied à terre et trouver refuge dans la solitude de Comino. Là, il survécut difficilement, rédigeant des prophéties (il n'hésitait pas à se proclamer le Messie) et des ouvrages kabbalistiques, dont le plus célèbre est le *Livre des signes*.

Pirates et murailles

Tout au long du Moyen Age, Malte et Gozo subirent les incessantes attaques des pirates sarrasins qui avaient implanté leur base sur Comino. En cas de débarquement, toute la population se réfugiait derrière les murs des citadelles, Mdina à Malte et Rabat à Gozo, abandonnant le terrain aux assaillants. Ceux qui restaient à l'extérieur finissaient sur les marchés d'esclaves d'Afrique du Nord ou de Turquie et ne reparaissaient pratiquement jamais. Il n'était pas rare que les pirates se portent à l'abordage des vaisseaux maltais ou gozitains lorsqu'ils faisaient voile entre les deux îles.

En 1416, les Maltais demandèrent au vice-roi de Sicile de renforcer leurs défenses. Deux ans plus tard, celui-ci accéda à cette prière et un impôt sur le vin fut levé, dont le produit devait être affecté au financement d'une tour fortifiée sur Comino. Mais Alphonse V d'Espagne détourna la recette de cet impôt afin de payer les frais d'une de ses opérations aventureuses, quelque part ailleurs. Comino demeura démunie de protection et de tour pendant les deux siècles qui suivirent.

Les chevaliers de Saint-Jean étaient beaucoup plus conscients de la nécessité de protéger les îles contre les Turcs et les autres pillards qui écumaient la Méditerranée. Dès 1532, un ingénieur florentin nommé Piccino reçut ordre de dresser les plans du redéploiement des fortifications, y compris un château fort sur Comino. Toutefois, la priorité fut donnée à l'édification du réseau de défense du Grand Port.

... et des eaux claires appréciées des plongeurs.

La Valette fut le premier maillon de la chaîne de forteresses qui devait faire le tour de Malte, avec des ouvrages complémentaires à Gozo et à Comino. Ce ne fut toutefois qu'au XVIIIe siècle que l'attention des bâtisseurs se porta sur les batteries côtières des petites îles. La première tour destinée à protéger le détroit fut érigée à Gozo et non à Comino. Son érection, en 1605 à Mgarr, fut permise par un legs du grand maître Garzes.

En 1618, Alof de Wignacourt fit édifier, sur ses propres deniers, une autre tour à Comino et de nombreux fortins côtiers destinés à interdire l'accès à certaines baies. Ce fut le cas de la **tour Saint-Lucien** à **Marsaxlokk**, et **Saint-Thomas** dans la baie du même nom. Sur des plans vraisemblablement dressés par Vittorio Cassar, les forts dus à la générosité de Wignacourt étaient de gros cubes aux murailles escarpées aux quatre coins flanqués d'une tour. La **tour Sainte-Marie**, la plus onéreuse, était tenue par une garnison de 30 soldats.

Lorsque, en 1715, on repensa de façon globale les défenses côtières, le plan fort ambitieux des fortifications de Gozo et de Comino envisageait la construction d'une batterie à l'extrémité sud-ouest de Comino pour garder le détroit ainsi que d'une redoute à l'entrée de la baie Sainte-Marie. En 1722, en prévision d'une attaque que les Maltais croyaient imminente, la **batterie Sainte-Marie** (appelée aussi batterie Perellos) fut complétée et armée en bataille. Mais, comme nulle force turque ne se montra, les fortifications ne reçurent jamais le baptême du feu.

La puissante **forteresse** qui domine Comino du sommet de la falaise recèle très certainement des secrets. Maints chevaliers errants, victimes de disgrâce ou de scandale, furent bannis de Malte et trouvèrent refuge dans ce fort. Pendant un temps, sous la protection de ses remparts, une petite communauté agricole, qui a compté jusqu'à 200 âmes, s'installa dans l'île, cultivant le cumin et le coton, élevant des abeilles pour leur miel. Mais ce fut une expérience sans lendemain et la population disparut progressivement.

Les eaux turquoise du Blue Lagoon.

Au cours de la Première Guerre mondiale, les Britanniques y bâtirent un lazaret afin d'isoler et de soigner les soldats atteints de maladies contagieuses ou infectieuses. Le camp, aux allures très militaires, avec ses baraquements de pierre, alignés comme à la parade autour d'une place d'armes centrale, est encore visible. **Liberty Square**, comme on l'appelait, avait des allures de village avec une épicerie, un bureau de poste et même un café. Deux voies bien tracées, Battery Street et Congreve Street, y conduisent.

A quelque distance, dans la baie Sainte-Marie, se trouve la seule **chapelle** de l'île. On la dit antérieure même au fort. Au-dessus de l'autel, un tableau représente la Vierge pendant la fuite en Égypte. En 1667, elle fut désaffectée puis consacrée de nouveau en 1716.

En visite à Comino

Le destin de Comino a changé avec l'essor touristique qui a suivi l'indépendance de Malte en 1964. Lorsque les deux hôtels furent achevés et qu'ils entrèrent en service, ils se firent une clientèle. Pris en main par une direction formée aux meilleures écoles hôtelières de Suisse, ces établissements furent améliorés par l'adjonction de nouveaux services et de nouvelles commodités. Le grand ensemble sportif comprend maintenant une école de voile, une école et un centre de plongée dirigés par des instructeurs hautement qualifiés. Le centre de tennis dispose de six courts de terre battue, dont trois sont éclairés la nuit.

Des vedettes appartenant aux hôtels assurent une liaison régulière avec les autres îles. On sent que tout est mis en œuvre pour que le complexe fonctionne avec la plus grande efficacité et cet état de grâce s'inscrit dans un environnement naturel exceptionnel et appréciable : une terre qui ne connaît pas la pollution, des conditions de baignade inégalées et un merveilleux climat. Tout cela constitue un paradis terrestre, l'un des plus beaux joyaux de la Méditerranée.

Les Maltais aussi prisent Comino. Se balançant au gré de la houle légère, dans les eaux chaudes et pures des baies Sainte-Marie ou Saint-Nicolas, une armada de vedettes luxueuses, de voiliers (signes extérieurs de richesse de la classe montante qui s'est développée à Malte depuis l'indépendance) a pris la place des corsaires et des pirates des siècles passés. Comino est devenu l'endroit chic, à la mode, des hommes d'affaires de La Valette, où il est de bon ton de venir finir la semaine entre gens de bonne compagnie. Sous le chaud soleil d'un dimanche d'août, le « pop » des bouchons de bouteille trouble la quiétude de la baie et le vin coule en abondance.

Lorsque les vacanciers venus pour la journée et les plongeurs ont regagné leurs pénates, le crépuscule prend des allures magiques. Au chant des rossignols nichés dans les tamaris, les sirènes s'en vont nageant dans les eaux argentées du lagon. Sous la pleine lune, la paix songeuse de la nuit d'été s'étend jusqu'aux premières lueurs de l'aube.

On croirait entendre Orphée pincer les cordes de son luth et chanter : *« Ce séjour est calme et tranquille — C'est le repos et la félicité. »*

A Comino, tout le monde se baigne.

EN MER

Les Maltais sont à juste titre fiers de la mer qui les entoure. Contrastant avec les eaux qui baignent les rivages de la plupart des autres pays méditerranéens, de la Grèce jusqu'à Gibraltar, celles qui bordent Malte, Gozo et Comino sont bleues, cristallines et exemptes de toute pollution. Dans le Blue Lagoon de Comino, on n'a pas besoin de masque de plongée pour discerner une pièce de monnaie tombée par 30 m de fond. Il ne faut donc pas s'étonner de voir combien la vie et l'activité tournent autour des choses de la mer, des sports nautiques, tant au-dessous qu'à la surface étincelante de l'eau... N'est-on pas dans une île ?

Les visiteurs qui souhaitent effectuer des promenades en mer trouveront à Malte de quoi satisfaire tous leurs désirs. Les choses ont marqué des progrès notables depuis les premiers temps où, pour passer une journée sur l'eau, il fallait chercher, trouver, marchander avant d'embarquer sur un *luzzu* en compagnie d'un marin qui acceptait, comme s'il vous consentait une faveur, de remiser ses filets et ses lignes.

Le moyen le plus simple de se rendre à **Mgarr**, le port de Gozo, est d'emprunter l'un de ces ferries sans âge qui partent de **Cirkewwa**, à l'extrémité nord de Malte. Les rotations aller et retour entre les îles se poursuivent toute la journée et, en été, jusqu'à la nuit tombée. (Pour s'informer des horaires, téléphoner au 243964.) De plus, une fois par jour, la compagnie Gozo Channel met en service un bateau plus gros qui effectue la liaison entre **Sa Maison**, à Pieta, dans les faubourgs de La Valette, et Mgarr. La plupart des véhicules utilitaires, notamment les grands camions qui approvisionnent Gozo en boissons ou qui viennent chercher les célèbres jeans qui y sont fabriqués, empruntent cette ligne. Le tarif est le même, mais les voitures particulières ont intérêt à arriver en avance au quai d'embarquement car la ligne est chargée en toute saison.

Pour Comino, de Cirkewwa ou de Mgarr, appeler l'**hôtel Comino**, qui organise le passage avec ses propres vedettes.

Pages précédentes : un moyen de transport sûr et sympathique. A gauche, la côte de Comino ; à droite, les catamarans qui assurent la liaison avec Gozo, la Sicile ou la Tunisie.

Crosières d'un jour

Un vaste choix d'excursions en bateau vous attend au **Strand** de **Sliema**. De nombreuses compagnies maritimes proposent tout un éventail de croisières à bord de bateaux plus ou moins gros, qui lèvent l'ancre chaque jour. On peut aussi effectuer de simples promenades d'une demi-journée, le matin ou l'après-midi, en compagnie d'un guide parlant français (ou toute autre langue), au départ du port de **Marsamxett**. On fait alors un grand tour de La Valette, découvrant au passage l'**île Manoel** puis la **marina de Msida**, avant de sortir en mer pour contourner la jetée du **Grand Port**. Cette route que, depuis des siècles, des centaines de navigateurs ont suivie, offre un panorama exceptionnel sur La Valette, le **fort Saint-Ange** et les **trois cités**. Au fond du port, même les chantiers navals, les hangars et entrepôts ne déparent pas le paysage.

Par ailleurs, pour profiter pleinement d'une grande journée de soleil, le prix de certaines croisières comprend un déjeu-

ner buffet, servi avec des vins locaux, des boissons fraîches en permanence, une animation organisée, parfois la possibilité d'une escale pour une baignade et même, si cela est nécessaire, un minibus viendra vous chercher à votre hôtel et vous y reconduira.

La plus importante compagnie est la Captain Morgan, qui exploite une flotte grandissante de bateaux blancs et rouges. Le choix qu'offre cette compagnie comprend un «tour de Malte» qui quitte Sliema à 9 h 15 et revient au port à 17 h 30. On peut préférer le «tour des îles» (de 8 h 45 à 18 h 30) ou le «tour de Gozo» (de 8 h 45 à 18 h). Une fois par semaine, la soirée se prolonge assez tard par un barbecue et des danses.

Toutes les compagnies maritimes desservent le **Blue Lagoon**. Les départs ont lieu, en général, à 9 h du matin et le retour vers 17 h 30. En fin de journée, on croirait assister à une course nautique en voyant, de la baie Saint-Paul à Sliema, une nuée de vedettes et de canots de tous types rentrant, à toute vitesse, à leur mouillage. A cause de son succès, le Blue Lagoon est souvent encombré et on a peine à imaginer la tranquillité habituelle de son eau turquoise.

Selon la saison, de petites croisières sont aussi proposées au départ de **Bugibba**, où l'on embarque sur les célèbres bateaux à fond de verre de la compagnie Underwater Safaris. Pour passer agréablement le temps de l'excursion, le bateau fait le tour de la baie Saint-Paul et marque régulièrement un arrêt à la verticale de la statue dorée du Christ, scellée sur un piédestal au fond de la mer, en mai 1990, pour commémorer la visite de S.S. le pape Jean-Paul II, lequel revint à Malte tout exprès pour la bénir.

La grotte Bleue

Une courte promenade mène à la grotte Bleue (Blue Grotto), à quelques encablures de la crique rocheuse de **Wied-iz-Zurrieq**, village de pêcheurs proche de **Zurrieq**. Plus modeste que la célèbre grotte d'Azur de Capri, celle de Zurrieq est un endroit charmant qu'il vaut mieux

L'activité joyeuse d'un port de plaisance.

visiter le matin lorsque la lumière du jour y pénètre. Si le temps est beau, il est possible de s'y baigner.

A **Gozo**, une excursion similaire est organisée par les pêcheurs eux-mêmes. De **Dwejra**, les canots sortent d'Inland Sea (la mer intérieure) par l'étroite passe entre les falaises et, sur une mer bleu foncé, vous emportent vers **Azure Window** et **Fungus Rock**. C'est une expédition appréciée des enfants.

Dans tous ces cas, il est préférable de discuter, avant le départ, du prix de la promenade qui varie selon le nombre de passagers et la durée de la sortie.

Vers l'étranger

Les services des ferries qui emportent dans leurs cales les automobiles de leurs passagers, au départ du Grand Port, en direction de Syracuse et de Catane en Sicile, ou de Reggio en Calabre, sont moins poétiques. De Syracuse à Malte, le trajet dure six heures; de Reggio, il faut en compter treize. Une fois par semaine, un ferry dessert Naples.

La ligne est exploitée par la société italienne Tirrenia Navigazione, qui met en service un grand ferry aux cabines confortables entre Naples et Malte. Le trajet dure 24 h. A Malte, cette compagnie est représentée par S.M.S.

Un catamaran rapide, pour piétons seulement, armé par la compagnie Virtu Rapid Ferries, effectue la liaison Malte-Catane en trois heures, trois fois par semaine et Malte-Pozzolo, à l'extrême sud de la Sicile, deux fois par semaine. Pour quiconque veut ajouter la visite d'un port sicilien à son séjour mais ne souhaite pas être tout seul, la compagnie propose en outre une excursion en autocar à Syracuse, à la fois pour visiter les ruines grecques et romaines et pour faire des achats. Les catamarans, construits par des chantiers navals norvégiens, ne redoutent aucune mer, même si elle est grosse.

Virtu Rapid Ferries met également en service, en haute saison, une liaison hebdomadaire entre Malte et Kelibia, en Tunisie. Le trajet, grâce à la vitesse du catamaran, ne dure que cinq heures.

Un « luzzu » converti en transport de passagers. Pages suivantes: un gâteau fourré à la mélasse.

INFORMATIONS PRATIQUES

PRÉPARATIFS ET FORMALITÉS DE DÉPART

Passeport, visa

Les visiteurs en provenance de la Communauté européenne ou du Commonwealth n'ont besoin que d'un passeport en cours de validité qui leur permet d'effectuer un séjour d'une durée maximale de trois mois. Ceux qui viennent des autres colonies britanniques, de Libye, du Koweït et d'Arabie saoudite sont soumis au même régime. Si l'on désire demeurer à Malte au-delà de ces trois mois, peut-être dans l'optique d'acquérir une résidence, il faut s'adresser aux services de la police de l'immigration.

Quartier général de la police
Calcedonius Street, Floriana, tél. 224002

Malte a des ambassades ou des consulats dans la plupart des capitales et il y sera satisfait à toute demande de renseignements concernant les passeports et visas nécessaires. Là où Air Malta possède une agence, son personnel peut également vous aider.

Haut commissaire de Malte
16 Kensington Square, London W8, tél. 071 - 938 17 12

Douane

Les objets personnels destinés à votre propre usage ne sont pas soumis aux droits de douane. Vous pouvez importer 200 cigarettes ou d'autres produits du tabac, dans la limite maximale de 250 g. En outre, vous pouvez disposer d'une bouteille d'alcool ou de vin. Les parfums et eaux de toilette sont admis en quantité raisonnable. Les cadeaux pour vos amis sur place sont taxables.

ALLER A MALTE

Par avion

Malte ne compte qu'un aéroport; il n'en existe ni à Gozo ni à Comino. Il est question d'ouvrir un petit aérodrome sur l'île de Gozo, capable d'accueillir les avions légers ou le service d'hélicoptères organisé pendant la saison d'été pour relier Malte à Gozo. Mais toute innovation de ce genre suscite une vive opposition.

Tous les vols réguliers et les vols charters se posent à l'aérodrome international de Luqa, les réguliers le jour et les charters la nuit. L'aérogare est continuellement modernisée et un nouveau terminal vient d'être ouvert au public.

Il n'existe pas de service d'autobus entre l'aéroport et la ville de Luqa, toute proche, ou la capitale, La Valette. Les touristes voyageant individuellement trouveront des taxis (blancs à plaque d'immatriculation rouge). Il est prudent de convenir du prix de la course avant de partir.

La compagnie nationale maltaise, Air Malta, dessert la plupart des capitales d'Europe et certaines villes d'Afrique du Nord. Air Malta possède un comptoir au Terminal 4 de Heathrow, à Gatwick et à Manchester. En Europe, ses escales sont Athènes, Francfort, Paris, Rome, Syracuse, Genève et Copenhague.

Air Europe est la seule autre ligne qui offre des vols réguliers au départ de l'Angleterre, de Gatwick et Manchester. Les vols charters décollent régulièrement de Belfast, Birmingham, Bristol, Cardiff, Édimbourg, East Midlands, Glasgow, Leeds-Bradford, Gatwick, Luton, Manchester, Newcastle et Stansted. Le temps de vol est de l'ordre de 3 h 15.

Les autres compagnies aériennes qui desservent régulièrement Malte sont Aéroflot, Alitalia, Austrian Airlines, Balkan Bulgarian Airlines, Interflug, J.A.T., K.L.M., Lybian Arab, Lufthansa, Monarch, Swissair, Tunisavia et la compagnie française U.T.A.

Air Malta
Tél. 081-785 31 77 (London)
Air Europe
Tél. 0345-444 737
Les informations sur les autres vols charters peuvent être pris au *0274-760022*. Pour la classe affaires, joindre le *0800-521082*.

Par bateau

De nombreux navires de croisière font escale au Grand Port et offrent à leurs passagers des excursions d'une journée. Pour les voyageurs indépendants, le seul moyen de se rendre à Malte par voie maritime est de prendre le car-ferry de Sicile, qui ne fonctionne que par beau temps. La liaison s'effectue une fois par semaine, aller et retour de Naples; trois fois par semaine de Reggio de Calabre, Catane et Syracuse (par ferry ou catamaran). Ce service de ferry est géré par la compagnie italienne

Tirrenia Navigazione. Les bateaux quittent Naples le vendredi soir, souvent envahis d'Italiens impétueux qui se rendent à Reggio ou en Sicile où ils arrivent le samedi matin. Les cabines sont agréables, de même que le restaurant où l'on se sert soi-même. Le voyage, depuis Naples, dure 24 h. Avec ce ferry, le trajet de Catane à Malte prend 8 h et 5 h de Syracuse à Malte.

Un autre service est assuré, sur le trajet de Catane, au cours des mois d'été, par le ferry *Ghawdex*, armé par la compagnie Gozo Channel. Il est très prisé des Maltais qui vont, pour la journée, faire des courses à Catane. Cela aboutit généralement à d'interminables queues à la douane au retour à Malte, car les douaniers sont particulièrement sévères à l'égard de leurs nationaux.

La ligne rapide de catamarans est gérée par la compagnie maltaise Virtu Rapid Ferries. Elle effectue cinq traversées par semaine, si le temps le permet. Un service, pour passagers seulement, dessert Pozzallo, à l'extrême sud de la Sicile, en 1 h 30, ou Catane en 3 h. Une fois par semaine, la compagnie relie Kelibia, en Tunisie, en 5 h. Ici encore, il faut s'attendre à des retards à cause de la douane.

La majorité des villes italiennes ont un bureau de la compagnie Tirrenia Navigazione où il est possible de s'informer et de réserver un passage.

Tirrenia
2 Rione Sirignano, 80121 Napoli, tél. 81-720 1111
S.M.S.
311 Republic Street, Valletta, tél. 232 211
Serena Holidays
40 Kenway Road, London SW5 0RA, tél. 071-244 8422

Il faut s'y prendre longtemps à l'avance pour réserver une cabine sur la ligne entre Naples et Malte. Il n'est pas nécessaire de le faire pour les trajets plus courts.

A Malte, la plupart des agences de voyages peuvent s'occuper des réservations sur les catamarans rapides auprès de Virtu Rapid Ferries

Virtu Rapid Ferries
3 Princess Elizabeth Terrace, Ta'Xbiex, tél. 318854 / 5 / 6

Multitours
21 Sussex Street, London SW1V 4RR, tél. 071-821 7000
Gozo Channel
Tél. 243 964

En voiture

Débarquer à Malte avec sa propre voiture ne requiert pas d'autorisation spéciale; il suffit de la carte verte d'assurance internationale, avec la mention d'extension pour Malte (ce qui n'est pas automatique). Une voiture peut être importée pour une période de trois mois, durée maximale du séjour pour les touristes. Toute extension doit faire l'objet d'une autorisation spéciale.

Au débarquement, les numéros d'immatriculation et de fabrication seront relevés par les agents des douanes. Cette formalité est destinée à s'assurer que c'est le même véhicule qui sera réexporté et qu'il n'aura pas été vendu en pièces détachées ou échangé sur le marché local (armés de lampes-torches, les douaniers savent très bien où relever ces numéros). Ces mêmes agents vérifient le chargement des véhicules et percevront, le cas échéant, les droits sur les objets qui s'y trouvent.

Transit et transfert

Si votre destination finale est non pas Malte, mais l'une des îles voisines, Gozo ou Comino, le bureau de tourisme qui se trouve dans l'aérogare pourra vous aider à trouver le meilleur moyen de poursuivre votre voyage.
De l'aérodrome de Luqa, les taxis ou, pendant la journée, le service d'autobus au départ de La Valette pourront vous emmener au port de Cirkewwa, embarcadère du ferry pour Gozo. Pour les transferts sur Comino, l'hôtel de Comino possède son propre service de ferry au départ de Cirkewwa.

Hôtel Comino
Tél. 473464 / 473718

A SAVOIR UNE FOIS SUR PLACE

Monnaie locale

La devise maltaise est la *lira* qu'on appelle souvent la livre maltaise, qui s'écrit £m.

Chaque *lira* se divise en 100 cents et chaque cent en 10 *mils*. On trouve des billets de 2, 5, 10, 20 et 50 £m, des pièces de 2, 3, 5 *mils*, 1, 2, 5, 10, 25 et 50 cents, ainsi que de 1 *lira*.

Il n'est pas demandé de commission de change quand on négocie des chèques de voyage, mais il faut présenter son passeport pour identification. Les hôtels les acceptent, mais les magasins et les restaurants ne prennent, en général, que les cartes de crédit ou, bien entendu, les espèces.

Les taux de change sont meilleurs dans les banques que dans les hôtels. Quand vous visitez Malte, vous ne pouvez apporter avec vous plus de 50 £m en monnaie locale. Au départ, vous ne pouvez sortir du pays plus de 25 £m. Pour changer vos *liri* inemployées en une devise étrangère, vous devrez présenter les reçus des opérations de change que vous avez effectuées pour prouver que, à l'origine, vos fonds étaient d'origine étrangère.

Les cartes de crédit sont acceptées un peu partout, même par les marchands qui vendent les articles d'artisanat local dans les villages de la côte. Vous ne rencontrerez aucune difficulté avec les cartes Visa ou Mastercard; la carte American Express n'est pas acceptée partout.

American Express
Zachary Street, Valletta, tél. 232141

Les heures d'ouverture des banques varient selon la saison. Les deux banques principales sont la banque d'État (Bank of Valletta) et la Mid-Med Bank. La Lombard Bank a trois agences.

Heures d'ouverture des guichets : l'hiver (du 1er octobre au 14 juin), du lundi au vendredi de 8 h 30 à 12 h 30, le vendredi de 16 h 30 à 18 h, le samedi de 8 h 30 à 12 h. L'été (du 15 juin au 30 septembre), du lundi au vendredi de 8 h à 12 h, le vendredi après-midi de 14 h 30 à 16 h, le samedi de 8 h à 11 h 30.

Un guichet est ouvert, 24 h sur 24 et sept jours sur sept, aux agences de la Bank of Valletta et de la Mid-Med Bank dans l'aérogare de Luqa. Certains bureaux de change sont ouverts plus tard que les banques, d'autres sont fermés l'hiver. Tant la Bank of Valletta que la Mid-Med Bank publient des cartes de Malte montrant l'emplacement et les horaires de leurs agences. On trouve ces plans dans les banques et les bureaux de tourisme un peu partout dans l'archipel.

Pourboire

C'est une expérience plaisante que d'avoir affaire à des gens qui sont aussi naturellement portés à rendre service. Si vous désirez montrer votre gratitude, voici quelques conseils : à l'aéroport, 50 cents au porteur; 10 % au garçon de restaurant ou à la coiffeuse; 50 cents (par semaine de séjour) à la femme de chambre de l'hôtel. Il n'est pas obligatoire de donner un pourboire au chauffeur de taxi (les taxis sont d'ailleurs assez chers).

Urgences

Toutes proportions gardées, l'archipel jouit d'une tranquillité certaine et vos vacances n'y seront pas gâchées par un incident quelconque. Une femme n'a aucune raison de s'inquiéter si elle marche seule de nuit dans les rues, mais il faut néanmoins faire preuve d'un minimum de bon sens. Ne vous transformez pas en cible pour un voleur à la tire. Si vous êtes victime d'une agression, déclarez-le immédiatement à la police et, au besoin, demandez l'aide de votre ambassade ou de votre consulat. Appelez-les également si, pour une raison ou une autre, vous êtes retenu par la police. Les policiers sont généralement secourables, bien qu'on en voie rarement dans les rues. Vous risquez une amende si vous laissez votre voiture hors d'un emplacement officiel de stationnement, si vous gênez la circulation dans une rue. Les rues étroites de La Valette sont à éviter à tout prix (d'ailleurs, on n'y trouve jamais la moindre place !).

Il existe un poste de police dans chaque ville et chaque village.

Quartier général de la police à Malte
Calcedonius Street, Floriana, tél. 224001
Dans le même immeuble se tiennent le département de l'immigration, le bureau des licences, le département de la circulation, et la police judiciaire.

Quartier général de la police à Gozo
113 Republic Street, Victoria, tél. 556342

Précautions sanitaires

Les visiteurs venant du Canada ou d'Europe n'ont nul besoin de vaccins particuliers. Cependant, il est toujours prudent de vérifier à quand remonte votre dernière vaccination antitétanique. Malte applique les recommandations de l'Organisation mondiale de la santé concernant la santé publique. Les pharmaciens (*pharmacists* et *chemists*) sont habilités à délivrer la plupart des médicaments et les produits pharmaceutiques les plus connus sont partout disponibles. Les touristes qui ont des besoins particuliers feront cependant bien d'apporter avec eux ce qui leur sera nécessaire pour leur séjour ou, à défaut, de se munir d'une ordonnance qu'ils présenteront au pharmacien ou à un médecin.

Les touristes britanniques bénéficient d'une assistance médicale gratuite (par réciprocité convenue entre les deux pays). Le traitement sera gratuit pendant un mois. Il existe également des accords sanitaires avec la Belgique, la Tchécoslovaquie, la Yougoslavie, la Pologne et l'Italie. Les visiteurs venant d'ailleurs sont invités à souscrire une assurance spéciale. Tous les médecins de Malte et de Gozo parlent anglais et, souvent, italien. Il existe deux hôpitaux.

Urgences médicales
Tél. 196
Hôpital Saint-Luc
Gwardamanga, Malta, tél. 621215
Hôpital Craig
Ghan Quatet Street, Victoria, Gozo, tél. 556851

D'autre part, il existe de multiples polycliniques où il vous sera dispensé l'assistance médicale requise.

Polyclinique de Floriana
Frangisk Saver Fenech Street, tél. 243314
24 h sur 24.
Polyclinique de Rabat
Parish Square, tél. 459082
Polyclinique de Mosta
Mosta Square, tél. 433256

L'archipel maltais bénéficie d'un magnifique ensoleillement tout au long de l'année. En été, ne sous-estimez pas la violence du soleil. Prenez des précautions : le port d'un chapeau dans la journée est vivement recommandé aux personnes âgées et aux enfants. Pour les bains de soleil, se méfier des brûlures qui sont douloureuses et même dangereuses. Utilisez des crèmes à fort pouvoir de protection jusqu'à ce que votre peau soit habituée. Prenez une crème moins puissante pour vous constituer un beau hâle. Tous les produits solaires connus se trouvent dans les boutiques spécialisées.

Comme dans tout pays méditerranéen, on rencontre moustiques et cafards. Insecticides et produits protecteurs de la peau se trouvent partout. Il existe quelques rares serpents à Malte, mais aucun n'est venimeux. Se méfier des méduses qu'on peut parfois voir flotter entre deux eaux.

Pharmacies de garde

Les pharmacies sont nombreuses dans l'archipel, bien qu'aucune enseigne particulière ne les désigne aux passants. Elles sont généralement ouvertes de 8 h 30 ou 9 h à 13 h et de 15 h 30 à 19 h. Elles établissent un système d'ouverture par roulement le dimanche et les journaux locaux en donnent l'adresse. Le personnel est qualifié pour délivrer les médicaments, même sans ordonnance.

En ce qui concerne les dentistes, adressez-vous aux renseignements téléphoniques en formant le *190* (à Gozo, le *890*).

Eau potable

Le procédé de filtrage par osmose donne à l'eau du robinet une totale innocuité. Cependant, faire attention à l'eau des fontaines car elle peut ne pas venir du réseau public.

Animaux en quarantaine

Malte ne connaît aucun cas de rage ; par conséquent, aucun animal vivant ne peut être importé s'il vient d'un pays où cette maladie est endémique ou déclarée. Chats et chiens en provenance d'Angleterre subissent une quarantaine de trois semaines ; venant de tout autre pays, la quarantaine est de six mois.

Une autorisation spéciale doit être demandée, pour n'importe quel animal, avant d'aborder l'île, auprès de la direction de l'Agriculture

Ministère de l'Agriculture
14 Mickel Anton Vassalo Street, Valletta, Malta, tél. 224941

POUR MIEUX CONNAITRE MALTE

Gouvernement et économie

Après avoir subi, au cours de sa longue histoire, la domination et la présence sur son sol d'autres nations, l'archipel de Malte accéda à la souveraineté internationale en septembre 1964. Il était sous protectorat britannique depuis 1800.

La constitution de Malte disposait que les îles formeraient une démocratie parlementaire libérale, au sein du Commonwealth, que seraient garantis les droits fondamentaux des citoyens ainsi que la séparation des pouvoirs exécutif, législatif et judiciaire. Le régime électoral était fondé sur le suffrage universel et le gouvernement élu à la représentation proportionnelle.

Jusqu'en 1974, Malte fut une monarchie constitutionnelle, Élisabeth II, reine de Malte, étant représentée sur place par un gouverneur général. Le pouvoir exécutif était aux mains du premier ministre et de son gouvernement. Cette année-là, le parlement proclama, à la majorité des deux tiers, la république avec, à la tête de l'État, un président. (En 1979, les dernières troupes britanniques quittèrent Malte. Leur départ avait fait l'objet de négociations concrétisées par la signature d'un traité de défense mutuelle.)

Le rôle du président de la République est principalement représentatif et le régime n'a aucun caractère présidentiel. Si la constitution lui reconnaît le pouvoir de promulguer les lois, de convoquer ou de dissoudre le parlement, il n'agit qu'en accord avec le premier ministre.

Le parlement actuel comprend 69 membres outre un président (*speaker*). 35 membres siègent sur les bancs du gouvernement. Le président peut être choisi en dehors des députés. En 1987, la constitution fut amendée afin que le parti qui recueille la majorité des suffrages populaires soit au pouvoir, au besoin par l'adjonction de sièges supplémentaires. Dans une nation où seuls deux partis politiques existent, les nationalistes et les travaillistes, ce n'avait pas toujours été le cas pour des raisons tenant au découpage, maintes fois remanié, des circonscriptions électorales.

Il fut proclamé que Malte suivrait une politique de neutralité et de non-alignement, que l'archipel ne contracterait aucune alliance militaire ni ne permettrait l'installation sur son territoire de bases militaires étrangères. Enfin, aucune ingérence dans ses élections ne serait tolérée.

Le tourisme compte pour environ un cinquième du produit national brut. Les principales ressources sont l'agriculture, les chantiers navals (deuxième employeur du pays), l'industrie, notamment textile et électronique (composants pour ordinateurs). L'un de ses plus beaux succès est d'arriver à exporter... des pommes de terre vers les Pays-Bas!

Les immeubles, avec leur teinte crème si caractéristique, sont bâtis avec la pierre de taille extraite des carrières de l'île. Toutes les autres matières premières doivent être importées. Afin d'accroître les ressources en devises, une législation particulière a été promulguée de façon à faire de Malte un paradis fiscal. Il est de plus en plus question d'ouvrir une bourse des valeurs, bien qu'on discute encore de l'opportunité et de la rentabilité d'un tel marché.

Géographie et climat

L'archipel maltais se compose de trois îles habitées et de deux îles désertes. Située au carrefour des routes stratégiques de la Méditerranée, Malte est distante de 320 km de la Sicile et de 65 km de la côte nord-africaine. L'île la plus vaste, de laquelle l'archipel tire son nom, est Malte, avec une superficie de 316 km^2 (27 km dans sa plus grande longueur sur 14 km dans sa plus grande largeur).

Il n'existe ni cours d'eau ni montagne, mais des chaînes de collines mollement ondulées, dans l'intérieur des terres, et une côte rocheuse découpée en de multiples baies et criques. Les plages de sable sont rares et petites. La population est de l'ordre de 360000 habitants.

Gozo, située au nord-ouest de Malte, se distingue par un paysage plus doux et plus verdoyant. D'une superficie de 67 km^2, peuplée de 30000 habitants, elle est beaucoup moins industrialisée que Malte, et ses paysages se composent d'une mosaïque de cultures en terrasses étagées sur de riantes collines. C'est le lieu où de nombreux Maltais souhaiteraient vivre, et la demande, sur le marché immobilier, notamment pour acquérir l'une de ces fermes traditionnelles gozitaines, dépasse largement l'offre. Au printemps, Gozo se couvre d'une végétation luxuriante, offrant une palette de toutes les couleurs — le narcisse et la pâquerette y poussent à l'état sauvage, habillant l'île d'un manteau de fleurs dont Malte, en raison de son urbanisation, se trouve privée.

Comino, à mi-chemin entre Malte et Gozo, est un îlot minuscule, une escale pour les amateurs de sports nautiques. Il n'y existe qu'un centre sportif florissant et une porcherie modèle.

Aucune circulation automobile ne vient troubler le calme de ce petit paradis. A peu de distance s'élève le rocher désolé de Cominotto. Au sud-ouest de Malte, le sanctuaire des oiseaux, Filfla, n'est accessible qu'aux personnes munies d'une autorisation spéciale délivrée par le ministère de l'Éducation.

Le climat de Malte fait sa fortune. Même en hiver, la température ne tombe que très rarement au-dessous de 12°C. La neige et la glace y sont inconnues et la pluie ne tombe, pratiquement, qu'entre novembre et février. Durant les mois d'été, la chaleur peut atteindre 43°C, mais la moyenne se situe autour de 29°C. Entre avril et septembre, le soleil brille à peu près constamment et la température est agréable.

Us et coutumes

Au premier abord, Malte paraît être un creuset dans lequel se sont fondus les apports de plusieurs cultures. Dans son architecture comme dans sa cuisine, on retrouve un peu de l'Italie, un peu de l'Afrique du Nord, un peu de l'Espagne ou du Portugal. Dans ce pays aussi foncièrement catholique, l'étranger qui débarque sera déconcerté au premier abord d'entendre parler une langue aux consonances arabes qui s'écrit cependant en caractères latins et où Dieu est appelé Allah !

Par ailleurs, de la période coloniale, Malte a acquis une connaissance profonde et nourrit une affection sincère pour la Grande-Bretagne, sentiments qui se sont confirmés de façon éclatante au cours de la Seconde Guerre mondiale et que les touristes britanniques ressentent encore aujourd'hui. En définitive, on se rend compte que chaque culture étrangère, dont les traces se manifestent en une profusion de détails, s'est fondue dans un moule où s'est forgée la véritable identité de Malte.

On perçoit, dans les îles, une chaleur et même une honnêteté foncière assez inattendues. On ne trouve aucun formalisme, aucun artifice, pas plus qu'une quelconque mise en scène ou manœuvre pour tenter d'escroquer le visiteur. Bien que le mode de vie s'inspire assez fortement du *manana* à l'espagnole, les choses se font, les routes conduisent plus ou moins aux lieux indiqués sur les panneaux indicateurs et quiconque se trouvant en difficulté trouvera partout aide et assistance.

La famille constitue une cellule solide, unie, et les enfants quittent rarement, pour ne pas dire jamais, le toit paternel avant leur mariage. Bien que la mentalité des jeunes soit très moderne, la société n'est pas particulièrement permissive et les touristes sont gentiment mais fermement priés de ne pas enfreindre les règles élémentaires de la bienséance, ce qui est la moindre des choses. Quand elles visitent une église, les femmes ne doivent pas se décolleter, avoir les bras nus ou être vêtues trop court. Parfois même, elles se verront proposer une écharpe pour voiler leurs épaules... à moins qu'on ne leur refuse froidement l'entrée. Sur les plages, le nudisme et la poitrine découverte sont passibles d'amende.

Poids et mesures

Malte a adopté le système décimal en 1972, mais on rencontre de vieilles gens qui ont conservé l'ancien système britannique. On en voit même qui se réfèrent à un système, purement maltais, bien plus archaïque, avec pour unité le *rotolo* qui équivaut à peu près à 1 kg.

Le degré Fahrenheit a été à peu près abandonné.

L'électricité est chère. Elle est distribuée sous tension de 220 V ou 240 V, parfois de 110 V sur les prises de courant des salles de bains pour les rasoirs électriques (ce détail est à vérifier). Il est fréquent, dans une chambre d'hôtel, que les prises soient, comme en Grande-Bretagne, à trois plots. Demandez alors un adaptateur à la réception.

Horaires

Comme la France et la majeure partie de l'Europe, Malte est en avance d'une heure sur le méridien de Greenwich (G.M.T.). L'horaire d'été, une heure d'avance supplémentaire, est institué entre mars et septembre.

Malte se lève tôt et les heures normales d'ouverture des bureaux sont de 8 h 30 à 17 h. En été, le travail peut même commencer et finir plus tôt. Les magasins sont en général ouverts de 9 h 30 à 19 h, avec une assez longue interruption pour la sieste, entre midi et demi et 15 h, voire 16 h.

Les routes qui conduisent aux quartiers commerçants ou aux zones industrielles tels que Sliema, Saint Julians, La Valette, Zejtun ou Marsa bouchonnent régulièrement entre 7 h et 8 h du matin, ainsi qu'entre 16 h 30 et 17 h. Le samedi soir, dans les secteurs de Paceville, de Saint Julians et de la baie de Spinola, vous pouvez être pris dans des encombrements inextricables.

Trouver en ville une place où se garer peut relever du miracle. La police a vite fait de sanctionner le stationnement irrégulier dans La Valette ou Victoria. Avec les beaux jours, les voitures des familles qui se rendent sur les plages peuvent constituer de longs bouchons.

Jours fériés

La religion est la pierre angulaire de la vie des Maltais. La dévotion au pape fleurissait bien longtemps avant que S.S. Jean-Paul II vienne s'agenouiller et baiser le sol de Malte en mai 1990. On ne compte plus les jours fériés commémorant la fête de tel ou tel saint, patron d'un village ou d'une paroisse, sans parler des fêtes légales laïques. Ces jours-là, les bureaux et les écoles sont fermés, mais les cafés et les restaurants demeurent, pour la plupart, ouverts.

Vous trouverez ci-dessous une liste des jours fériés. A Noël et au jour de l'an, les services d'autobus s'interrompent entre midi et 15 h pour permettre à tout le monde de célébrer dignement la fête en famille.

Les jours fériés officiels sont :
Le 1er janvier
Le 10 février, anniversaire du naufrage de saint Paul
Le 19 mars, fête de saint Joseph
Le 31 mars, fête de la Liberté
Le 1er mai, fête du Travail
Le 7 juin, commémoration du 7 juin 1919
Le 29 juin, fête de saint Pierre et de saint Paul (Mnarja), fête de la Moisson
La fête de la Moisson de Mnarja a lieu dans la nuit du 29 juin dans les vergers de Buskett, près de Rabat et de Mdina, et se poursuit le lendemain. Les manifestations folkloriques et le pique-nique nocturne sont suivis, au lever du soleil, de courses de chevaux et de mulets à travers les rues de la basse ville à Rabat.
Juillet, fête de saint Georges à Gozo
Le 15 août, Assomption de la Vierge
Le 8 septembre, fête de Notre-Dame de la Victoire (Nativité de la Vierge)
Le 21 septembre, fête de l'Indépendance
Le 8 décembre, l'Immaculée Conception
Le 13 décembre, fête de la République
Le 25 décembre, Noël

Le dimanche qui précède le Carême est celui du Carnaval. Les chars, les parades et les danses des masques emplissent les rues de La Valette pour former le plus grand spectacle populaire de l'archipel, cependant que les divertissements organisés à Nadur valent qu'on s'y rende pour les admirer. Les *festi* des villages ont lieu pendant les mois d'été, alliant cérémonies religieuses et feux d'artifice, orphéons et populations en liesse.

Le calendrier complet des fêtes religieuses et laïques qui sont célébrées à Malte et à Gozo est disponible dans les centres d'information touristique.

Services religieux

Malte est un pays catholique mais toutes les religions sont tolérées et des services sont célébrés en toutes langues pour les visiteurs étrangers. Pour les catholiques pratiquants, il existe autant d'églises que de jours dans l'année!

Église Saint-Dominique
Dominic Square, Rabat
En anglais à 11 h 15.

Église paroissiale de Saint Paul's Bay
Saint Paul's Street, Rabat
En anglais à 11 h.

Église Saint-Patrick
Saint John Bosco Street, Sliema
En anglais à 7 h 30, 9 h, 10 h et 19 h 30.

Église Sainte-Barbara
Republic Street, Valletta
Messe en français à 10 h, en allemand à 11 h, en anglais à midi.

Église Sainte-Catherine d'Italie
Victory Square, Valletta
En italien à 11 h.

COMMUNICATIONS ET INFORMATIONS

Poste

On trouve des bureaux de poste dans toutes les villes et presque tous les villages. Ils sont ouverts de 7 h 45 à 14 h du lundi au samedi. On peut se procurer des timbres dans les bureaux de poste, les hôtels, les magasins de presse et quelques boutiques de souvenirs dans les secteurs touristiques. Le tarif est de 4 cents pour Malte jusqu'à 50 g. Pour l'Europe, les cartes postales et les lettres jusqu'à 20 g doivent être timbrées à 10 cents et augmentent de 6 cents pour 20 g supplémentaires. Pour le Canada, le tarif postal est de 12 cents. Les boîtes à lettres sont semblables à celles qu'on trouve en Angleterre, d'un rouge vif, ou fixées sur un mur.

Un service de poste restante existe. Il faut écrire à l'avance au *postmaster general* à l'un des deux bureaux ci-dessous. Un passeport sera exigé pour identifier le destinataire.

Grande Poste de Malte
Auberge d'Italie, Merchants Street, Valletta
Ouverte de 7 h 45 à 18 h.

Grande Poste de Gozo
129 Republic Street, Victoria

Téléphone

Il y a quelques années, le réseau téléphonique local laissait fortement à désirer, aussi un très important programme d'investissements a-t-il été entrepris et, actuellement, on peut dire qu'il fonctionne de manière satisfaisante.

Renseignements locaux à Malte
Tél. 190

Renseignements locaux à Gozo
Tél. 890

En principe, pour les appels à destination des pays indiqués ci-dessous, vous ne devriez rencontrer aucune difficulté. Il faut recourir à un opérateur pour certains appels internationaux. Dans ce cas, appeler le *194* à Malte ou le *894* à Gozo.

Il existe, un peu partout, des cabines téléphoniques; elles sont visibles de loin car peintes d'un rouge éclatant, comme en Angleterre. Il n'est pas besoin de jetons (*getone*) particuliers, mais munissez-vous de pièces de 1 ou 5 cents. Pour appeler Malte de Gozo, vous devez former d'abord le *8*. En cas d'incident sur la ligne, appeler le *133*.

Numéros d'appel internationaux
Belgique: *tél. 0032*
France: *tél. 0033*
Italie: *tél. 0039*
Suisse: *tél. 0041*

Télex

Les messages par télex ou les télégrammes peuvent être expédiés par les bureaux de Telemalta.

Telemalta
Luqa International Airport, tél. 225861
Ouvert de 7 h à 19 h, tous les jours.
South Street, Valletta, tél. 241409 / 224131
Ouvert tous les jours de 7 à 19 h.
Saint George's Road, Saint Julian's, tél. 338221
Ouvert 24 h sur 24.
Saint Paul's Street, Saint Paul's Bay, tél. 477288
Fliegu Street, Qawra, tél. 476603.
Racecourse Street, Victoria, Gozo, tél. 556690
Bisazza Street, Sliema, tél. 333952

Radiodiffusion et télévision

Xandir Malta est l'office national de radiodiffusion. Radio Malta 1 émet en ondes moyennes sur 999 kHz. Ses programmes sont essentiellement consacrés à la musique et à des bulletins d'information. Radio Malta 2 émet, en modulation de fréquence, sur 93,7 kHz, à peu près uniquement de la musique populaire. Sur cette fréquence, il existe un programme quotidien en anglais pour les touristes, entre 8 h et 9 h du matin, tous les jours ouvrables. On peut aussi capter le B.B.C. World Service sur ondes courtes, mais la réception n'est pas parfaitement constante.

L'unique chaîne de télévision maltaise diffuse des programmes destinés à ses nationaux, outre quelques séries ou feuilletons anglais, américains ou australiens, dans la soirée. On capte facilement, par ailleurs, les diverses chaînes, d'État et privées, qui émettent d'Italie, ce qui permet de faire un choix. Il est question de relier Malte à un réseau de satellites et à un réseau câblé.

Presse

La plupart des grands quotidiens édités en Europe parviennent à Malte le jour même et on trouve aussi bien *le Monde*, *Die Welt*, *la Repubblica*, le *Times* de Londres, le *Sun* que l'*International Herald Tribune*. A Gozo, cependant, les journaux arrivent avec un jour de retard. Il en va de même des principaux magazines et hebdomadaires qu'on peut acheter partout.

Un quotidien local en anglais, le *Times*, donne un aperçu intéressant de la vie politique et des nouvelles du pays. Il existe aussi trois hebdomadaires édités en anglais: le *Democrat*, le *Weekend Chronicle* et le *Sunday Times*. De plus, chaque quinzaine est publié un guide, très bon marché, qui fournit toutes sortes d'informations et de renseignements sur les événements locaux, les manifestations, certains restaurants, les boutiques en vogue et les expositions à visiter.

Bibliothèques et librairies

Public Library
Tél. 243473
Près de l'hôtel Excelsior à Floriana. La location des livres est consentie pour trois semaines.

On trouve des livres édités en *malti*, en anglais et en italien. Les meilleurcs librairies sont les suivantes.
Sapienza
26 Republic Street, Valletta, tél. 233621
Rose Bookshop
Republic Street, Victoria, tél. 555816
Swan Bookshop
Orienti Arcades, Republic Street, Victoria, tél. 555811
C & S Bookshop
Main Gate Street, Victoria, tél. 556609

COMMENT SE DÉPLACER

Cartes et plans

Les banques et les hôtels disposent en général de cartes routières assez simples qui permettent de s'orienter et de se promener à travers les îles. La carte qu'édite la banque Mid-Med, par exemple, fournit un plan clair et détaillé des rues de La Valette en indiquant les monuments dignes d'intérêt (y compris l'adresse des agences où sont ouverts des bureaux de change), ainsi qu'une carte routière montrant non seulement les localités de Malte et de Gozo, mais aussi les plages et les curiosités touristiques.

Pour tirer le meilleur profit d'un séjour à Malte, il est préférable de louer une automobile et, pour un conducteur qui sait lire une carte, la carte Hildebrand, publiée sur place par Progress Press, conviendra. De nouvelles routes s'ouvrent périodiquement depuis quelques années et cette carte, qui est régulièrement mise à jour, permet de se diriger sans difficulté.

Transport depuis l'aéroport

L'aéroport international de Luqa est à un quart d'heure de voiture de la capitale. On y trouve, en permanence, des taxis, mais les principales agences de location de voitures y ont aussi un bureau. Si vous optez pour un taxi, vérifiez que le taximètre existe ou, pour le moins, convenez du prix du trajet avant de prendre place car les taxis sont assez chers. L'arrêt de l'autobus, qui va du village de Luqa à La Valette, est à plus de 10 min de marche de l'aérogare.

Transports maritimes

Le service de bacs entre Malte, Gozo et Comino est ouvert tant aux voitures particulières qu'aux véhicules utilitaires. La compagnie Gozo Channel assure une liaison maritime entre Cirkewwa à Malte et le port de Mgarr à Gozo, en effectuant douze passages quotidiens à partir de 6 h du matin (7 h au départ de Cirkewwa).
Le temps de trajet est de l'ordre de 20 min. En été, le service se poursuit jusqu'à la tombée de la nuit. Une autre liaison, moins fréquente, s'opère entre Sa Maison (à Pieta Creek, près de Floriana) et Mgarr. Il importe de se renseigner au préalable sur les horaires. Le trajet dure environ une 1 h 15.
Il existe par ailleurs une liaison rapide, par catamarans, pour passagers à pied seulement, entre Mgarr et Marsalform à Gozo et Sliema et Bugibba à Malte.

Gozo Channel
Mgarr, Gozo, tél. 556114 / 556743
Cirkewwa, Malta, tél. 471884 / 473732
Sa Maison, Malta, tél. 243964
On peut aussi interroger un répondeur automatique au *556016.*

Si votre destination est Comino, vous résiderez dans le seul ensemble hôtelier de l'île : l'hôtel Comino, baie Saint-Nicolas. Mais si c'est seulement pour une visite d'une journée, l'hôtel assure un service sur Cirkewwa toute l'année. Le bac part de Comino à 6 h 50, 9 h 5, 11 h 10, 14 h 50 et 16 h 45. Les départs de Cirkewwa commencent à 7 h 30 et ont lieu ensuite à 9 h 35, 11 h 40, 15 h 30 et 17 h 25.
Hôtel Comino
Tél. 473051 / 2, 473460, 473464.

Hélicoptère

Un service assuré par un hélicoptère à 20 places offre neuf vols par jour, pendant les mois d'été, entre l'aéroport de Luqa et Xewkija à Gozo. L'aller et retour coûte 12 £. C'est un merveilleux moyen de découvrir les îles.

Autobus et autocars

De nombreux livres et posters ont été édités, dans les années passées, à la gloire des autobus de Malte. Ils sont une véritable institution. Autrefois, avec leurs ailes stylisées comme on les dessinait dans les années cinquante, ils étaient peints aux couleurs du village qui constituait leur terminus si bien que, même à distance, on pouvait connaître leur itinéraire. Aujourd'hui, ils sont uniformément peints en vert et, bien que certaines vénérables antiquités parcourent encore vaillamment les routes, on trouve des autocars modernes dont on ne descend pas les reins brisés. Ils sont tellement indispensables à tant de gens que le réseau est parfaitement fiable et surtout très bon marché. A Malte, la gare routière principale est située juste devant l'entrée, aux portes de La Valette. Les tarifs varient entre 6 et 12 cents, selon la longueur du trajet. Le service commence à 6 h et se termine vers 22 h en semaine, 23 h le samedi et le dimanche. Vérifiez au besoin les horaires du dernier autobus que vous comptez emprunter car ils changent.

Il est prudent de vérifier les horaires au terminus. Les derniers départs varient selon l'itinéraire et la saison. En général, les autobus sont pleins d'une foule bon enfant, il y fait affreusement chaud l'été et ils ne vont pas vite...
Renseignements à Malte
Tél. 225916

Les autobus sont moins fréquents à Gozo qu'à Malte et terminent leur rotation plus tôt. Un forfait de 7 cents permet de vous rendre n'importe où dans l'île.

Gare routière de Gozo
Main Gate Street, tél. 556011

● Lignes d'autocars à Malte

Ville desservie	N° des lignes
Armier	50, 50 A
Attard	40
Balzan	74
Birkirkara	71, 71 A, 72
Birzebbuga	11, 14
Bugibba	49
Cirkewwa	45 A
Cospicua	1, 2
Dingli	81
Fgura	18, 19
Ghadira	44
Ghajn Tuffieha	47, 47 A
Gharghur	55
Ghaxaq	8
Golden Bay	47, 47 A
Gudja	8
Hal Far	13
Hamrun	73
Kalafrana	12
Kalkara	4
Kirkop	34
Lija	40
Luqa Village	36
Marfa	45, 48
Marsascala	19
Marsaxlokk	27
Mdina	80
Mellieha	43
Mgarr	46
Mosta	53
Mqabba	35
Naxxar	54
Paola	5
Qormi	90, 91
Qrendi	35
Rabat	80, 81
Safi	33
San Gwan	65
Senglea	3
Sliema	60, 61, 62
Siggiewi	89, 94
Saint Andrews	68
Vittoriosa	1, 2
Xghajra	21
Zabbar	18
Zebbug	88
Zejtun	26, 29
Zurrieq	32, 33

● Lignes d'autocars à Gozo

Si vous ne vous fiez qu'au nombre de lignes d'autocars, vous penserez qu'il en existe vraiment beaucoup. Mais cette impression est trompeuse. Sur de nombreuses lignes, il n'est effectué que quatre circuits par jour. De plus, les numéros des lignes changent avec une consternante régularité. Il faut donc se renseigner sur place.

Les premiers autobus démarrent entre 5 h 30 et 6 h et s'arrêtent entre 18 h 30 et 21 h, selon la direction et la saison. Donc, il faut s'informer avant de partir. La plupart des lignes partent ou arrivent à Victoria-Rabat. De fait, presque toutes les lignes y passent.

Itinéraires	N° des lignes
Rabat-Gharb	1
Rabat-San Lawrenz	2
Rabat-Gharb-San Lawrenz	3
Rabat-San Lawrenz-Ta'Pinu	4
Rabat-Gharb-Dwejra	5
Gharb-Rabat-Marsalforn	8
San Lawrenz-Rabat-Mgarr	9
San Lawrenz-Rabat-Xaghra	11
Kercem-Rabat	14
Kercem-Rabat-Mgarr	15
Kercem-Xlendi	16
Kercem-Rabat-Xaghra	18
Rabat-Marsalforn	21
Rabat-Marsalforn-Qbajjar	22
Nadur-Rabat	29
San Blas-Nadur-Rabat	30
Ramla-Nadur-Rabat	31
Rabat-Mgarr	25
Xlendi-Rabat-Mgarr	26
Zebbug-Ghasri-Marsalforn	92
Zebbug-Ghasri-Xaghra	93
Zebbug-Marsalforn	94
Qala-Rabat	40, 41
Qala-Xewkija-Rabat	42
Qala-Nadur-Rabat	43
Qala-Ghajnsielem-Rabat	44
Rabat-Sannat	50
Rabat-Munxar-Sannat	51
Sannat-Rabat-Ta'Pinu	53
Munxar-Rabat-Ta'Pinu	55
Rabat-Ta'Pinu	61
Xaghra-Rabat	64, 65, 66
Xaghra-Marsalforn	68
Xaghra-Rabat-Ta'Pinu	69
Rabat-Xewkija	73, 74
Rabat-Xlendi	87
Rabat-Zebbug	91

Taxis

Les taxis sont blancs. Leurs plaques d'immatriculation sont rouges avec la lettre Y avant le numéro. On peut les prendre à n'importe quelle station ou même en rase campagne, à l'aéroport, aux ports ou devant votre hôtel. En revanche, il n'est pas d'usage de les héler en pleine rue, bien que, le samedi soir, un taxi en maraude puisse fort bien vous interpeller pour vous proposer ses services.

Il faut insister pour que le chauffeur branche son taximètre ou, à défaut, il faudra convenir du prix de la course avant de démarrer.

Voitures à cheval

Les *karrozin*, de nos jours, sont plus une attraction qu'un moyen de transport. Le cocher arrêtera son *gharry* devant chaque monument ou à chaque point de vue et vous y fera un commentaire imagé. Le coût approximatif d'un tour en calèche est de 4 £.

Automobiles

Si vous évoquez avec un Maltais les conditions de circulation dans les îles, soyez assuré qu'il se mettra à rire et qu'il vous prodiguera des conseils de prudence. Conduire une voiture à Malte requiert un apprentissage, mais on s'y fait vite. Il faut se rappeler, principalement, que si le code de la route prescrit la conduite à gauche, la mentalité du conducteur moyen est purement «méditerranéenne», avec ce que cela implique de désinvolture et de fantaisie. Dépassements par l'intérieur, demi-tours au milieu d'une grand-route, violations de la priorité ou raccourcis (normalement) interdits sont de pratique courante. Il n'existe pas de feux tricolores mais seulement des successions de ronds-points qui paraissent grandir à mesure que le trafic augmente.

La détention d'un permis de conduire national suffit. Les touristes qui arrivent avec leurs propres voitures n'ont besoin d'aucun autre document, si ce n'est une carte verte internationale d'assurance portant une extension (qui n'est pas automatique) pour Malte. Il importe de s'en assurer avant de partir.

L'essence (ou le supercarburant) n'est pas chère et un plein suffit pour une semaine car les distances sont courtes. Les stations-service sont ouvertes de 7 h à 18 h en semaine mais fermées le dimanche et les jours fériés.

Les principales sociétés européennes de location de voitures ont une agence à Malte et on trouve de nombreux garages auprès desquels il est possible de louer une automobile, parfois à des tarifs plus bas. Mais examinez soigneusement l'engin qu'on vous propose, ainsi que la validité de l'assurance. Les tarifs les plus bas sont de l'ordre de 4,5 £ pour six jours, mais ils peuvent être nettement plus élevés en haute saison. Il est donc prudent de réserver à l'avance si vous visitez Malte en été. Le paiement par carte de crédit est accepté par les grandes compagnies mais un garage pourra exiger un règlement en espèces. L'âge minimal requis pour une location est, en général, de vingt-cinq ans et il faut produire un permis de conduire valide. La vitesse maximale autorisée est de 65 km/h sur les grandes routes et de 40 km/h en agglomération.

Des voitures avec chauffeur sont aussi disponibles pour les touristes et la plupart des sociétés indiquées ci-dessous offrent ce service.

Inter Rent Europcar
John's Garage, 38 Villambrosa Street, Hamrun, tél. 238745
Avis
59 Msida Seafront, tél. 225986
Wembley
50 Saint George's Road, Saint Julians, tél. 311522, 332074, 336649
Saint Andrew's Road, Saint Andrews, tél. 335436.
Gozo United
5 Xaghra Road, Victoria, Gozo, tél. 553736

Cycles et cyclomoteurs

La bicyclette est un excellent moyen, parfois fatigant, de visiter les îles; celles-ci sont plus vallonnées qu'il n'y paraît au premier abord. Il vaut mieux affronter les routes avant ou après les heures chaudes. On peut louer des cycles, avec ou sans moteur, un peu partout.

Cycle Store
135 Eucharistic Congress Street, Mosta, tél. 432890
Bicyclettes seulement.
Victor Sultana
New Building, Main Gate Street, Victoria, Gozo, tél. 556414
L'Aronde - Frank Galea
Upper Gardens, Saint Julians, tél. 370765
Engins à moteur seulement.
Peter's Scooter Shop
175 d'Argens Road, Msida, tél. 335244
Albert's Scooter Shop
216 / 6 Rue d'Argens, Gzira, tél. 340149

A pied

Malte et Gozo sont terres d'élection pour les randonneurs à pied, surtout au printemps quand le paysage est un vaste tapis vert tendre égayé de myriades de fleurs et que les arbres sont en pleine floraison. Grimper au sommet de n'importe quelle colline offre toujours une belle vue avec la mer en arrière-plan. Par temps très clair, on peut discerner la Sicile depuis les hauteurs de Gozo.

Les meilleurs itinéraires sont décrits dans l'excellent guide publié par Sunflower Countryside *Landscapes of Malta* qu'on trouve en librairie en Grande-Bretagne ou, à Malte, à la librairie Sapienza. La carte touristique de Malte et Gozo publiée par Bartholomew Clyde fournit également de précieux renseignements. Si vous sentez la fatigue vous submerger, levez un pouce au bord de la route, les voitures s'arrêtent volontiers!

Doléances

Les Maltais sont soucieux du bien-être de leurs visiteurs et ils feront leur possible pour que tout aille au mieux. Si vous avez une plainte à formuler, adressez-vous à la National Tourist Organisation. Les plaintes déposées à la police lui sont transmises, sauf s'il s'agit d'une question purement légale.

OÙ LOGER

Hôtels

Les hôtels de Malte, de Gozo et de Comino ont fait l'objet d'un nouveau classement en 1989 par le ministère du Tourisme. De nombreux établissements ont réalisé des programmes de rénovation. Tous les hôtels sont classés selon une échelle qui comprend de une à cinq étoiles.

Classe de luxe *****
Entièrement climatisé. Toutes les chambres disposent d'une salle de bains avec baignoire et douche. Radio, télévision, téléphone. Service de chambre assuré 24 h sur 24. Bar, restaurant, cafétéria, piscine, activités sportives. Service de blanchisserie, teinturerie. Boutiques et salon de coiffure.
Classe supérieure ****
Climatisation générale. Toutes les chambres disposent d'une salle de bains avec baignoire ou douche. Radio, télévision et téléphone. Service de chambre du petit déjeuner à minuit. Bar, restaurant, piscine ou plage privée. Blanchisserie. Salons, boutiques, salon de coiffure. Compter 13 £ pour la nuit et le petit déjeuner.
Bon confort ***
Toutes les chambres avec salle de bains ou douche. Bar et restaurant. Salon. Réception ouverte 24 h sur 24. Blanchisserie. Compter environ 10 £ pour la chambre et le petit déjeuner. Dans la catégorie trois étoiles, de nombreux hôtels se construisent et s'ouvrent.
Confort convenable **
Au moins 20 % des chambres avec salle de bains ou douche. Possibilité de petit déjeuner. Téléphone ou sonnerie dans les chambres pour le service. Réception ouverte pendant la journée, portier la nuit. Compter environ 7,50 £ pour la chambre avec petit déjeuner.
Petit hôtel *
Salle de bains ou douche à l'étage. Toutes les chambres avec lavabo. Possibilité de petit déjeuner. Réception ouverte dans la journée, portier la nuit. Compter environ 6 £ pour la chambre et le petit déjeuner.

Dans les ensembles hôteliers et les hôtels divisés en appartements, le prix peut osciller entre 4,50 £ et 8,75 £ par lit selon la catégorie. Pour une chambre d'hôte chez l'habitant, compter entre 3 £ et 3,50 £.

• Malte

Atlas ****
Saint Andrews Road, Saint Andrews, tél. 332860
Piscine, sauna, salle de gymnastique et courts de tennis. A 20 min de marche de Saint Julians et de sa plage de rochers.

Castille ***
Castile Square, Valletta, tél. 623677
Juste à l'intérieur des murailles de la ville, jouxtant l'auberge de Castille, siège des services du premier ministre. Excellente situation. Restaurant panoramique sur le toit.

Cavalieri ****
Spinola Road, Saint Julians, tél. 336255
Établissement calme près du port, face à Sliema. A quelques minutes du quartier des cafés, des restaurants et des bars. Piscines intérieure et extérieure. Salle de gymnastique, sauna, sports nautiques. Très apprécié des familles.

Corinthia ****
De Paule Avenue, Attard, tél. 440 301
Au cœur de l'île, près du palais San Anton et de ses célèbres jardins. Piscines intérieure et extérieure. Restaurants. Transport assuré jusqu'au Reef Club, l'établissement balnéaire de Saint Julians. Tennis, salle de gymnastique et sauna.

Dragonara Palace *****
Saint Julian's, tél. 336 422
Remarquablement situé en face de la baie, près du Nouveau Casino et du quartier vivant de Paceville. Excellente piscine, chauffée en hiver. Possibilité d'activités nautiques. Courts de tennis. Salles de conférences.

Eden Beach ****
Saint George's Bay, Saint Julians, tél. 341 191
Convient aux familles jeunes. Boîte de nuit. Piscines intérieure et extérieure. Courts de tennis, salle de gymnastique et sauna.

Eden Rock ***
Tower Road, Sliema, tél. 335 575
Hôtel bourgeois sur la promenade de Sliema, à proximité de nombreuses plages de rochers et de commerces (boutiques et restaurants).

Fortina ****
Tigne Sea Front, Sliema, tél. 330 449
Au bord de la mer, à quelques minutes du quartier commerçant. Hôtel familial confortable face à La Valette, de l'autre côté du port. Excellente piscine et salle de gymnastique. Courts de tennis. Restaurant turc à proximité immédiate.

Golden Sands ***
Golden Bay, Ghajn Tuffieha, tél. 473 961
Au bord d'une des plus belles plages de sable de Malte. Hôtel très attrayant pour les jeunes couples. Piscines et tennis.

Grand hôtel Les Lapins ****
Ta'Xbiex Sea Front, Ta'Xbiex, tél. 342 551
Hôtel nouveau. Pas au bord de la mer mais au bord de la pittoresque marina de Msida, au fond de la zone portuaire. Piscine et courts de tennis.

Grand hôtel Verdala ****
Inguanez Street, Rabat, tél. 641 700
Au centre de l'île. Autrefois prestigieux. Situé sur la hauteur de Rabat, vue panoramique exceptionnelle. Bonnes piscines.

Hilton International *****
Saint Julians, tél. 336 201
Situé dans un endroit calme, face à la mer, près du Nouveau Casino et de Paceville. Excellentes piscines, dont une chauffée. Activités sportives et jeux de plage. Courts de tennis, sauna. Salles de conférences.

Holiday Inn *****
Tigne Street, Sliema, tél. 341 173
Dans une zone résidentielle, à courte distance du quartier commerçant. Excellente piscine chauffée. Plage privée, tennis, sauna et salle de gymnastique. Le plus célèbre coiffeur de Malte, M. Saliba, y tient salon. Quatre restaurants. Salles de conférences.

Impérial ***
Rudolph Street, Sliema, tél. 330 011
Au centre du quartier résidentiel de Sliema. Sans prétention, clientèle d'habitués. Grande piscine.

Jerma Palace ****
Marsascala, tél. 823 222
Seul hôtel du sud de l'île. Piscines, sports nautiques, tennis, gymnastique, sauna.

Mellieha Bay ***
Ghadira, Mellieha, tél. 473 844
Face à Mellieha Bay, à quelques minutes de la grande plage de sable de Ghadira. Très fréquenté par les voyageurs en groupes. Piscines, sports nautiques, tennis.

New Dolmen ****
Qawra, tél. 473 661
Hôtel très recherché par les familles nombreuses, à mi-chemin entre la paisible Qawra et la bourdonnante Bugibba. Face à la mer. Piscines, sports nautiques, tennis et gymnastique.

Paradise Bay ****
Cirkewwa, tél. 473 981
Établissement un peu à l'écart, proche de la jetée d'embarquement des bacs pour Gozo et de Paradise Bay. Piscines intérieure et extérieure. Plage artificielle avec toutes commodités. Courts de tennis et de squash. Boîte de nuit.

Phoenicia *****
The Mall, Floriana, tél. 225 241
Longtemps considéré comme le palace de Malte, juste au-delà des portes de La Valette. Appartient à la chaîne d'hôtels Trusthouse

Forte. Confort à l'européenne et grand style. Restaurant élégant. Piscine chauffée. Secrétariat et salles de conférences.

Plevna ***
Qui-Si-Sana, Sliema, tél. 331031
Hôtel calme et accueillant situé dans un quartier résidentiel proche de tous les commerces et des plages de rochers. Plage privée avec piscine.

Preluna ****
Tower Road, Sliema, tél. 334001
Sur la promenade de Sliema, à quelques minutes du quartier des cafés et restaurants. Toujours en expansion. Petite piscine chauffée mais très bonnes conditions d'accès à la plage l'été. Sports nautiques, gymnastique, tennis, sauna. Boîte de nuit.

Ramla Bay ****
Ramla Bay, Marfa, tél. 473522
Situation admirable, en face de l'île de Comino. Toutes activités de plage, ski nautique, canoë, etc. Instructeurs qualifiés d'école de voile ou de planche à voile. Tennis. Animation nocturne. Appartements disponibles. Dîners sur la terrasse l'été. Bals costumés.

Salita ****
Main Street, Mellieha, tél. 473351
Sur l'artère principale, au centre du village. Piscine sur le toit.

Selmun Palace ****
Selmun, tél. 472475
Hôtel moderne situé à l'écart, juste en dehors de Mellieha, près d'une tour de guet des chevaliers. Piscines, sports nautiques, plage toute proche. Tennis.

Tigne Court ***
Qui-Si-Sana, Sliema, tél. 332001
Situé face à la mer, dans le quartier résidentiel. Des cafés et des boutiques se trouvent à proximité. L'hôtel possède son propre accès à la plage.

Tower Palace ***
Tower Road, Sliema, tél. 337271
Sur le front de mer, près du quartier commerçant. Restaurant en terrasse sur le toit et bar. Plage de rochers de l'autre côté de l'avenue, très fréquentée par les habitants de Sliema.

• Gozo

Calypso ***
Marsalforn, tél. 556131
Grand hôtel, sur un bord de mer fréquenté. Plages toutes proches. Restaurant simple. Appartements.

Cornucopia ***
Gnien Imrek, Xaghra, tél. 556486
Très joli petit hôtel situé sur la colline en dehors du village, à quelque distance du complexe touristique de Marsalforn. Belle piscine et bon restaurant.

Duke of Edinburgh *
Republic Street, Victoria, tél. 556468
Au centre de l'île, hôtel ancien et renommé. Piscine et bar.

Saint Patrick
Xlendi, tél. 556598
De même que le précédent, hôtel assez ancien. Le dernier couché ferme le bar ! Situé sur le front de mer assez bruyant.

Ta'Cenc *****
Sannat, tél. 556830
Généralement considéré comme l'un des meilleurs hôtels du monde. Calme, situé dans un lieu paisible. Aménagements superbes et élégants, bâtiments à simple rez-de-chaussée. Quelques chalets et bungalows. Restaurant italien de très haute tenue. Piscine. Accès à une plage privée. Tennis éclairés de nuit.

• Comino

Hôtel Comino ****
Tél. 473051
Établissement simple et calme. Remarquable pour ses équipements de sports nautiques. Service de vedettes vers Malte et Gozo. Très prisé par les jeunes mariés pour leur voyage de noces. Tennis et gymnastique.

Ensembles touristiques

Mistra Village
Xemxija Hill, Saint Paul's Bay, tél. 473944
Sur la colline qui domine le village. Complexe en expansion en raison des aménagements effectués. Piscine, restaurants et tennis.

Suncrest
Qawra, tél. 475470
Complexe moderne, appelé à devenir le plus important de l'île. Direction efficace. Bien

agencé. Face à la mer, avec sa plage privée. Piscines et restaurants. Équipements sportifs de plage très complets. Appartements. Salles de conférences.

Appartements en multipropriété

Les candidats à l'achat ou la location d'appartements en multipropriété, à temps partagé, trouveront de quoi satisfaire leurs vœux à Malte. Deux organisations britanniques se sont spécialisées dans les affaires de ce genre.

R.C.I.
Parnell House, 19-28 Wilton Road, London SW1V 1LW, tél. 0536 310 111
Interval International
Agricultural House, Knightsbridge, London SW1, tél 071 823 1666

Auberges de jeunesse

Il existe plusieurs auberges de jeunesse à Malte et une à Gozo. Le coût moyen est de l'ordre de 1,50 £ pour un lit et un coffre.

Hibernia House
Depiro Street, Sliema, tél. 333859
Marsaxlokk
Zejtun Road, Marsaxlokk, tél. 871709
Saint Francis Ravelin
Saint Francis Street, Floriana, tél. 224446
Trafalgar
100 Triq ic-Centurjum, Bugibba, tél. 640412
Paceville
30 B Gale, Triq Wilga, Paceville, tél. 239361
Youth Travel Circle
Buskett, Rabat, tél. 233893

POUR LES GOURMETS

Restaurants

Un repas au restaurant dans les îles peut être un régal mais, et tout un chacun en conviendra, ce peut aussi être décevant. Il vaut mieux ne pas trop attendre de ces chefs de cuisine qui, pendant des années, se sont contentés de servir d'insipides nourritures aux palais peu inspirés des soldats de la garnison anglaise, habituée aux pommes frites nappées d'une sauce brune accompagnant une viande très cuite. Les goûts culinaires des touristes britanniques qui leur ont succédé n'étaient guère plus exigeants. Quant à eux, et jusqu'à une époque récente, les Maltais bon teint ne fréquentaient guère les lieux publics, sachant pertinemment que rien n'est meilleur que la cuisine familiale, mitonnée selon les recettes traditionnelles.

Mais le style de vie a changé, d'une part avec la montée d'une bourgeoisie fortunée, d'autre part et surtout avec l'arrivée de touristes venus des quatre coins du monde. Les cafés et les restaurants ont proliféré et ils ont fourni de réels efforts afin d'être capables de satisfaire tous les goûts, aussi bien des Maltais que des visiteurs. Toutefois, même dans les établissements cotés, on peut tomber sur un mauvais jour, particulièrement ici où les saisons touristiques et les contrats de travail des maîtres queux sont de courte durée.

Bien sûr, il existe des exceptions. A La Valette, par exemple, on fera toujours un excellent repas au **Giannini** ou, à Sliema, au **Carriage**. A Saint Julians, on notera particulièrement la **Dolce Vita** et le **San Giuliano**. A Gozo, ce sera l'incomparable restaurant de l'**hôtel Ta'Cenc**.

L'authentique cuisine maltaise n'est pas facile à trouver, bien que des plats mi-maltais, mi-italiens figurent souvent aux menus. Le poisson, notamment, est délicieux et de nombreux restaurants assurent leur réputation grâce aux produits de la mer. Pendant les mois d'hiver, les pêcheurs hésitent à s'aventurer sur la grosse mer; le poisson qu'on sert alors provient en grande partie du congélateur.

Le lapin (*fenek*), pourtant mets favori des Maltais, est rarement indiqué sur la carte. Une *fenkata* (lapin frit ou rôti servi avec des flots de vin rouge) peut être proposée dans le modeste restaurant d'un village, à l'occasion d'une réunion amicale. Il vaut mieux alors y aller avec un ami maltais. Ce plat doit être commandé à l'avance et le succès de la soirée dépend de la connaissance que l'on a du talent de la cuisinière. Les meilleurs endroits sont à **Wied-iz-Zurrieq**, près de Bugibba ou au hameau de Mgarr (à Malte) dans les cafés d'habitués que sont **il-Barri** (*tél. 473235*) et **Sunny Bar** (*tél. 473705*), tous deux sur la place de l'église.

Rappelez-vous que le gouvernement frappe d'une taxe de 10 % les notes de restaurant et que cette taxe ne correspond pas au service.

• La Valette

La nuit, la cité devient la citadelle du silence. Les magasins ferment vers 19 h et la ville se vide. Ce n'est guère l'endroit pour faire la fête.

Les plaisirs et les fastes joyeux de la vie nocturne se trouvent plutôt dans les «satellites» de Sliema, de Saint Julians, de Bugibba ou de Mellieha.

Giannini
Saint Michael's Bastion, Windmill Street, tél. 237121 / 236575
Certainement l'un des meilleurs et l'un des plus luxueux restaurants de l'archipel. Logé dans une ancienne demeure patricienne dominant le port de Marsamxett, face à l'île Manoel et à Sliema de l'autre côté de la darse, le bar est au rez-de-chaussée et le restaurant, auquel on accède par un ascenseur, est en terrasse sur le toit. Une vue panoramique ajoute à l'élégance des lieux. La cuisine italienne (pâtes), le poisson et les viandes, préparés «à la maltaise» sont excellents. L'accueil et le service sont parfaits. C'est une joie pour les clients de sympathiser avec M. et Mme de Giorgio, les patrons. Ce restaurant convient aussi bien aux déjeuners d'affaires qu'à un dîner romantique. Il est ouvert tous les jours, sauf le dimanche, pour le repas de midi; le vendredi et le samedi pour le dîner. Réservation indispensable. Cartes de crédit acceptées.

Bologna
58 Republic Street, tél. 246149
A quelques pas du palais du Grand Maître, dans l'artère principale de la ville menant au fort Saint-Elme. Cuisine italo-maltaise très appréciée des hommes d'affaires, banquiers, avocats. La décoration est à l'image de la qualité de la cuisine. Cartes Visa et Mastercard acceptées.

Pizzeria Bologna
Tél. 238014
Pizzeria située au rez-de-chaussée du précédent, mais avec une direction différente. Excellentes pizzas. Très fréquenté par les familles et les touristes.

Pappagall
174 Melita Street, tél. 236195
Charmant restaurant climatisé au rez-de-chaussée. Situé dans une petite rue étroite derrière l'auberge de Castille. Cuisine italienne. Ouvert matin et soir. Cartes de crédit acceptées.

Hôtel Phoenicia
The Mall, Floriana, tél. 225241 / 221211
Situé juste au-delà des portes de la cité, près de la gare routière de La Valette, cet hôtel fait partie de la chaîne Trusthouse Forte et fut longtemps considéré comme le palace de prestige de Malte. Lieu de séjour favori des personnalités de passage, des hommes d'affaires et des voyageurs plus intéressés par les questions économiques que par les bains de soleil. Très affecté par des problèmes domestiques syndicaux, le restaurant se débat pour maintenir la qualité de ses services renommés. Admirablement situé dans une galerie panoramique, avec une petite salle de danse adjacente pour les dîners dansants, l'établissement est apprécié des Maltais qui y viennent déjeuner ou dîner pour célébrer un événement. L'atmosphère des lieux s'y prête parfaitement. Cuisine internationale, carte des vins très fournie. On n'y accepte bien entendu pas de clients en tenue de plage et, le soir, les hommes doivent porter veston et cravate. Il est prudent de réserver. Cartes de crédit acceptées.

Hôtel British **
276 Saint Ursula Street, tél. 224730
Cet hôtel jouit d'une situation incomparable sur les remparts face au Grand Port. Son restaurant, tout en longueur, dispose de six tables sur une terrasse ouverte en été. La cuisine, comme l'hôtel, est bonne mais sans recherche. Mieux vaut ne pas trop sortir des plats du jour. La cuisine est meilleure à midi, lorsque de nombreux clients sont attendus. Pour goûter pleinement le panorama, commencez par le potage du jour ou des macaronis au four (spécialité maltaise) et poursuivez avec un poisson ou une viande. Les pommes frites et la salade sont convenables, mais les autres légumes laissent un peu à désirer. Terminez avec du *ricotta* ou par ce gâteau aux amandes appelé *ta' rubino*, du nom du pâtissier qui l'a inventé. Vous pouvez aussi choisir le *gbejniet*, fromage de chèvre local servi, ici, assaisonné de poivre et d'épices. Restaurant bon marché.

Hôtel Castille
Castille Square, tél. 243677 / 8
Très apprécié de ses habitués, ce petit hôtel dispose d'un restaurant en terrasse sur le toit avec de belles vues sur Malte, particulièrement de nuit quand l'île est tout illuminée. Cuisine internationale. Cartes de crédit acceptées.

Café Cordina
244 Republic Street, tél. 234385
Le plus prestigieux café de la cité, renommé pour sa pâtisserie délicieuse. D'aspect typiquement italien, depuis son nom de *caffè* jusqu'à son long comptoir central, sans cesse assiégé

par les habitués (noter qu'on paie sa commande et qu'on en présente ensuite le ticket pour être servi, à l'italienne). Quelques tables permettent le service en salle. C'est un lieu de rendez-vous où, en milieu de matinée, il est de bon ton de venir prendre un *expresso* ou un *cappuccino* accompagné de *pastizzi* au *ricotta* (tartes au fromage blanc, chaudes et savoureuses). Toute la pâtisserie traditionnelle locale est proposée aux amateurs, de même qu'un vaste choix de glaces, sorbets, gâteaux et autres douceurs. Un présent soigneusement enveloppé dans le papier d'emballage aux armes du café Cordina sera une attention fort appréciée des hôtes lorsqu'on est invité à dîner dans une famille maltaise. On y sert aussi des déjeuners légers et l'établissement ferme ses portes à 20 h.

• Sliema

The Carriage
68 The Strand, tél. 333864
Dans un immeuble tout à fait dans le style du début de ce siècle, remarquablement transformé, c'est le restaurant le plus élégant de Sliema, dans un décor soigné et la chère y est somptueuse. Les plats proposés à la carte sont originaux, accommodés «à la maltaise». La direction est jeune et la clientèle choisie. Pendant les soirées d'été, le dîner est servi dans le jardin. Les plats du jour sont toujours délicieux. N'est ouvert que le soir et la réservation d'une table est indispensable. Accepte les cartes de crédit.

Galeone
35 Tigne Sea Front, tél. 316420
Le restaurant de bonne tenue le plus populaire de Sliema avec, aux fourneaux, le chef, M. Bezzina, auquel les habitués rendent rituellement visite. Il est recommandé de se fier à ses conseils. Excellent service de poisson et de viande précédé, en hors-d'œuvre, de *spaghetti alla rabbiata* (attention à la sauce relevée) toujours de premier ordre. Dans ce petit restaurant, il est prudent de réserver. Cartes de crédit acceptées.

Winston
18 High Street, tél. 335800
Pendant des années, fut renommé pour son élégance un peu désuète, à l'image de sa clientèle habituelle. Remarquables viandes, gibiers et poissons. Dîners servis dans le jardin en été. Cartes de crédit acceptées.

Dynasty 1
18 High Street, tél. 312861
Même adresse et même direction que le précédent, mais c'est un restaurant chinois de grande qualité et sa carte s'agrémente de spécialités extrême-orientales. Réservation nécessaire en été. Cartes de crédit acceptées.

Ponte Vecchio
Tower Road, tél. 341591
Au carrefour de Stella Maris Street, tout près de La Gelateria, excellent glacier. Restaurant typiquement maltais avec une carte internationale. Tables sur le trottoir en été. Cartes de crédit acceptées.

Mangal
84 Tigne Sea Front, tél. 342174 / 5
Avec le développement du tourisme, les restaurateurs prennent le goût de l'insolite. Voici plus de quatre siècles, les îliens ont combattu les Ottomans jusqu'à ce que le Grand Siège marque le terme provisoire de l'expansion des ennemis de la civilisation chrétienne. Et aujourd'hui, l'hôtel Fortina a l'audace d'ouvrir le seul restaurant turc de l'archipel! Grâce à un chef de cuisine turc, responsable de la carte et des fourneaux, le résultat de cette démarche aventureuse est jugé tout à fait réussi par les connaisseurs.

Il-Fortizza
Tower Road, tél. 336908
L'un des meilleurs restaurants italiens de la place.

• Saint Julians

Avec le quartier de Paceville au sommet de la colline, ce quartier en pleine expansion offre un vaste choix de pizzerias, de cafés et de restaurants chinois. Ceux qui suivent sont appréciés des Maltais.

San Giuliano
Spinola Road, tél. 332000
Considéré longtemps comme l'établissement le plus chic de l'endroit, ce restaurant, que fréquente une clientèle internationale, accueille souvent les célébrités du jour à qui l'on réserve un accueil de stars. Beaucoup de mouvements entre les tables. Restaurant sympathique disposant d'une belle vue s'étendant sur le front de mer de Saint Julians. La cuisine est de qualité variable mais le poisson est habituellement très bon. Il est recommandé de réserver sa table. Cartes de crédit acceptées.

La Dolce Vita
155 Saint George's Road, tél. 337036
Très fréquenté par une clientèle jeune, dans le vent... et bruyante. Toujours bourdonnant d'activité. En été, le restaurant sur le toit est ouvert. Belle vue sur la baie. Spécialités italiennes (pâtes et poisson). Réservation impérative. Cartes de crédit acceptées.

Sardinella
Saint George's Road, tél. 315031
Agréablement situé dans un ancien lavoir entouré d'une profusion de géraniums. Menus sans imagination mais appréciés d'une clientèle jeune. Cartes de crédit acceptées.

China House
8 Spinola Road, tél. 335021
Restaurant chinois sans prétention avec une carte et des plats sans imagination mais de très bon goût. Bon marché. Cartes de crédit acceptées.

It-Taverna
Church Street, tél. 338552
Cuisinc maltaise dans une ambiance détendue et sympathique.

Saddles
132 Main Street, tél. 339993
Au centre de la baic de Saint Julians, c'est par excellence l'endroit où l'on vient prendre une bière, un verre de vin, pour accompagner un hamburger. Des voitures de sport rugissantes et des motocyclettes pétaradantes devant l'établissement entretiennent une agitation constante parmi les habitués.

• Marsaxlokk

Skuna 2
4 Duncan Street, tél. 873317
Le Skuna d'origine, sur le front de mer, était célèbre pour ses fruits de mer et ses huit tables étaient réservées des semaines à l'avance. Avec son agrandissement, le Skuna 2 déploie tous ses efforts pour conserver son niveau. Cartes de crédit acceptées.

Hunter's Tower
Wilga Street, tél. 871792
Sur le front de mer, s'ouvrant sur la baie, mais trop proche de la nouvelle centralc électrique. Il connaît un destin fluctuant. Autrefois renommé pour ses poissons. La chère est variable et le service insouciant.

Harbour Lights
Marsaxlokk Quay
Petit restaurant sympathique situé sur le port.

• Marsascala

Christopher
19 Saint Anthony Street, tél. 829142
Au bord de la mer, charmant bistrot qui sert une cuisine italo-maltaise assez simple mais tout à fait remarquable. Il est indispensable de réserver sa table en été et le samedi et le dimanche. Clientèle variée mais toujours élégante. Dîner seulement.

Zonqor Point
Tél. 822540
Son nom vient de celui du promontoire où il est situé, près du Centre national de water-polo. Terrasse. Les cuisines font de gros efforts pour assurer la réputation de l'établissement de spécialiste des produits de la mer. Cartes de crédit acceptées.

• Mellieha

The Arches
113 Main Street, tél. 473436
Au centre de Mellieha, ce grand établissement, généreusement éclairé, offre un service rapide et des portions copieuses. Salle de restaurant à ciel ouvert en été. Très fréquenté. Carte fort appréciée des Anglais. Cartes de crédit acceptées.

Tunny Net
Ghadira, tél. 474339
Au bord de l'eau. Très fréquenté dans les années soixante-dix, il tente de regagner le terrain et fournit de gros efforts pour retrouver sa bonne renommée.

Beleview
Main Street, tél. 573723
Restaurant de grande qualité. Cuisine maltaise raffinée.

• Mdina

Medina
7 Holy Cross Street, tél. 674004
Restaurant dans un patio sous les lauriers. Emplacement très romantique. Nourriture internationale sans grande imagination, avec une dominante anglaise. Clientèle d'habitués. Cartes de crédit acceptées.

Bacchus
Inguanez Street, tél. 674981
A l'origine, se voulait un restaurant romain et s'est aujourd'hui converti pour accueillir des groupes. Cartes de crédit acceptées.

Bird Cage
Main Street, Rabat, tél. 674052
Établissement assez banal et ancien. Chère simple mais de bon goût. Souvent bruyant. Favori des Anglais.

Palazzo Costanzo
Villegaignon Street, tél. 674626
Installé dans une demeure ancienne, ce restaurant offre également des chambres pour ses hôtes.

• Qawra

La côte de Qawra et de Bugibba, en direction de Saint Paul's Bay, se couvre de nouveaux cafés et restaurants qui accueillent les vacanciers. Il existe de nombreux établissements à bon marché parmi lesquels on peut faire son choix.

Luzzu
Qawra Road, tél. 473925
C'était le premier «lido» de cette partie de la côte. Aujourd'hui quelque peu dépassé par les hôtels modernes. Célèbre pour ses poissons, son atmosphère paisible et son service sympathique. Le propriétaire M. Laughi, originaire de Toscane, propose d'excellents plats régionaux italiens.

Hôtel Suncrest
Qawra Road, tél. 475470
Immense hôtel de création récente avec des suites comprenant une kitchenette. Restaurants ouverts aux non-résidents. Le restaurant It-Tokk sert uniquement de la cuisine maltaise.

Gran Laguna
Ta'Xtut Street, tél. 471146
Restaurant italien assez ambitieux.

• Saint Paul's Bay

Gillieru
Tél. 473840 / 473269
Depuis des décennies, ce petit restaurant proche de Bugibba fait la joie des Maltais qui n'hésitent pas à parcourir des kilomètres pour venir se régaler de ses poissons, son orgueil en raison de l'infinie variété qui y est offerte à la gourmandise de la clientèle. S'avançant sur la mer par une terrasse à ciel ouvert en été, c'est devenu un grand restaurant. Le poisson grillé y est admirable mais il faut préférer ce qui est frais pêché à ce qui sort du congélateur. Atmosphère chaleureuse et amicale. Cartes Visa acceptées.

Palazzo Pescatore
Main Street, Saint Paul's, tél. 573182
Restaurant de poissons remarquablement décoré. Cuisine recherchée.

• Ghar Lapsi

Lapsi View
Tél. 821608
Sur le petit bras de mer, c'est le seul vrai café de cette côte. Connu sous le nom de «chez Rita» (la patronne qui gère son établissement d'une main ferme), il propose à sa clientèle des frites et des plats simples. En raison de sa grande taille, sans décor particulier et très brillamment éclairé, ses spaghettis, ses œufs sur le plat-pommes frites, ses prix modestes, ce bistrot attire la grande foule. A éviter le samedi, le dimanche et les jours de fête car il est généralement plein à craquer! Pas de cartes de crédit.

• Mgarr

Espada
Mgarr Harbour, tél. 551527
Ouvert le soir uniquement. Sous sa nouvelle direction, ce restaurant élégant en terrasse sur le toit offre une chère aussi remarquable que sa décoration et que la vue dont on jouit. Spécialités de poissons et cuisine turque, ce qui est assez ironique dans une île dont la population fut décimée par les pillards ottomans! Repas légers très agréables servis au bar du rez-de-chaussée.

Il-Kcina Tal-Barraka
28 Manuel de Vilhena Street, tél. 556543
Charmant petit restaurant tout près du port présentant un excellent menu, original. On y est généralement à l'étroit mais les prix sont raisonnables. Il est sage de réserver sa table.

Sea View
Shore Street, tél. 553985
Situé en bordure du quai. Remarquables fruits de mer, y compris moules et huîtres plates.

Menu assez limité et un peu plus cher qu'ailleurs. Le maître queux gratte sa guitare dans la soirée.

• Marsalforn

Il-Kartell
Bakery Street, tél. 556918
Au bord de l'eau. Au rez-de-chaussée, une trattoria à l'italienne. Ambiance chaleureuse, bons poissons et plats locaux, avec pasta et pizzas. Prix très raisonnables. A l'étage, grillades au feu de bois.

Auberge Ta'Frenc
Marsalforn Road, tél. 553888
Dîner seulement. Ancienne ferme transformée. Large éventail de spécialités internationales, belle présentation. Spacieux, ambiance paisible.

The Republic
18 Triq ix-Xatt, tél. 556800
Fermé le dimanche. Traiteur à l'italienne avec terrasse en bord de mer.

• Gharb

Auberge chez Armand
Gharb Road, tél. 551197
Vue sur la campagne, terrasses ouvertes et couvertes. Décoration élégante. Cuisine française. Prix modérément élevés, mais le menu en vaut la peine.

Salvina's
21 Triq il-Blata, tél. 552505
Fermé le dimanche. Charmant petit restaurant dans une maison du village située dans une rue étroite. Cuisine locale et internationale. La chère n'est pas toujours à la hauteur du décor.

• Xlendi

Paradise
Mount Carmel Street, tél. 556878
Très fréquenté par les admirateurs d'Elvis Presley qui y trouvent le mémorial de leur Roi (ses photographies trônent partout!). Confort assez sommaire mais excellente cuisine: poissons frais et crevettes géantes (gambas). Remarquable rapport qualité-prix.

The Village Inn
Xlendi Road, tél. 558181
Restaurant climatisé. Chère agréable, pas très imaginative, mais prix raisonnables.

• Xaghra

Gesther
8th September Avenue, tél. 556621
Déjeuner seulement. Dirigé par deux joyeuses sœurs, Gemma et Esther (d'où son nom), on y sert une authentique cuisine locale. Ambiance sympathique.

Oleander
Victory Square, tél. 557230
Appartenant au neveu de Gemma et d'Esther qui a ajouté quelques raffinements à la cuisine de ses tantes, on y goûte une excellente cuisine locale, viandes et poissons, à des prix raisonnables. Vue sur le centre du village, toujours bruissant d'activité.

Boissons

Les vins produits à Malte et à Gozo, par des viticulteurs privés, ont un degré d'alcool relativement élevé. *Marsovin Special Reserve*, *Green Label* et *Citadella* sont les crus les plus renommés, mais ils ne sont pas du goût de tout le monde. En revanche, les bières de fabrication locale, notamment la *Cisk Lager*, sont excellentes. Les bars et les cafés sont généralement ouverts de 9 h à 1 h, et il n'existe pas d'âge minimal, bien que les enfants ne soient en principe pas admis à consommer dans les bars. Les bars des hôtels ferment souvent entre 13 h et 16 h.

MUSÉES ET MONUMENTS

Une visite complète de La Valette peut prendre plusieurs jours, mais les autres bourgs et villages ne justifient, en général, qu'une courte visite, d'une demi-journée par exemple. Les monuments publics et les temples préhistoriques sont propriétés de l'État et suivent les horaires des administrations. En hiver (du 1er octobre au 15 juin), on peut visiter en principe de 8 h 30 à 16 h 30, mais cela peut varier. L'entrée coûte en moyenne 15 cents, 50 cents pour la journée. Ils sont fermés les jours fériés.

La Valette

Baptisée du nom du grand maître français Jean Parisot de la Valette, qui sortit victorieux du Grand Siège de 1565, la capitale de Malte est quadrillé de rues qui se coupent à angle droit, quoique parfois on puisse trouver de petites ruelles ou d'attirantes voies piétonnières. Les meilleurs moments pour s'y promener sont la nuit ou le dimanche. Une bonne époque est la basse saison, quand les rues sont calmes et les cafés ouverts sans être pleins. Vous aurez ainsi toute latitude pour admirer le mélange des styles architecturaux — les auberges baroques, les petites échoppes au rez-de-chaussée serrées les unes contre les autres, les appartements aux étages avec leurs balcons de bois à claustras peints en vert et les grandes places ombragées d'arbres soigneusement taillés, éclairées de réverbères de fer forgé.

• Musées et monuments

Musée national d'Archéologie
Republic Street, Valletta, tél. 237730
Installé dans l'ancienne auberge de Provence, édifiée en 1571, ce musée présente au public une intéressante collection de poteries mégalithiques, de sculptures et d'ornements vestimentaires trouvés dans les temples et les sites préhistoriques de Malte.

Musée national des Beaux-Arts
South Street, Valletta, tél. 225769
Ce palais, un bel édifice blanc qui fut la demeure des chevaliers, abrite des œuvres de maîtres italiens, le Pérugin et le Tintoret, de même que des œuvres d'éminents artistes maltais.

Musée national de la Guerre
Fort Saint Elmo, Republic Street, Valletta, tél. 222430
Ce musée très particulier conserve des souvenirs militaires datant d'avant la Seconde Guerre mondiale, notamment des uniformes et des équipements, de même que des armes, des pièces d'artillerie, des avions et des engins de marine.

Palais du Grand Maître
Republic Street, Valletta, tél. 221221
Terminé en 1574 pour constituer le palais magistral des chevaliers de Saint-Jean, ce palais abrite aujourd'hui les services de la présidence de la République ainsi que la chambre des représentants. Vous apprécierez le silence de la cour de Neptune (Neptune's Courtyard), vous visiterez la chambre du Conseil, la galerie Saint-Michel et Saint-Georges et celle des Ambassadeurs où sont représentés de remarquables fresques et tableaux.

Armurerie
Palace of the Grand Masters, tél. 225577
Plus de 5 700 pièces de musée, comprenant des boucliers, des armes légères, des canons ainsi que d'exceptionnelles cottes d'armes, armures et peintures.

Palais Parisio
Merchants Street, Valletta
Fermé au public, ce palais est occupé par le ministère des Affaires étrangères. C'est là que Bonaparte fut logé au cours de son bref séjour à Malte.

Bibliothèque nationale
Republic Square, Valletta, tél. 232691
Majestucux édifice de style baroque, la Bibliothèque nationale (Biblioteca) conserve d'inestimables manuscrits remontant au XIe siècle et des documents retraçant toute l'histoire de l'ordre de Saint-Jean. Les heures de visite sont de 8 h 30 à 17 h 45 du lundi au vendredi, de 8 h 30 à 13 h le samedi. L'entrée est gratuite mais une pièce d'identité est exigée.

Théâtre Manoel
Old Theatre Street, Valletta, tél. 246389
L'un des plus vieux théâtres d'Europe encore en service. Il fut bâti par le grand maître Manoel de Vilhena en 1731. Les loges de bois doré s'étagent en gradins jusqu'au plafond de la salle et en font un joyau, tant pour ceux qui le visitent que pour ceux qui y jouent. Les visites sont organisées à 10 h 45 et 11 h 30 seulement, du lundi au vendredi, en été et en hiver. Coût de la visite guidée : 50 cents.

• Les auberges

Chaque langue, au sein de l'ordre de Saint-Jean, possédait sa propre résidence, à la mesure de la munificence de ses chevaliers. Il en existait huit à l'origine mais seules cinq subsistent. Certaines ont été converties en musées, d'autres accueillent des services du gouvernement.

Auberge de Provence
Republic Street
Musée national d'Archéologie.
Auberge de Castille
Castile Place
Services du premier ministre.
Auberge d'Aragon
Independance Square
Services administratifs.

Auberge d'Italie
Merchants Street
Grande Poste.
Auberge d'Angleterre et de Bavière
West Street
Services administratifs.

• Églises

Cathédrale Saint-Jean
Véritable délire d'art baroque, la cathédrale fut dessinée par l'architecte maltais Gerolamo Cassar en 1577 pour l'ordre de Saint-Jean et elle renferme des fresques du maître calabrais Mattia Preti. On peut aussi y admirer le sol pavé de pierres tombales de marbre de toutes les couleurs, le tableau dû au pinceau du Caravage *la Décollation de saint Jean Baptiste* et tout un jeu de tapisseries flamandes (qui ne sont exposées qu'en juin ou au cours de cérémonies particulières). La place Saint-Jean, entre Republic et Merchants Street, vous enchantera par ses grands arbres et son calme. Le musée de la Cathédrale est ouvert de 9 h 30 à 13 h, puis de 15 h à 17 h, du lundi au samedi. Entrée : 50 cents.

Église des Carmélites
Old Theatre Street
Son dôme culmine à 42 m.
Saint-Paul le Naufragé
Saint Paul's Street
Saint-Roch
Saint Ursula Street
Église de l'Enfant-Jésus
Merchants Street
Cathédrale anglicane Saint-Paul
West Street
Notre-Dame des Victoires et Sainte-Catherine
Ordnance Street

• Autres curiosités

Fort Saint-Elme
Valletta
C'est aujourd'hui le centre de formation des jeunes recrues de l'armée Maltaise, mais cette immense forteresse mérite une visite. On admirera ce magnifique exemple d'architecture militaire aux harmonieuses proportions. Il abrite le musée de la Guerre. Situé à la pointe de La Valette, face au large.

Jardins d'Upper Barraka
Castile Square
Ce jardin ravissant, avec ses bancs, ses colonnades et ses sculptures de Sciortino, offre un panorama exceptionnel sur le Grand Port, du fort Saint-Elme à gauche aux quais de Marsa à droite.

Jardins de Hastings
Sur la rive ouest de La Valette, surplombant le port de Marsamxett, ces jardins, plus étendus que ceux d'Upper Barraka, vont jusqu'au bastion Saint-Michel.

Marchés
Merchants Street
Chaque jour se tient un marché en pleine rue, près de la place Saint-Jean. Il est ouvert jusqu'à midi. Le dimanche, un autre marché se tient juste en dehors des portes de la ville, près de la gare routière, dans Saint James Ditch. On y trouve tout ce qu'on peut imaginer, des cassettes audio ou vidéo à bon marché aux jeans fabriqués à Gozo, au linge de maison brodé et aux dentelles.

Hôpital de l'ordre de Saint-Jean
Merchants Street, tél. 603776 / 603840
Devenu le Centre de conférences de la Méditerranée, sa grand-salle de garde, convertie en salle d'exposition, était la plus vaste d'Europe. Dans le Mizzi Hall se donne *The Malta Experience*, spectacle audiovisuel remarquable de 40 min qui retrace cinq mille ans de l'histoire de Malte, des premières implantations préhistoriques jusqu'à nos jours, en passant par l'arrivée des chevaliers de Saint-Jean et le Grand Siège. Il ne faut surtout pas manquer cette manifestation qui a lieu toutes les heures, de 11 h à 16 h, du lundi au vendredi ; à 11 h et midi seulement le samedi.

Mdina

La magnifique capitale médiévale de Malte constitue une enceinte fortifiée à l'intérieur des terres, au sud-ouest de l'île. Si cela vous est possible, visitez-la de bon matin ou tard dans l'après-midi, afin de goûter pleinement la paix de ses rues étroites (Mdina est souvent dite *«la cité du silence»*). Explorez les ruelles semées d'églises minuscules, aux murs de couleur crème, agrémentées de balcons de fer forgé, décorés d'une profusion de fleurs.

• Églises et musées

Cathédrale et son musée
Saint Paul's Square, tél. 674697
Derrière sa façade baroque, œuvre de Lorenzo Gafa, la cathédrale déploie des trésors de pein-

tures, de sculptures et de mosaïques de marbre polychrome. Le musée, à droite, abrite une belle collection de vêtements sacerdotaux, d'antiphonaires, de monnaies, de même que des tableaux et des dessins de Rembrandt, du Piranèse, de Van Dyck et de Dürer. Ouvert de 9 h à 13 h et de 13 h 30 à 16 h 30, du lundi au samedi entre octobre et mai; de 9 h à 13 h puis de 13 h 30 à 17 h du lundi au samedi entre juin et septembre.

Musée national d'Histoire naturelle
Palazzo Vilhena, tél. 675951
Le palais abrite une collection assez vieillotte des espèces animales et végétales de l'archipel. Mais la visite de l'édifice est à conseiller pour la beauté de sa cour intérieure et de ses entablements de portes décorés. Juste à l'entrée de la ville, à quelques mètres à droite.

Villegaignon Street
Principale artère de la cité, conduisant de la Grande Porte (Main Gate) à Bastion Square d'où la vue sur la campagne environnante est admirable, elle est bordée des plus belles demeures patriciennes de la ville. La première est la **Casa Inguanez**, domicile de la plus vieille famille aristocratique de l'île, les Inguanez. Les chefs de cette «dynastie» furent gouverneurs de Malte jusqu'à l'arrivée des chevaliers de Saint-Jean en 1530. Une partie de l'édifice date de 1350.
En face de cette demeure s'élève la **chapelle Saint-Pierre**, qui dépend du **couvent Sainte-Bénédicte**. L'autel, œuvre de Mattia Preti, montre une *Madone à l'Enfant* entourée de sainte Bénédicte, de saint Pierre et de sainte Scolastique.
Un peu plus loin, c'est le **palais Sainte-Sophie**, réputé le plus vieil immeuble de Mdina. Pour le moins, son rez-de-chaussée a été construit en 1233. Le premier étage fut ajouté dans les années 1930.
L'**église des Carmélites**, de l'autre côté de la rue, fut bâtie en 1666 et faisait partie du **monastère des Pères Carmes**. C'est là que, le 2 septembre 1798, les troupes françaises se livrèrent au pillage des trésors qui s'y trouvaient et les vendirent aux enchères pour financer l'expédition de Bonaparte en Égypte. Devant ce sacrilège, les habitants se révoltèrent. Les Français se retranchèrent et, alors que le tocsin sonnait partout à travers l'île, les Maltais entrèrent en rébellion. Après deux années de siège, les Français furent contraints d'abandonner Malte. Ce retrait permit le commencement de la domination anglaise.

A quelques pas de là se dresse **Norman House**, appelée aussi **palais Falzon**. Son nom provient des baies à double arche du premier étage, percées au XVIe siècle dans les murs d'une demeure plus ancienne. Aujourd'hui propriété privée, elle abrite un musée qui expose des meubles anciens, des tableaux, des armures et des tapisseries. Ouvert de 9 h 30 à 13 h et de 14 h à 16 h le lundi, le mercredi et le vendredi seulement (*tél. 675951*).

Rabat

En dehors des murailles de Mdina, Rabat (dont le nom signifie «faubourg») possède quelques monuments historiques intéressants.

• Églises et musées

Villa romaine
Museum Esplanade, tél. 674125
Vestige d'une villa romaine classique de belles proportions, elle présente de remarquables sols de mosaïque dont les couleurs (ocre, bleu, rouge et noir) ont été ravivées par une restauration, ainsi que de belles colonnes et des poteries de l'époque romaine.

Église Saint-Paul et la grotte
L'ancienne église paroissiale de Rabat aurait été construite en 1575 à l'emplacement du premier temple chrétien de Malte. Elle fut rebâtie en 1694 après un tremblement de terre qui jeta à bas la première cathédrale. On dit que la grotte est l'endroit où vécut saint Paul après son naufrage en l'an 60 et on attribue à la pierre dans laquelle elle est creusée des vertus miraculeuses: sa poussière guérirait les malades alités!

Catacombes
Il en existe deux. La plus grande est dédiée à saint Paul, l'autre à sainte Agathe. Ces salles funéraires, plus macabres que fascinantes, dateraient de l'an 50 de notre ère.

Temples et ruines préhistoriques
Préservés dans d'excellentes conditions, les temples, dispersés un peu partout à travers le territoire de Malte et de Gozo, donnent une remarquable image de la conception religieuse de l'homme préhistorique. Ces sociétés primitives étaient assez civilisées pour réaliser des œuvres architecturales témoignant d'une culture très avancée. Les conservateurs des musées sont toujours prêts à fournir toutes les explications qu'on peut souhaiter sur leur structure et

sur la liturgie qui se pratiquait dans ces temples.

Tarxien
Old Temples Street, Tarxien, tél. 225578
Une entrée inattendue, par un porche très ordinaire, donnant sur une rue fort banale, conduit aux vestiges intacts de ces temples païens datant du troisième ou même du quatrième millénaire avant l'ère chrétienne, qui forment des «chapelles», des autels, des vasques pour les libations. On y voit des gravures rupestres fort soignées, ainsi que la statue de la *Femme obèse* dont on pense qu'elle était liée au culte de la fertilité (l'original est au musée d'Archéologie à La Valette).

Hypogée
Burial Street, tél. 825579
Labyrinthe souterrain de galeries, de salles et de petites pièces, vieux de quelque quatre mille quatre cents ans, l'Hypogée de Paola était une vaste nécropole. Aux plafonds, on retrouve des traces, couleur terre de Sienne, de peintures primitives. Les heures d'ouverture sont particulières, pour éviter trop de lumière dans l'hypogée. Les visites sont possibles, du lundi au samedi de 10 h à 10 h 45, de 11 h 30 à 12 h 15, de 13 h à 13 h 45, de 14 h 30 à 15 h 15, de 16 h à 16 h 45. Le dimanche de 8 h 30 à 9 h 15, de 10 h à 10 h 45, de 11 h 30 à 12 h 15, de 13 h à 13 h 45, de 14 h 30 à 15 h 15.

Hagar Qim et Mnajdra
Temples construits à la fin de l'époque mégalithique, face à la mer et à l'îlot de Filfla. On note les autels en forme de champignon et le trou de l'oracle à Hagar Qim. Mnajdra est semblable, par sa disposition, à Hagar Qim, mais il est mieux préservé car il est édifié en pierre d'origine corallienne plus résistante. Au sud de l'île, près de Zurrieq.

Grotte de Ghar Dalam
Birzebbuga, tél. 824419
Les restes fossiles d'animaux trouvés dans cette grotte semblent démontrer que, vers 3800 avant notre ère, Malte était reliée à l'Afrique.

Skorba
Zebbiegh
En ce lieu a vécu l'une des plus anciennes communautés humaines préhistoriques connues et cela, selon les experts, pendant plus de mille ans. On peut y voir les vestiges d'un village bâti voici plus de quatre mille ans ainsi que des temples mégalithiques et des poteries datant de l'âge du bronze.

Borg in-Nadur
Saint George's Bay
Village fortifié datant de 1500 av. J.-C.

Ailleurs à Malte

Grotte Bleue
Wied-iz-Zurrieq, tél. 826947 / 826721
Les canots croisent près des grottes aux parois teintées de rose ou d'orangé par les formations coralliennes qui y prolifèrent et leurs eaux s'illuminent de bleu lorsque les rayons du soleil y pénètrent. On y accède en partant du village de pêcheurs de Wied-iz-Zurrieq. Quand le temps est beau, des flottilles entières naviguent dans le goulet. Négocier le prix de l'excursion avant d'embarquer.

Marsaxlokk
Prototype du village de pêcheurs maltais. Les *luzzu* se balancent au mouillage, dans le léger clapotis du port. Les nappes de dentelle, suspendues aux éventaires des marchands ambulants, flottent au gré de la brise. Sur le port, les marins poursuivent éternellement le raccommodage de leurs filets.

Ghar Lapsi
Petit village de pêcheurs, très fréquenté par les amateurs de pêche sous-marine et de pique-nique.

Marsascala
Village de bord de mer pittoresque, avec de nombreux estaminets et restaurants.

Ghar Hasan
Vaste grotte qui s'ouvre dans une énorme falaise, sur la côte sud-est.

Sliema
Faubourg le plus peuplé et le plus chic de La Valette. On y trouve toutes les boutiques de mode, des restaurants et tout ce qu'il faut pour se divertir. Le front de mer s'étend sur près de 3 km et les cafés qui le bordent bourdonnent d'activité. Explorer les quartiers les plus vivants de Tower Road, de Bisazza Street et de Manuel Dimech Street.

Palais et jardins San Anton
Attard, tél. 442509
Des fleurs à profusion, des bosquets et des arbres plantés par le grand maître Antoine de

Paule au XVIIe siècle, qui sont toujours aussi beaux de nos jours. Le palais, résidence du président de la République, n'est pas ouvert au public. Seuls les jardins se visitent. Les horaires sont variables: de septembre à février, du lundi au vendredi de 7 h à 17 h, le samedi et le dimanche, de 8 h à 17 h. En mars, du lundi au vendredi, de 7 h à 18 h, le samedi et le dimanche de 8 h à 18 h. En avril, du lundi au vendredi, de 7 h à 19 h, le samedi et le dimanche, de 8 h à 19 h. De mai à août, de 7 h à 20 h.

Dôme de Mosta
Visible de partout, le dôme de Mosta est celui de l'église Sainte-Marie à Mosta, l'un des plus grands dômes autoportants d'Europe. Une bombe, tombée pendant une messe en 1942, a crevé le dôme sans exploser. Elle est aujourd'hui exposée dans la sacristie.

Musée du sanctuaire de Zabbar
Tél. 821010
Petit musée présentant des reliques et des peintures appartenant à l'ordre de Saint-Jean. Téléphoner pour prendre rendez-vous pour la visite.

Baie Saint-Paul
L'une des plus grandes baies de l'archipel, où saint Paul aurait fait naufrage en l'an 60 de notre ère.

Baie de Mellieha
Autre très grande baie de Malte, avec Ghadira, la plus longue plage de sable. Malheureusement, elle est souvent envahie par la foule.

Marfa Ridge
«Queue de poisson» de Malte, dotée de plages de sable et de rochers. Celle de la baie de Ramla, en particulier, est très bien entretenue. Le bac de Gozo part de Cirkewwa.

Golden Bay et Ghajn Tuffieha
Un peu plus loin sur la côte sud-ouest. Il existe de belles plages de sable dotées d'équipements pour toutes sortes de sports nautiques, notamment à Golden Bay, alors que Ghajn Tuffieha, moins facile d'accès, demeure un endroit plus retiré.

Falaises de Dingli
Ces immenses falaises, près desquelles on peut voir, à Clapham Junction, de nombreux «sillons» creusés dans le sol, plongent vertigineusement dans la mer d'une hauteur de 220 m. On y jouit d'un panorama fabuleux sur la mer et c'est un endroit de promenade très recherché. De là, on voit très nettement l'îlot de Filfla.

Vittoriosa
L'une des «trois cités», de l'autre côté du Grand Port, en face de La Valette. Il faut y visiter le palais de l'Inquisiteur et l'église Saint-Laurent. A l'extrémité du promontoire s'élève le fort Saint-Ange.

Senglea et Cospicua
Il ne reste dans ces localités, terriblement endommagées au cours de la Seconde Guerre mondiale, que fort peu d'édifices anciens. Mais la visite en vaut la peine pour le point de vue sur le Grand Port.

Palais Verdala
Tél. 674021
Près de Rabat, ce château bâti par Gerolamo Cassar pour le grand maître de Verdalle en 1586 se dresse au sommet des vergers de Buskett et il offre une vue panoramique de toute beauté sur l'île. Il est ouvert de 9 h à 12 h et de 14 h à 17 h le mardi et le vendredi seulement.

Vergers de Buskett
L'endroit parfait pour passer un paisible après-midi dans l'ombre parfumée des orangers soigneusement entretenus.

Gozo

Si près de Malte... et pourtant un monde paraît les séparer. Gozo donne une impression de simplicité toute pastorale. Dès qu'on débarque à Mgarr et qu'on prend n'importe quelle route pour visiter l'île, son attrait puissant se fait sentir. Le seul bruit qui trouble le silence est, parfois, celui du moteur d'un tracteur ou le trottinement d'un troupeau de chèvres.
Gozo est certainement l'endroit où l'on ressent le mieux les charmes et les avantages d'une vie rustique qui paraît résister à tous les outrages du temps. La capitale, Victoria (appelée aussi Rabat), est un lacis paisible de venelles et de placettes. En dehors de Victoria, on trouve les mêmes attraits que ceux qui font le charme de Malte, mais tout est ici regroupé sur de courtes distances: les temples préhistoriques, les églises, les plages et les côtes rocheuses déchiquetées.

Victoria

• Musées

Les musées de Gozo sont généralement ouverts de 8 h 45 à 15 h 15, tous les jours.

Gozo Heritage
20 Mgarr Road, Ghansielem, tél. 551475
Les Gozitains sont encore plus fiers que les Maltais de leur passé. L'exposition présentée au Gozo Heritage retrace l'histoire des événements et des personnages qui ont façonné sept mille ans de la vie gozitaine. Il est situé sur la grand-route, entre le port de Mgarr et Victoria. Il est ouvert tous les jours de 10 h à 17 h.

Musée national de Gozo
Situé dans l'ancien palais Bondi, à l'intérieur de la citadelle, il abrite une collection d'objets artisanaux des époques préhistorique, phénicienne et romaine.

Musée folklorique
Citadel of Victoria, tél. 556144
Artisanat et travaux quotidiens de la vie gozitaine.

• Églises

Cathédrale et son musée
Tél. 556144
Construite par Lorenzo Gafa entre 1697 et 1711. Vous y remarquerez l'extraordinaire trompe-l'œil du plafond, peint par Antonio Manuele, qui donne l'impression d'un dôme. A l'arrière de l'édifice, le musée expose des objets d'art sacré et quelques tableaux. Juste à l'entrée principale de la Citadelle.

Église Saint-Georges
Saint George's Square
Renferme une très belle sculpture due au ciseau d'Azzopardi et des tableaux de Mattia Preti et de Batista Conti.

Ailleurs à Gozo

Ta'Pinu
Basilique émouvante et lieu de pèlerinage. La petite chapelle d'origine demeurée intacte et décorée de cierges anciens est maintenant intégrée sur le devant de l'édifice néoroman bâti au début de ce siècle. Une galerie assez macabre expose des ex-voto des miracles qui s'y sont accomplis.

Église de Xewkija
L'un des plus grands dômes autoportants d'Europe, peut-être plus grand encore que celui de l'église de Mosta.

Église de Xaghra
Notre-Dame de Lourdes. Des enjolivures baroques ornent cette église édifiée au siècle dernier dans un charmant petit village.

• Temples

Temples mégalithiques de Ggantija
Xaghra, tél. 553194
Sans doute les mieux préservés de Malte. Vieux de plus de quatre mille ans, les blocs de pierre corallienne titanesques donnent une idée exacte de ce qu'étaient les lieux de culte en ces temps reculés.

• Autres curiosités

Grotte de Calypso
Ramla Bay
Au-dessus de la plage sablonneuse de Ramla. On dit souvent que Gozo est l'île où vécut la nymphe Calypso qui, selon la légende, retint pendant sept ans Ulysse prisonnier dans ses bras. La grotte est maintenant obstruée, mais la plate-forme d'observation au-dessus offre une vue panoramique exceptionnelle.

Grotte de Ninu
17 January Street, Xaghra, tél. 556863
Cette grotte et la suivante, situées au-dessous de maisons particulières, renferment des formations excentriques de stalactites et de stalagmites d'albâtre. Ouverte toute la journée.

Grotte de Xerri
31 Xerri Grotto's Street, Xaghra, tél. 557865
Ouverte de 9 h 30 à 12 h et de 15 h 30 à 17 h 30.

Ramla Bay
Plage favorite des Gozitains, accessible par la route de Nadur, tout au bout. Endroit parfait pour une baignade en toute sécurité.

Fungus Rock
Dwerja Point
Rocher légendaire au sommet duquel poussait le *Fungus gaulitanus*, ce champignon (?) dont les chevaliers de Saint-Jean pensaient qu'il possédait des vertus curatives. Près de la pointe de Dwejra, au sud-ouest de Gozo.

Azure Window
Fascinante «fenêtre» que les vagues ont percée, au cours de centaines de milliers d'années, en se heurtant à la falaise, donnant l'illusion d'une fenêtre ouverte sur un aquarium. On l'atteint en bateau depuis la «mer intérieure».

Xlendi
Village de pêcheurs, calme et reposant, avec une mince bande de sable que longe la rue principale au bord de la mer, sur près de 500 m. Les escaliers taillés dans la falaise, à droite de la baie, permettent d'avoir une belle vue sur la mer. Énormément de poissons et de crabes dans la petite crique rocheuse au-delà. A visiter avant que la construction (prévue) d'immeubles collectifs pour vacanciers n'en détruise le charme.

Sannat
Sur la route du somptueux hôtel de Ta'Cenc. Arrêtez-vous un instant pour rendre visite à l'une des boutiques de dentellières que vous y trouverez.

Ta'Cenc
Le plus grand et le plus bel hôtel de Gozo. Édifice d'un style délibérément simple, mais combien luxueux et confortable. A proximité, on peut voir ces «sillons» préhistoriques mystérieux.

Marsalforn
Village de bord de mer particulièrement vivant et animé (du moins à l'échelle gozitaine). Très fréquenté par les baigneurs et les vacanciers.

Gharb
Ignoré et épargné par le temps, ce village idyllique résume toute l'atmosphère intime de Gozo.

Nadur
Deuxième ville de Gozo, à 30 m d'altitude.

DISTRACTIONS

Excursions et croisières

Deux compagnies maritimes dominent le secteur de la navigation de plaisance: Jylland et Captain Morgan. Toutes deux proposent un choix d'excursions à Comino, de petites croisières entre les divers ports de la côte.

Jylland
Tél. 332684 / 333001 / 4
Captain Morgan's Cruises
Tél. 336981
Cette compagnie arme un engin sous-marin grâce auquel on peut admirer les merveilles des fonds marins.

Spectacles

Malte et Gozo accueillent des troupes théâtrales venues de tous les horizons, aussi bien internationales que locales. Le ministère du Tourisme édite chaque année le calendrier des manifestations en tous genres.

Le théâtre Manoel fournit également sur demande le programme des spectacles donnés sur ses planches. La saison à Malte dure d'octobre à mai.

Les manifestations qui se reproduisent chaque année sont les suivantes.

A Noël, le spectacle traditionnel de pantomime (au théâtre Manoel).
En janvier, le Festival populaire.
Fin avril, Maltafest.
Mi-juillet, diverses manifestations culturelles un peu partout dans l'archipel, notamment un spectacle de ballets en plein air, en nocturne, au fort Saint-François.
En novembre, le festival international de Chant choral.

Cinéma

Le concours annuel du Film et de la Vidéo, organisé par le cercle des Amateurs de cinéma de Malte, a lieu chaque année en juin et, en novembre, le Chevalier d'Or, festival international du film et du film vidéo. Mais les productions locales sont assez médiocres et mieux vaut les éviter.

Shopping

L'artisanat traditionnel de Malte est la dentelle. Pendant des heures, les doigts agiles des dentellières tissent des nappes, des napperons, des dessous de plat, des cols, des châles et de fines blouses.

Le tricot est également un art populaire — si vous vous laissez tenter par une maille assez rustique et que vous n'avez pas peur de combinaisons de couleurs parfois inattendues!

La taille du verre est aussi une spécialité maltaise. Il est tout à fait possible de visiter des cristalleries dans lesquelles s'activent des souffleurs devant les fours ronflants. Vous pourrez acquérir des objets encore chauds!

Malta Crafts Centre
Saint John's Square, Valletta, tél. 221221
Village artisanal de Ta'Qali
Ta'Qali, Malta
Ta'Dbiegi Crafts Centre
Gozo, tél. 556202
A proximité de San Lawrenz.
Gozo Crafts Centre
Citadel of Victoria, Gozo, tél. 556160

Vie nocturne

Pendant l'été, les boîtes de nuit résonnent toute la nuit dans les lieux de villégiature, particulièrement à Saint Julians et à Paceville. Il n'existe qu'un seul spectacle de cabaret, à l'Eden Palladium. Certaines boîtes ont des pistes de danse en plein air (prêtez l'oreille pour en trouver l'emplacement car il change souvent) et, à Gozo, il existe une boîte de nuit qui draine sa clientèle par ferries entiers, pour un dépaysement de quelques heures. Pour passer une soirée moins agitée, de nombreux restaurants de Malte proposent des dîners et il existe aussi d'innombrables bars un peu partout, dont il est impossible de donner une liste.

Cabaret Eden Palladium
Saint George's Bay, Saint Julians, tél. 341 191 / 319 889

• Boîtes de nuit

Acsis
Saint George's Road, Saint Julians, tél. 318 078
Styx II
Saint George's Bay, Saint Julians, tél. 341 191
La Grotta
Xlendi Road, Xlendi

La plus belle boîte de nuit de l'archipel, une nouvelle image des jardins suspendus de Babylone. Terrasses en plein air, une vaste grotte (d'où son nom) et des sentiers fleuris, littéralement suspendus au-dessus d'une gorge illuminée, avec une admirable vue sur Xlendi et la mer.

Jeux de hasard

Le jeu est la grande passion des Maltais, bien qu'il n'y ait que fort peu d'endroits où la satisfaire. Il existe une loterie hebdomadaire, dont le billet coûte 10 cents et la loterie nationale qui, deux fois par an, peut faire gagner une véritable fortune.

A Marsa, c'est l'hippodrome qui attire les parieurs, mais pour jouer à la roulette ou au black-jack, seul le Casino, à l'hôtel Dragonara de Paceville, permet de tenter sa chance, dans une atmosphère très internationale.

SPORTS

Malte se proclame un paradis pour tout ce qui concerne les sports nautiques et sous-marins. De fait, les eaux de Malte, de Gozo et de Comino comptent certainement parmi les plus claires et les plus bleues du monde. La vie au grand air est possible tout au long de l'année et, quel que soit votre sport favori, vous trouverez sans doute les moyens de le pratiquer.

Plongée sous-marine

Tout un réseau d'associations et de clubs sportifs permet d'affirmer qu'il existe à Malte des instructeurs de plongée de premier ordre. De nombreuses écoles fonctionnent et on peut facilement louer tous les équipements nécessaires, à la semaine ou plus longtemps. Dans la mer calme qui baigne l'archipel grouillent une faune marine et une flore qui offrent les plus belles occasions de réaliser des photographies sensationnelles.

Les grottes, les arches, les cavités des rochers, creusées depuis des millénaires dans la pierre tendre, recèlent autant de mérous que de calmars, autant d'oursins que de pastenagues ou de demoiselles, pour ne nommer que ceux-là. L'organisation touristique du gouvernement publie un opuscule qui donne tous les détails utiles sur les noms et adresses des clubs, des associations et des écoles de plongée, ainsi que sur les lieux où on la pratique.

Si l'exploration sous-marine vous intéresse, joignez-vous toujours à un groupe sous la conduite d'un moniteur. Si vous désirez faire de la plongée profonde, il vous faudra présenter un certificat médical attestant votre bon état de santé. Les meilleurs endroits sont les suivants.

A Malte: Ahrax Point (Cirkewwa), Anchor Bay, Qawra Point et Wied-iz-Zurrieq.

A Comino: Ras ir-Qieqa et Santa Marija Caves.

A Gozo: Reqqa Point, Dwerja Point et Mgarr-ix-Xini.

En cas d'incident, sachez qu'il existe une chambre de décompression à l'hôpital Saint-Luc à Gwardamanga. Il existe aussi un service de sauvetage par air et par mer.
Les principales associations de plongée de Malte sont les suivantes.
F.U.A.M.
P.O. Box 29, Gzira, Malta
A.P.D.S.
Msida Court, 61 / 2 Msida Sea Front, Msida, Malta
Une liste des écoles de plongée est disponible dans tous les bureaux de tourisme.

Équitation

Tout autour de l'hippodrome de Marsa, il existe plusieurs manèges et écoles d'équitation. Certains hôtels se chargent d'organiser des promenades à cheval dans la campagne.

Hippodrome
Marsa, tél. 224 800
Le seul de Malte. A partir du mois d'octobre, chaque dimanche, les Gozitains fanatiques de courses débarquent par ferrys entiers pour se joindre aux Maltais et envahir les pelouses. Un bar y est ouvert, de même qu'un restaurant et des guichets pour les paris. La saison des courses dure tout l'hiver.

Golf

Le parcours de golf de Malte (par 68, mais en instance d'être allongé) dépend du club sportif de Marsa. Ce complexe, fort bien équipé, comprend également 18 courts de tennis, un terrain de polo, des courts de badminton et cinq courts de squash. De nombreuses associations sportives y disputent leurs championnats. Il est possible d'en être membre à la semaine.
Renseignements
Tél. 233 851 ou 243 464.
Royal Malta Golf Club
Green-Fee, tél. 232842
Accueille les joueurs de passage. Un professeur est à la disposition des joueurs, ainsi qu'une boutique de matériel.

Football

Le football est une passion nationale. Les matches de la ligue locale ou les rencontres internationales donnent aux fans l'occasion de défiler dans les rues, cornant à tout va et brandissant l'oriflamme de leur club. La saison dure de septembre à mai et le très moderne stade de Ta'Qali ne désemplit pas. Il existe d'autres terrains à Marsa, à Paola et à Santa Lucia.
Secrétariat de la Football Association
Valletta, tél. 222697

Bowling

Eden Super Bowl
Saint George's Bay, Saint-Julians, tél. 341196 / 319888
Bowling à pistes de 10 quilles. Ouvert tous les jours de 10 h à plus de minuit.

Water-polo

Plusieurs piscines sont ouvertes où l'on peut jouer au water-polo, notamment le bassin national de Marsascala. Les grandes compétitions ont lieu en été et les spectateurs y sont aussi chaleureux et enthousiastes que ceux des rencontres de football. Un championnat national est organisé par la ligue.

Événements sportifs

Les événements sportifs se déroulent tout au long de l'année.

Février : marathon de Malte.
Avril : tournoi international de tir à l'arc, au Marsa Sports Club.
Mai : régate de planche à voile entre Malte et la Sicile.
Juin et Juillet : tournoi open international de tennis.
Août : régate de Rimini à Malte et retour.
Septembre : ouverture de la saison de football.
Octobre : régates d'automne.
Novembre : rallye de Malte et Gozo pour les véhicules tout-terrain.

INFORMATIONS PARTICULIÈRES

Affaires

Les transactions commerciales prennent du temps. A la manière latine, il faut prévoir énormément de préliminaires et deux ou trois hommes d'affaires maltais sont connus comme étant des interlocuteurs particulièrement redoutables dans ce genre de «sport». Il est toujours utile, pour quiconque veut s'attaquer au marché local, d'effectuer de longues études de projet et de prendre conseil, du point de vue légal et (surtout) politique. Mais, dans une société aussi restreinte, dont les membres se marient entre eux, on trouve toujours un frère, un cousin ou un parent dont l'influence sera déterminante. Une telle recommandation est souvent un avantage, mais elle peut aussi se révéler un inconvénient.

Certaines tractations peuvent nécessiter un «lubrifiant» et, parfois, une poignée de main accompagnée d'un présent dégagera la voie pour obtenir un permis particulier ou pour garantir une meilleure qualité de l'objet que l'on désire. D'un autre côté, et c'est là un atout, une fois parvenu à un accord, la route sera sûre et sans embûches. Des sociétés florissantes, établies depuis longtemps à Malte ou à Gozo, sont là pour en témoigner.

Le gouvernement a multiplié les mesures destinées à inciter les entreprises étrangères à investir dans l'archipel, surtout dans le domaine industriel. Ces avantages consistent essentiellement en des exonérations fiscales, en des prêts à des taux minorés, en la mise à disposition de bâtiments d'usines «clefs en main», moyennant des loyers raisonnables, dans les zones où la main-d'œuvre est à la fois proche, abondante et qualifiée.

Malta Development Corporation
House of Catalunya, Marsamxett Road, Valletta, tél. 247824 / 243239

Économie

Selon les plus récentes statistiques, le produit national brut (P.N.B.) de Malte se chiffre à 1,85 milliard de dollars américains, soit quelque 5360 $ par tête. Cela représente un taux de croissance de 7,9 %. Au début des années quatre-vingt, l'économie locale fut frappée par la plus sérieuse crise qu'elle eût connue depuis 1964, mais le rétablissement s'opéra en douceur, notamment grâce au tourisme.

Actuellement, on compte que le nombre de touristes qui viennent chaque année correspond au triple de la population autochtone. La politique du gouvernement est d'encourager les touristes à venir, de plus en plus nombreux, et un effort considérable est déployé pour améliorer les capacités d'accueil.

Le port franc

Cette nouvelle zone franche de Malte est située dans le port de Marsaxlokk. Destiné à servir de plaque tournante au cœur de la Méditerranée, le port franc a pour vocation de réduire les coûts des manutentions et les délais de livraison. Fonctionnant sous la forme d'une société à capitaux d'État, cet organisme dispose de terminaux de transbordement des conteneurs et des marchandises en vrac, d'un autre pour les hydrocarbures et de considérables entrepôts. Les opérations qui s'y traitent sont exonérées d'impôts et de taxes, de même qu'elles échappent au contrôle des changes. Les avantages sont garantis pour quinze ans.

Malta Free Port Corporation Ltd.
Europa House, Floriana, Malta, tél. 243096

D'autre part, et pour promouvoir Malte en tant que carrefour commercial et financier de la Méditerranée, le gouvernement a promulgué une réglementation qui permet de considérer l'île comme un paradis fiscal.

Le Centre de conférences

Le gouvernement maltais a soigneusement étudié les moyens de faire du pays un pôle d'attraction pour les conférences et les congrès et il encourage activement les grands hôtels à participer à ce programme en développant leurs capacités d'accueil et en proposant les services qui conviennent à cette clientèle d'hommes d'affaires. Moyennant quoi, en effet, l'hôtellerie de haut de gamme est prospère et les aménagements sont hautement appréciés. C'est le cas, entre autres, des hôtels Holiday Inn, Phoenicia, Hilton, Suncrest et du Dragonara Palace.

Émanation du gouvernement, le Centre des conférences de la Méditerranée est aussi entré de plain pied dans la compétition. Installé dans ce qui était à l'origine l'hôpital des chevaliers de Saint-Jean, cet édifice a connu bien d'autres affectations et, pendant la guerre de 1939-1945, il fut la cible de terribles bombardements. Aujourd'hui, magnifiquement restauré, il dispose d'un équipement sophistiqué avec des salles de conférences qui peuvent accueillir, en amphithéâtre, 70 à 1400 délégués. Le restaurant La Valette peut accommoder des banquets de 1000 couverts et organiser des soirées de gala, comme celle qui connaît le plus vif succès: la reconstitution de la *festa* d'un village maltais, que clôt un feu d'artifice tiré du haut des remparts tout proches. La grand-salle de garde est devenue le plus vaste hall d'exposition d'Europe.

Conference and Incentive Travel Bureau
280 Republic Street, Valletta, tél. 223708

Les studios de cinéma

De nombreux films de long métrage et des séries destinées à la télévision ont été tournés dans l'archipel maltais. Déjà, dans les années cinquante, on pouvait voir des équipes de cinéastes y effectuer leurs repérages et, depuis cette époque, leur nombre n'a cessé de croître. Citons, parmi tant d'autres, les films *Casino royale* (film de la série des James Bond), *Sindbad le marin*, *Orca*, *Midnight Express* et *Popeye*.

Parmi les équipements pour le cinéma, on notera que deux énormes bassins à ciel ouvert ont été construits sur la côte sud-ouest, face à la mer, et, grâce à leur implantation judicieuse, on peut y tourner des séquences qui donnent l'impression d'avoir été réalisées en haute mer. Le ciel, seul, figure toujours à l'arrière-plan. La superficie du bassin est telle qu'un bateau peut y être construit et y évoluer. Un autre réservoir est remarquablement conçu pour les prises de vues sous-marines à grande profondeur. Des équipes de techniciens sont disponibles sur place.

Mediterranean Film Studios Ltd
Fort San Rocco, Kalkara, Malta, tél. 245 466 / 245 467 / 242 289

Pour les étudiants

Student and Youth Travel
220 Saint Paul's Street, Valletta, Malta, tél. 249983
45 Saint Francis Square, Victoria, Gozo
Les représentants de cet organisme vous remettront le très précieux guide appelé *Student Saver Discount Scheme* qui donne la liste des magasins, des expositions, des restaurants et des moyens de transport qui accordent des réductions de 15 à 40 % sur présentation de l'I.S.I.C. (International Student-Scholar Identity Card). L'entrée des musées est, pour eux, gratuite.

Les handicapés

Malte n'est sans doute pas le lieu de vacances idéal pour les handicapés. Les rues en pente accentuée, à La Valette et à Victoria, rendent leurs déplacements difficiles. De nombreux trottoirs sont en piteux état. Cependant, les hôtels ont fait de gros efforts pour accueillir les personnes handicapées et certaines expositions ou manifestations culturelles, notamment le *Malta Experience*, leur sont rendues accessibles. De plus, on peut toujours compter sur la serviabilité du peuple maltais. Les bureaux de tourisme fournissent des renseignements sur l'accessibilité des sites et des monuments.

Health Education Unit
Tél. 231 247
National Commission for the Handicapped
Tél. 487 789

Bonnes mœurs

Les Maltais sont assez stricts sur le chapitre de la tenue en public. Cela tient, bien entendu, à le force des convictions religieuses, avec un formalisme particulier qui semble être un lointain héritage de l'occupation musulmane. Se baigner nu est interdit, de même que se tenir la poitrine dévoilée pour une femme.

ŒUVRES HOSPITALIÈRES DE L'ORDRE DE MALTE

L'ordre de Malte a pris naissance en Terre sainte dès le XIe siècle par la fondation d'hôpitaux et de refuges destinés aux malades et pèlerins de toutes conditions.

Cette mission vieille de plusieurs siècles a donné naissance, grâce à des associations nationales (en France, les Œuvres hospitalières françaises de l'ordre de Malte ou O.H.F.O.M.), à un réseau d'hôpitaux, de laboratoires, d'infirmeries, de dispensaires, d'équipes mobiles de secours, etc. Ce réseau s'étend à tous les continents, en particulier là où l'infrastructure est la plus déficiente. L'ordre de Malte occupe une place importante dans la lutte contre la lèpre (dépistage et traitement, réhabilitation sociale, recherche scientifique). Il se tourne de plus en plus vers l'aide aux handicapés et les déficients mentaux, sans négliger les secours ponctuels d'urgence.

L'Ordre a constitué un comité exécutif international (C.I.O.M.A.L.) dont le siège est à Genève, et il est très bien placé pour conformer sa politique sanitaire à celle que préconise l'Organisation mondiale de la santé (O.M.S.).

Le caractère souverain de l'Ordre et ses traditions en font l'une des organisations charitables les plus efficaces du monde dans ses résultats comme dans ses méthodes.

O.H.F.O.M.
92, rue du ranelagh, 75787 Paris cedex 16, tél. 45 20 80 20

ADRESSES UTILES

Office du tourisme de Malte

France
9, cité de Trévise, 75009 Paris, tél. 48 00 03 79
Grande-Bretagne
Suite 333, Mappin House, 4 Winsley Street, London W1N 7AR, tél. 071-323 05 06
Allemagne et Suisse
1 Schillerstrasse 30-40, D-6000 Frankfurt am Rain, tél. 069-285890
Italie
Via Larga 7, 20122 Milano, tél. 027-200 16 89
Belgique
Avisales International, Rogier Centre, 3e ét., B.P. 33-B, 1210 Bruxelles, tél. 218 22 86

Office national du tourisme
280 Republic Street, Valletta, tél. 224 444, 228 282, 224 445

Centres d'informations touristiques

• Malte

La Valette
1 City Gate, tél. 227 747
Luqa
Arrivals Lounge, Luqa International Airport, tél. 229 915
Saint Julian's
Balluta Bay, tél. 342 671 / 2

• Gozo

Victoria
1 Palm Street, tél. 558 106
Mgarr
Mgarr Harbour, tél. 553 343

Ambassades et consulats

Ambassade de France
Villa Seminia, 12 Sir Temi Zammit Street, Ta'Xbiex, tél. 331 107 / 335 856
Haut commissariat de Grande-Bretagne
7 Saint Anne Street, Floriana, tél. 233 135 / 6
Ambassade d'Italie
5 Vilhena Street, Floriana, tél. 621 985

Ambassade de Belgique en Italie
Via dei Monti Parioli 49, 00197 Roma, Italia, tél. 06-360-9441

BIBLIOGRAPHIE

• Histoire

Antier (Jean-Jacques)
La Bataille de Malte, 1940-1943, Presses de la Cité, 1983
Caffin (P.) et **Serrou** (R.)
L'Ordre souverain, militaire et hospitalier de Saint-Jean de Jérusalem, de Rhodes et de Malte, Paris, 1963
Daucé (Fernand)
L'Histoire mouvementée des chevaliers de Malte, éditions Ouest-France, 1988
Godechot (Jacques)
Histoire de Malte, Presse universitaires de France (coll. Que sais-je?), 1970
La Granville (O. de)
Malte, réalité géographique et perspectives économiques, Genève, 1968
Maurois (André)
Malte, Paris 1935
Peyrefitte (Roger)
Chevaliers de Malte, Flammarion, 1968
Plaisse (André)
Le Rouge de Malte ou les curieux mémoires du bailly de Chambray, éditions Ouest-France, 1991
Varillon (P.)
L'Épopée des chevaliers de Malte, Paris, 1957

• Littérature

Eco (Umberto)
Le Pendule de Foucault
Villiers (Gérard de)
Voir Malte et mourir, Plon, 1979

• Guide pratique

Morlot (Jean)
Guide Vagnon du yachting côtier: Menton, île de Malte (n°31), éditions du Plaisancier, 1984

• Photographies

Aquilina Ross (Geoffrey)
Malta 360°, Priuli & Verlucca, Italie
Images of Malta, Miranda, Malte

CRÉDITS PHOTOGRAPHIQUES

Photographie de couverture:	Barque dans le port de Marsaxlokk © Staquet, agence Cedri
124, 212, 229, 234-235, 310-311, 319 :	Eddie Aquilina
76-77, 82, 83, 84, 85, 86, 87 :	Camera Press
96, 97, 109, 112-113, 117, 118, 125, 294-295, 297 :	Daniel Cilia
78, 79, 80, 81, 89 :	Illustrated London News
9, 20-21, 22, 23, 24, 26, 31, 38, 65, 92, 93, 98-99, 102-103, 106, 114-115, 116, 119, 127, 136-137, 148, 150-151, 162, 184, 194, 204-205, 250-251, 254, 258-259, 264, 266, 296, 308, 316 :	Bob Krist
30, 32, 33, 34, 35, 36-37, 40-41, 42, 43, 45, 46-47, 50, 51, 54-55, 56, 57, 66-67, 68, 71, 74-75, 88, 90-91, 94, 95, 99, 104-405, 107, 108, 110, 111, 120-121, 122, 123, 128, 129, 130-131, 133, 134, 135, 138, 139, 140, 141, 142, 143, 144-145, 146-147, 149, 152, 153, 154, 155, 156-157, 158-159, 160-161, 166-167, 168, 169, 171, 172, 173, 174, 176, 177, 178, 179, 180-181, 182-183, 185, 186, 187, 188, 190-191, 192-193, 195, 196, 197, 198, 199, 200, 201, 202-203, 206-207, 208, 210, 211, 213, 214, 215, 216, 217, 219, 220, 221, 222-223, 224-225, 227, 228, 230, 231, 232, 236, 237, 238, 239, 240, 241, 242-243, 244, 246, 247, 248, 252, 253, 255, 256, 257, 260-261, 262-263, 265, 267, 268, 269, 270, 271, 272-273, 274-275, 276-277, 278, 279, 281, 282-283, 284-285, 286, 287, 288, 289, 290, 291, 292-293, 298, 299, 300, 301, 303, 304-305, 306-307, 309, 312, 313, 314-315, 317, 318, 320:	Lyle Lawson
175 :	Neil A. Lukas
48, 49, 52, 53 :	Ordre souverain de Malte
100, 101 :	Topham Picture Source
Cartes :	Berndtson & Berndtson
Iconographie :	Klaus Geisler et V. Barl

INDEX